记录—沉淀—传承

致敬

◎ 主编 白晓明

企业管理出版社
ENTERPRISE MANAGEMENT PUBLISHING HOUSE

图书在版编目（CIP）数据

致敬 / 白晓明主编 . -- 北京：企业管理出版社 ,2021.10
ISBN 978-7-5164-2398-1

Ⅰ．①致… Ⅱ．①白… Ⅲ．①企业家－生平事迹－中国－现代 Ⅳ．① K825.38

中国版本图书馆 CIP 数据核字 (2021) 第 100499 号

书　　　名：	致敬
作　　　者：	白晓明
责任编辑：	尤颖　黄爽
书　　　号：	ISBN 978-7-5164-2398-1
出版发行：	企业管理出版社
地　　　址：	北京市海淀区紫竹院南路 17 号　　邮编：100048
网　　　址：	http://www.emph.cn
电　　　话：	编辑部（010）68701638　　发行部（010）68701816
电子信箱：	emph001@163.com
印　　　刷：	豪彩印刷（天津）有限公司
经　　　销：	新华书店
规　　　格：	710 毫米 ×1000 毫米　　16 开本　　19 印张　　311 千字
版　　　次：	2021 年 10 月 第 1 版　　2021 年 10 月 第 1 次印刷
定　　　价：	98.00 元

版权所有　翻印必究・印装有误　负责调换

「致敬」编委会

主　　编	白晓明
名誉主任	赵唯圣
	袁道红
	杨　涛
	刘俊宏
	罗元德
策　　划	海　红
	袁海云
编　　辑	卢振楷
	李国平
	苗佳壁
编　　委	王一静
	韩　磊
	刘　淇
	海　洋
	孟　菲
	程　丹
美术编辑	李俊甲

序言

实现民族复兴
致敬时代英雄

  2019年，中华人民共和国成立70周年，全球目光聚焦到这个正在走向民族复兴、正在和平崛起的大国身上，并为这个国家所取得的成就而震惊。2020年，一场突如其来的新冠肺炎疫情席卷全国，但是仅仅几个月，中国就成功控制住疫情。在疫情肆虐全球的背景下，中国成为防控疫情最成功的国家，并在短期内迅速使经济复苏，再度让世界为之震惊，这就是中国的力量！

  七十年披荆斩棘，四十年风雨兼程，无论是经济发展，社会治理，还是应对疫情等灾难，中国都展现出一个大国应有的风范和气度！而这一切都是全国各族人民在党的领导下砥砺前行，全力以赴所取得的丰硕成果。其中，各个行业的佼佼者发挥了至关重要的作用，他们以身作则，率先示范，以个人成就带动行业乃至整个社会的不断进步，堪称和平时代的英雄人物。

  习近平总书记说："中华民族是崇尚英雄、成就英雄、英雄辈出的民族，和平年代同样需要英雄情怀。"在和平年代，我们远离了战火，但并不缺少为国家、为梦想奋斗的英雄人物们。这里有任正非、马化腾等取得卓越成就的企业家们，也有像董明珠这样巾帼不让须眉的优秀女性代表。

  国家的兴盛离不开人才的培养。中华人民共和国成立后尤其是改革开

致敬

放以来，党中央先后提出了"尊重人才，尊重知识""人才强国""大众创业，万众创新"与"英雄情怀"等号召，对人才的重视程度不断提升，为人才的成长创造了越来越宽松的政策环境，形成了今天各行各业竞相发展百舸争流的可喜局面。

习近平总书记指出："要充分发挥党和国家功勋荣誉表彰的精神引领、典型示范作用，推动全社会形成见贤思齐、崇尚英雄、争做先锋的良好氛围。"近年来，从国家层面对杰出人才进行大力表彰，成为培育和弘扬社会主义核心价值观、增强中国特色社会主义事业凝聚力和感召力的重要手段。比如国家最高科技奖的设立，国家功勋荣誉表彰工作的开展等，就是很好的手段。

这套"中国骄傲系列丛书之大型文献《致敬》"，旨在向为中国社会经济发展做出贡献的开拓者，新时代、新行业的领航者表示敬意，弘扬他们不忘初心，创新创业的拼搏精神，进而从这一层面展示改革开放以来中国社会经济取得的巨大成就。这是一件非常有意义，也很有必要的事情。社会的进步，既有站在时代潮头和科技前沿的领航者，也有一大批在各自领域深耕细作，敢于试错，最终做出一番成就的创业者、经营者和探索者。正如习近平总书记在科学家座谈会与企业家座谈会所提出的那样，"科学无国界，科学家有祖国"，"企业营销无国界，企业家有祖国"。虽然他们从事不同领域的工作，身在不同的行业，但是他们都有强烈的爱国情怀，都在为创造中国人民的美好生活辛勤劳作、开拓进取，都对推动中华民族伟大复兴，实现中国梦信心十足。

当前，在新冠肺炎疫情的防控工作中，我们取得了阶段性的成绩，但疫情对经济建设和社会生活也带来了不小的冲击，边防控边生产已成为新常态，为经济发展蓄积力量将成为下一阶段的重要任务，这对于市场主体、研发带头人也提出了更高的要求。

什么样的人才符合时代英雄的要求呢？第一，要始终对国家、对民族怀有崇高的责任感和使命感，将个人事业与国家民族的命运紧密联系到一起。第二，坚持创新理念，要有敢为天下先的魄力。实现高质量发展，取得突破性进展，一定离不开创新，尤其是在各种不利的形势下，只有创新才能转危为机，只有大胆尝试，才能另辟蹊径。第三，培养良好的个人品牌形象，遵纪守法诚信做事是最基本的前提，同时要不断提升个人的学识、能力及综合素质，让个人品牌成为一张金字招牌。第四，要心怀天下，放眼全球才能将事业格局提升到一个新高度。站在全球高度看问题，就不会拘泥眼前的曲折，以前瞻性的目光审视未来趋势，才能抓住机遇，踏浪而行。

　　保持一个家族百年兴旺、保持一个产业百年常青是创业者们的夙愿，也是今天的成功者始终想要破解的难题。其实破解之道就在于八个字"不忘初心、牢记使命"。最后，希望所有的时代精英们都能永葆激情、再创新成就，用最好的成绩回报最美好的时代！

中央财经大学传播研究中心名誉主任
国务院发展研究中心世界发展研究所原秘书长、研究员
郑砚农

目录

不辱使命篇
Uphold the Mission

[任正非] 华为一直在路上
　　——记华为技术有限公司主要创始人、总裁任正非 …………… 3
[赵唯圣] 鉴国之珍宝　品艺术人生
　　——记山东世博艺术品鉴定评估有限公司董事长赵唯圣 ………… 11
[袁道红] 数字经济赋能　助力科技创新　树立行业丰碑
　　——记农夫铺子发展集团有限公司董事局主席袁道红 …………… 19
[罗元德] 老骥伏枥　抱德炀和
　　——记上海京盾科技经济信息有限公司董事长兼总经理罗元德 …… 27

铿锵玫瑰篇
Sonorous Rose

[董明珠] 铁腕女王的倔强人生
　　——记珠海格力电器股份有限公司董事长董明珠 ………………… 37
[杨　涛] 创业创新创品牌　播撒大爱在人间
　　——记四川绵竹碗碗酒品牌管理有限公司创始人、董事长杨涛 …… 45

致敬

[刘俊宏] 投资界的铁娘子
　　——记深圳东方赛富投资有限公司董事长刘俊宏 ·············· 55
[王敏馨] 精进赢得百福来
　　——记百福来有限公司董事王敏馨 ························ 65
[毕兆凤] 温润有度
　　——记云南宝琳堂珠宝集团董事长毕兆凤 ·················· 73
[王冬菊] 智能网络助力中国教育产业高质量发展
　　——记中国教育产业网创始人王冬菊 ······················ 81
[黄丽泰] 丽质泰然创伟业　巾帼奋进谱华章
　　——记江苏利安达集团董事局主席黄丽泰 ·················· 89
[丁兰香] 清怡针纺新时代　兰花馨香中国梦
　　——记全国"三八"红旗手、安庆市清怡针纺织品有限责任公司董事长
　　　丁兰香 ··· 97
[张馨誉] 经络艺海馨誉情　美丽健康新时代
　　——记宁波经络艺海健康管理有限公司董事长张馨誉 ········ 105

深耕细作篇

Deep Plowing

[马化腾] 心怀敬畏　布局未来
　　——记全国人大代表、腾讯科技（深圳）有限公司董事会主席、
　　　首席执行官马化腾 ······························· 115
[周希潭] 老当益壮志在千里
　　——记民建会员、浙江八味保健食品有限公司董事长周希潭 ······ 123

目录

[聂家福] 铸楚商辉煌　与祖国同行
　　——记中商华贸集团有限公司董事长聂家福 …… 133

[樊　凯] 爱上拼团打造中国专业健康电商领军品牌
　　——记重庆融尚兄弟网络科技有限公司董事长樊凯 …… 143

[李臣忠] 欲与"雷公"试比高
　　——记山东臣忠瓦斯雷避雷科技有限公司董事长李臣忠 …… 151

[蔡淳治] 金蛇舞出新天地
　　——记山东菊福堂生物科技股份有限公司董事长蔡淳治 …… 159

[王　磊] 华夏神菊惠苍生
　　——记山东未来趋势生物科技发展有限公司董事长王磊 …… 167

[李　政] 文旅路上没有"退伍兵"
　　——记宁夏民间文艺家协会副主席、
　　固原市民间文艺家协会主席李政 …… 175

[窦建荣] 践行海装新时代　荣绘蔚蓝中国梦
　　——记江苏蓝水集团董事长窦建荣 …… 185

[彭万泽] 泽润万众民族情　建功立业新时代
　　——记云南省楚雄彝族自治州疾病预防控制中心医学专家、教授，
　　云南万泽品牌策划集团有限公司董事长彭万泽 …… 195

[金竹林] 中国可再生资源领域的新时代先锋
　　——记陕西环亚源环保集团董事长金竹林 …… 203

[陈永胜] 发明大王的专利强国梦
　　——记浙江腾荣环保科技有限公司董事长陈永胜 …… 211

[牟秀峰] 管道幸福千万家
　　——记爱喏国际集团创始人牟秀峰 …… 219

[钱功林] 星光不负赶路人
　　——记广州博润教育董事长钱功林 …… 227

[邬寿法] 杜白狂想不是梦
　　——记杜白新材料科技有限公司董事长邬寿法 …… 235

致敬

[蔺东顺] 创新创业敢争先
　　——记廊坊市中油嘉昱防腐技术有限公司董事长蔺东顺 …………243
[周建荣] 用心做有质感产品
　　——记温州恒资眼镜有限公司创始人周建荣 ……………………251
[朱玉中] 健昌福音书　誉康新时代
　　——记广州市健昌生物科技有限公司董事长朱玉中 ……………259
[马　骏] 骏马丹青　金秀茶香
　　——记中国意笔字画创始人、
　　　　广西马骏红文化产业有限公司总裁马骏 ………………………267
[黄会龙] 丈夫不可轻年少
　　——记广西雅和健康科技有限责任公司总经理黄会龙 …………275
[廖中标] 缔造中国中医药高质量发展标杆品牌
　　——记四川聚元药业集团有限公司董事长廖中标 ………………283

不辱使命篇

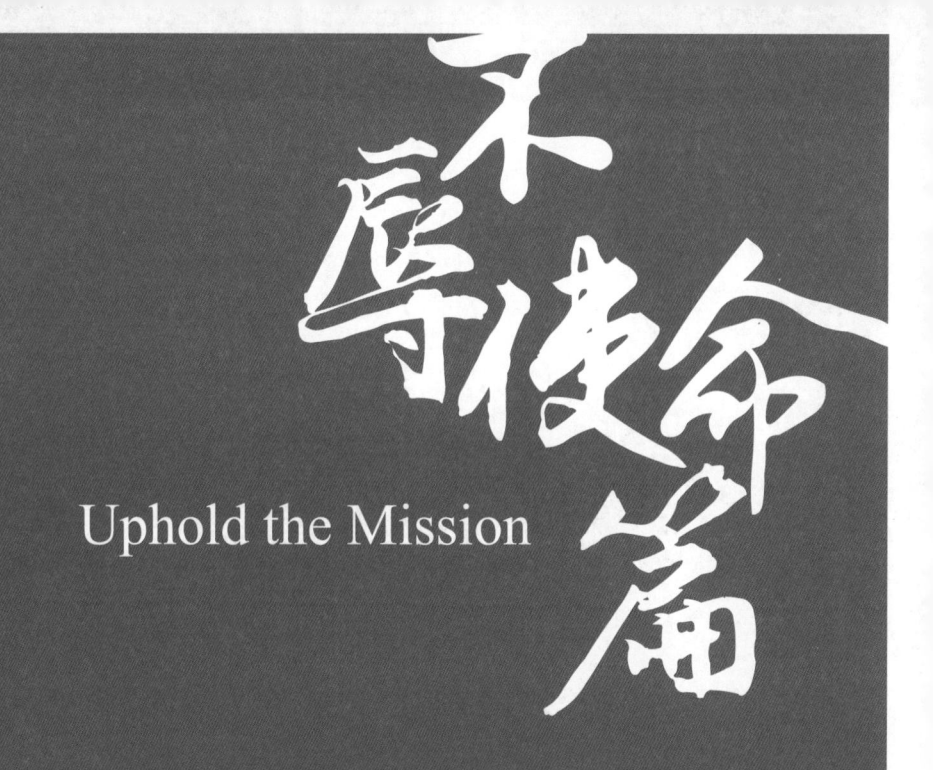

Uphold the Mission

任正非　赵唯圣　袁道红　罗元德

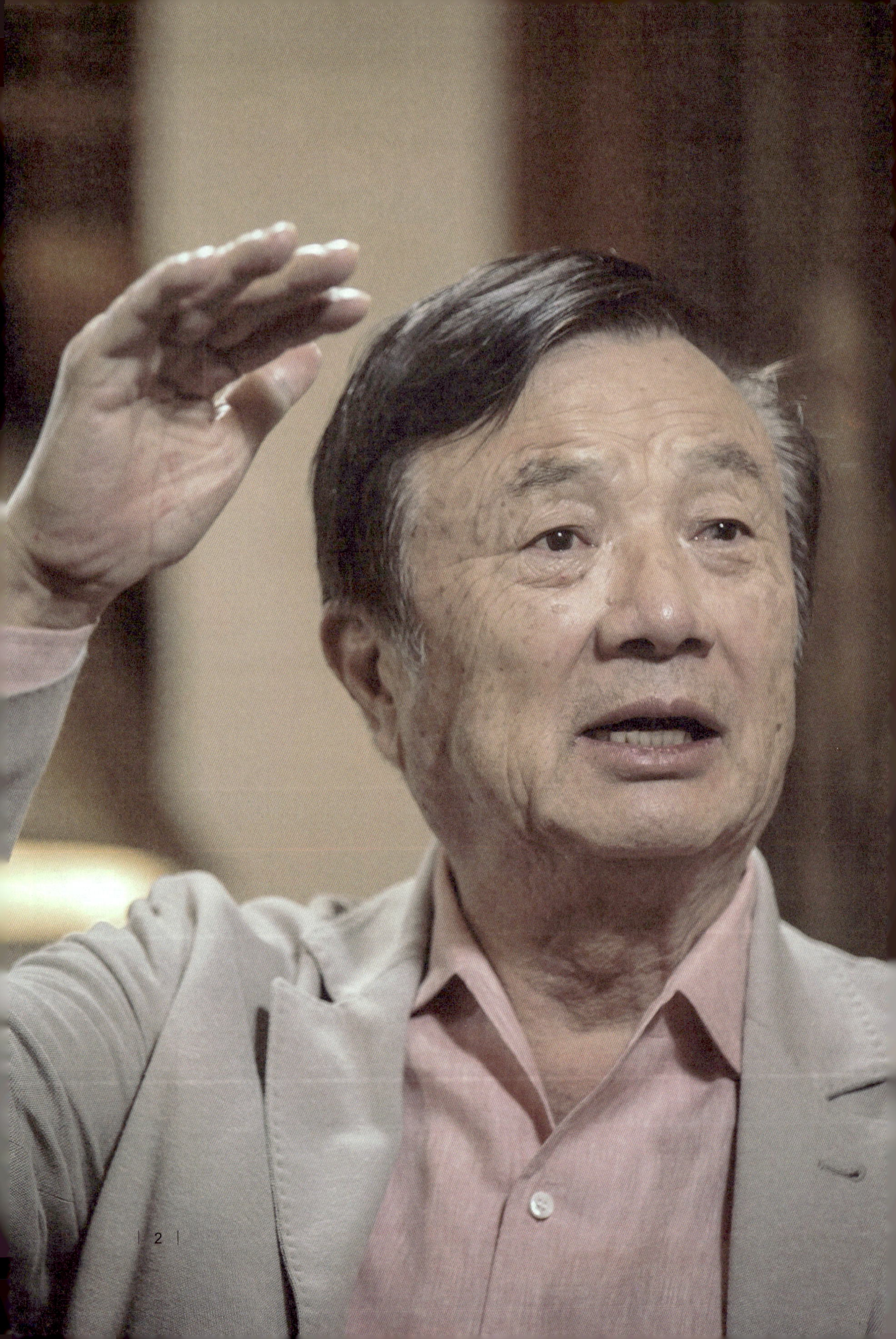

任正非
REN ZHENGFEI

华为一直在路上
—— 记华为技术有限公司主要创始人、总裁任正非

创建华为 ➤

拿来主义 ➤

杀出重围 ➤

布局全球 ➤

中国力量 ➤

致敬

华为创始人任正非已经成为一个时代的象征！1944年，他出生在贵州省安顺市一个清贫的知识分子家庭中。1963年，考入重庆建筑工程学院。1968年，应征入伍开启了14年的军旅生涯。从1987年创业，到成就全球认可的知名企业，30多年的创业经历，为他赢得了无数的荣誉。2005年，他首次入选美国《时代》周刊全球一百位最具影响力人物。2011年以个人财富11亿美元首次进入福布斯富豪榜，在中国排名第92位。

他是一个成功的企业家，他的管理思想和运营理念深度影响着中国，创造多个开中国企业管理先河的方法论。同时，他也是一个有远见的思想家，极具预见性和前瞻性的战略眼光，能在困境中发现机会，在繁花似锦中居安思危。美国《时代》周刊评价他是"一个为了观念而战斗的硬汉"。但是，面对外界的评论，任正非说："业界老说我神秘、伟大，其实我知道自己，名实不符。我不是为了抬高自己，而隐起来，而是因害怕而低调的。真正聪明的是13万员工以及客户的宽容与牵引，我只不过用利益分享的方式，将他们的才智黏合起来。"

过往生活中的种种艰辛，以及上学和参军期间的磨炼，丰富了任正非的人生阅历，更铸就了他的思想，并且最终将这种成长的烙印深深植入华为的基因中。

创建华为

1987年，任正非在人生的低谷期创建了"华为"，寓意"中华有为"。经过短期的摸索，他将目光锁定在交换机行业，并且成为香港一家公司的代理商。针对当时市场产品良莠不齐的现状，任正非带领团队首先在产品质量和服务质量上下功夫，依靠客户的口碑传播，打出了品牌知名度，产品在香港代理商那里一度脱销。

如果仅仅是做代理，永远是给别人做嫁衣裳，尤其是面对国产品牌集体不振，国外品牌横行市场的现状，任正非认为只有自己研发才能抢占市场先机，同时这也是振兴国产交换机产业的必经之路。面对国外巨头在国内市场

任正非 | 华为一直在路上

上的巨大优势，欧美、日本等少数发达国家的技术壁垒难题，以及研发费用高等现实情况，华为能行吗？包括华为部分员工在内的很多人都表示怀疑。对此，任正非带领年轻的团队，凭借着一股不服输的干劲和夜以继日的努力，走上了自主研发的道路。回顾那段时间，任正非唯一能给大家犒劳的方式便是，经常熬猪尾巴汤来改善伙食。但是，研发工作并不像想象的那么简单，资金就像投入无底洞，而成果似乎总是遥遥无期，以至于连着好几个月连工资都发不出来。最后，任正非狠下心把客户的定金投入研发中，并且还冒着巨大的风险借高利贷，维持研发的正常运转。幸运的是，这批产品交货及时、性能良好，并且很快得到电信部门的入网许可。

外部受制于国外竞争对手，内部面临各种压力，几乎让任正非走上破产的道路。如果说这是华为成立初期的一个重大考验，那么，与将来发展中面临的其他状况来说，这次有惊无险的经历又显得那么平淡无奇。任正非曾经说过，不希望外界对他过多神化，因为压力巨大他无法承受。而没有经历这些挫折的人，是无法真正体会到任正非说这些话时的真实心情的。

拿来主义

"华为是一家中国的美国公司。"有国外的媒体曾经这样评价华为。如今，在中美贸易摩擦中，华为成为美国多方发难的企业，一个很重要的原因就是华为的管理体系太像一个美国高科技公司的发展模式。其实，如果仔细观察就会发现，华为在产品研发体系、财务体系、人力资源体系、销售以及组织架构等多个方面都能找到美国相关领域公司的影子。

作为一家土生土长的中国企业，华为为何有那么多"美国影子"呢？因为华为在不断发展壮大中隐约出现了瓶颈，更重要的则是任正非以高瞻远瞩的战略眼光引入了IBM的管理理念和制度来解决瓶颈问题。1997年华为销售收入41亿元，员工人数超过5000人，已经成长为一家在国内颇具影响力的企业，但任正非总觉得有点不对头。于是，在1997年年底，任正非再一次去美国考察，希望从美国高科技公司的管理中寻找破解之道。当时，华为已经成立10年，虽然度过了发展危机，但任正非认为华为并不是一个严格意义的现代化企业，在管理上还延续着"师傅带徒弟"的模式。在美国考察过程中，他不仅发现华为与同级别的美国公司之间的巨大差距，也深刻认识到科技信

致敬

息公司在时代大潮中瞬息万变的严酷现实。于是，在认可了IBM的管理理念之后，任正非甚至都没有讨价还价，当场拍板以数亿元的价格签订了合作意向。回国之后，他马上着手，从各个部门抽调骨干力量，组成大约300人的队伍，接受IBM派遣的顾问培训。面对这场突如其来的调动，很多员工升迁路线发生改变，对工作调动不习惯，更看不惯外国人指手画脚的做法和纸上谈兵的姿态。面对员工的抵触情绪，任正非当即决定，"谁抵触，谁离开"！

当然，学习国外先进管理制度不是一朝一夕的事情，虽然IBM给出的培训时间是3年，对于华为来说这仅仅是第一步。从最早的僵化吸收，到根据工作需求优化应用再到最后简化创新，最终吸纳IBM管理的精髓并创新应用。这个过程经历了大概10年时间，却将华为的管理制度推向了世界级的管理水准并成就了今日华为的地位。而这所有的一切，都与当初任正非的那个看似不可思议的决定有着巨大的联系。

"学习他们，超越他们，并最终赢过他们，才是最终的目的。"任正非说。

杀出重围

正所谓"人怕出名猪怕壮"。随着华为一步步地崛起，外国通信巨头纷纷将目光聚焦在华为身上，一张专门针对华为的围剿大网悄然铺开。针对华为研发的新产品，这些国外巨头立刻跟进，并进行大幅度的降价，压缩华为的生存空间。

1998年到2002年，中国通信市场正在进行新一轮的升级，由此释放出巨大的市场空间。其中中国移动正在高密度地布局2G网络。华为尽管在1998年就已经研发出该类产品，但一方面由于国外巨头包括诺基亚、爱立信、摩托罗拉等巨大的技术优势和价格策略，另一方面也是华为自身技术不够完善，最终错失机遇。尤其是在广东市场，作为起家深圳的中国公司，面对广东移动上百亿的需求，华为居然一分钱的订单都没有拿到！

当有人向任正非提议，将目标瞄准联通的时候，任正非却并没有在意，决策上的失误再次导致机遇的错失。如果说错失移动是竞争对手技术优势的客观原因，忽略联通的2G布局是决策上的失误，丢掉小灵通上百亿的市场份额和拒绝做手机，则是过于自负和任性的表现。当时，任正非甚至颇为轻视小灵通的技术，没有看到中国电信希望通过小灵通来介入移动通信行业的巨大渴望，最终反而成就了 UT 斯达康。对于高管提议做手机的建议，任正非则报以大怒，并且声色俱厉地训斥："华为公司不做手机已早有定论，谁再胡说，谁下岗！"

接连决策失误，让华为在 2002 年第一次出现业绩下滑。向国外发展，主要是因为国内市场无法立足，这不能不说是一种尴尬。古人说"胜败乃兵家常事"，对于商战来说同样如此。因此，市场的失利并不能让任正非有丝毫退缩，但是得力干将辞职跑到竞争对手公司，一起创业的老朋友病倒，母亲突然出车祸过世，而自身也遭受着病痛折磨……这一系列磨难同时向任正非扑过来。

面对挫折，华为改革的努力从来没有停止，作为华为灵魂人物的任正非更不能因各种磨难而倒下。此刻，华为内部正在积极实施 IBM 先进的 ISC（集成供应链）系统，任正非本人也开始陷入了自我反思中，个人独断专行的风格，在华为初期的作用不容忽视，但随着华为正在成长为一家国际大公司，个人色彩过于浓厚的管理方式显然不太适合。于是在 2003 年，他主动放弃个人大权独揽的管理方式，转变成几位高管集体决策，并坚持轮值主席制度。2003 年思科在美国起诉华为 21 项罪名，华为首场海外维权战拉开帷幕，此时此刻，华为看似依然在肃杀的寒冬中蹒跚前行，但一股新生的力量已经悄悄地在酝酿、成长……

布局全球

2003 年，华为慢慢地从以前的低迷中复苏过来，并在各条战线开始出击。

如果说 2000 年之前在海外开拓市场，是因为国内市场受到挤压做出的无奈选择，那么，最终在战乱频发、生存环境恶劣、对中国产品充满不信任的非洲站稳脚跟，除了战略上的考虑之外，更与华为的不怕困难、坚持到底的魄力分不开。到 2005 年，华为多年的努力终于换来了认可，在南非的销售额突破 10 亿美元，通信产品及技术服务几乎覆盖整个南非。到 2006 年，华为在毛里求斯建立了第一个 3G 商用局，在尼日利亚建设整个非洲最长的国内传输网。同时，华为在巴西收购其国内最大的数据和长途运营商的项目，并再度征战阿根廷。

作为中国的特别行政区，香港由于其地理位置和国际上的影响力，在

致敬

任正非的国际化布局中意义重大。从1996年挺进香港,与李嘉诚在交换机领域合作,华为开始了真正意义上的国际化之路。到2008年,华为在香港与电讯盈科建立合作机制,最终实现了跻身香港通信服务商行列的目标。

在中东市场上,华为充分尊重当地文化,依靠客户优先的原则和卓越的产品质量,迅速得到沙特的认可。到今天,中东地区成为华为的一个"聚宝盆",在沙特的华为分公司中,员工就超过400人,其中大约2/3是外籍员工。如今除了日、韩和新加坡之外,亚洲基本上处处都有华为的身影。

与亚非拉不同的是,欧美地区向来不乏通信技术发达的国家,众多曾经在中国市场上耀武扬威的电信巨头都生活在这片土地上。任正非将法国作为第一站,通过与法国企业的合作树立了威信,并逐步在法国建立研发中心,首战告捷。为了在英国占据一席之地,任正非采取"擒贼擒王"的策略,成功与英国首屈一指的电信集团展开合作,并在2006年成立伦敦分公司。同样在2006年,华为成为荷兰皇家电信集团核心网设备的主力供应商。随后华为又进军向来以严谨著称的德国,并在2007年将欧洲总部迁移到德国。

经过多年的努力,任正非不仅打破了国外巨头在国内市场的垄断地位,还把华为的影响力带到了全世界,把华为推到了一个世界巨头都不敢轻视的地位。

中国力量

2018年,时值改革开放40周年的伟大日子,党中央和国务院在人民大会堂大力表彰了100位改革先锋。一直坚持自主创新、艰苦奋斗,创造了华为奇迹的任正非却没有在表彰名单中,这让很多人很困惑。其实,这并非任正非没有资格入选,而是他婉拒了这项荣誉,主动向深圳市委市政府提出不参加申报。他认为自己应该把更多精力放在华为内部管理上,参加社会活动会消耗更多精力。任正非幽默地说:"你让我开会在板凳上坐2个小时我坐不住,我觉得溜号不光彩。"

华为成功的另一个奥秘就是对员工的态度。任正非认为,华为招聘的不是员工,而是公司未来的合伙人,这样才能进一步激发员工的积极性和创造性。由于华为业务遍布全球,员工经常坐飞机出差,为此,为员工配备的是美国AIA的保险,光每年支付的各种费用就约8个亿人民币。每年华为年度奖金也成为社会关注的热点。对于普通员工来说，华为着重提供广阔的成长空间和丰厚的奖金激励，比如全员持股的模式。很多在华为工作的毕业生认为，在华为学到的东西远远比在学校和其他单位要多得多，使自己在不知不觉中已经超越了身边的人。正是依靠着这样强大的凝聚力，华为在全球多国频繁布局，17万名员工遍布全球。

在最新的5G领域，华为占据着重要的话语权，占据全球运营商网络设备的1/3，拥有61项专利技术，其数量已经领先于苹果和三星，当之无愧地成为全球第一。华为还在全球签订了22份5G合同，其中有德国的6400亿元订单，中东的2700亿元订单以及印度的5G基础建设等。随着移动互联网时代的来临，华为智能手机的横空出世成为中国手机品牌的一面旗帜，2020年上半年的出货量为1.05亿部，销售收入2558亿元。这样的成绩是在美国对华为接二连三制裁，对华为全面封杀的形势下取得的，实属不易。

华为在5G技术上具有领先优势，并且还涉及网络技术的底层架构，这令美国非常担忧，前后三次对华为进行制裁。从禁止美国企业向华为出售元器件到威胁限制使用安卓系统，再到将华为列为美国和其盟邦的国家安全威胁，禁止美国政府部门购买华为的设备和服务等，妄图彻底封杀华为。

在华为30多年的成长过程中，曾遭遇多次挫折，对此，任正非一直把居安思危的意识植入华为的基因中。任正非曾经写过一篇文章《华为的红旗到底能打多久》，正当华为在全球各地开疆扩土，国内电信发展迅猛的时期，任正非写下了《华为的冬天》，再一次用居安思危的前瞻意识，让华为时刻保持清醒。美国的绞杀，使得华为更加注重自主创新。对此，任正非说，求生的欲望使我们振奋起来，寻找自救的道路。如果你要真正强大起来，就要向一切人学习，包括自己的敌人。

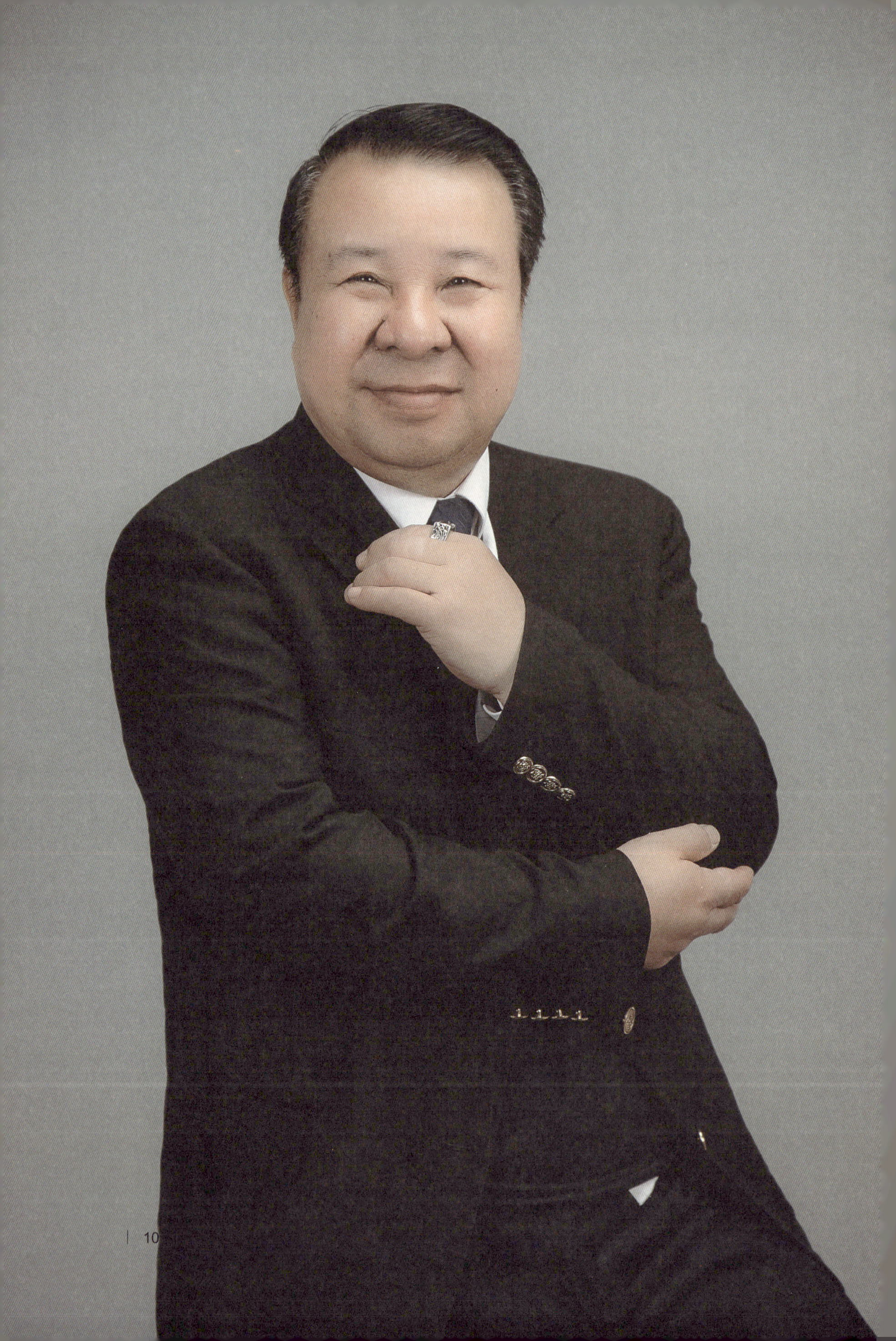

赵唯圣
ZHAO WEISHENG

鉴国之珍宝　品艺术人生

——记山东世博艺术品鉴定评估有限公司董事长赵唯圣

唯吾德馨创世博 ➔

不忘初心谋发展 ➔

倾情尽责新时代 ➔

致敬

进入 21 世纪后，兴藏文物、字画以及各类民间艺术品，文物收藏活动呈现出空前的活跃和发展态势。近年来，随着我国经济快速发展，以及人民群众生活水平提高和文化需求的不断增长，国内的收藏热日益升温，各地古玩市场也日趋红火，文物鉴定机构和文物鉴定专家也如雨后春笋一般应运而生。

山东世博艺术品鉴定评估有限公司在董事长赵唯圣的带领下，凭借文化艺术品鉴定的慧眼，本着传统眼学鉴定和科学鉴定相结合的职业操守，以严谨科学、积极向上的态度为广大藏友保驾护航，为不断丰富创新中国传统文化交流活动作出了卓有成效的探索与尝试，走出了一条助力文化艺术品鉴定事业高质量发展的特色之路。

唯吾德馨创世博

众所周知，群众文化艺术品在社会发展中具备了十分重要的服务功能，因此，在当今市场经济迅猛发展的背景下，群众文化艺术产业规模的扩大、竞争力的增强以及服务体系的完善，都将对社会的发展起到一定程度的积极作用。

说起赵唯圣与古文玩的渊源，还得追溯到他的祖上。他的祖业是地道的山东白钰堂，早年间一直经营古玩的收藏，而到了民国年间，他的祖母又开设过典当行，家族的历史使赵唯圣年少时就与古文玩结下了不解之缘。

兴趣是最好的老师，秉承老祖宗将留下来的手艺更好地传承下去的遗训，赵唯圣在年轻时就进入了古董行业。然而，最初入行时，赵唯圣就遭到了家人的激烈反对，家人一致认为，当时物资匮乏，古玩的收藏和研究只是部分家境优渥人士茶余饭后的娱乐消遣，不能成为安身立命的一种选择。但赵唯圣未因此而退缩，他怀着对古文玩和中华传统文化的执念，深思熟虑后决定继续坚持自己的选择。

既然选择了远方，便要义无反顾地风雨兼程。此后几年，赵唯圣秉承"无

赵唯圣　｜　鉴国之珍宝　品艺术人生

贵无贱，无长无少，道之所存，师之所存"的求学理念，走遍全国，向民间高人拜师学艺，循序渐进地学习古陶瓷和玉石的鉴定。为了成为能真正看懂、读懂古代艺术品中奥秘的专家，他不惜从乡间童叟的口中探听并记录与瓷器有关的历史传闻，不惜花费大量时间去博物馆或是地摊，了解赝品的工艺和成色，他就如同海绵投进大海中，如饥似渴地吸取着宝贵的知识。也正是通过夜以继日的学瓷、看瓷、评瓷，赵唯圣掌握了瓷器鉴定的奥秘。古代瓷器与现代高仿瓷器最大的区别就在于烧制技术，古代瓷器烧制主要使用的是柴火，而现代瓷器烧制使用的是电或者煤，瓷器上常常有泪痕等。抓住这一关键点，他练就了一双识瓷、鉴瓷的慧眼，揭开了古文物这层神秘的面纱。

2009年，赵唯圣曾将家族世代相传的战国琉璃剑饰，以原典当铺名白钰堂古玩店的名义在电视台鉴宝栏目展出，轰动一时。同年他在淄博市党报发布两篇重要学术文章。2016年5月6日，他再次为支持古陶瓷老化痕迹鉴定工作，主动捐赠五件个人珍藏真品，并捐现金五万元，为文物保护和传承工作，做出了应有的贡献。

为更好服务广大文化艺术品收藏爱好者，2016年4月27日，赵唯圣在济南市市中区工商局注册了山东世博艺术品鉴定评估有限公司。公司主要经营古陶瓷等工艺美术品，提供玉石鉴定、评估，文化艺术品交流活动组织策划，会议及展览，藏品修复，非学历职业技能培训等服务。

公司成立初期，赵唯圣深入学习掌握了公安部评审通过的古陶瓷10种自然老化痕迹鉴定方法，走访参观国内外各大知名博物馆，不断增长知识。2017年，他曾多次组织员工以及专业技术人员考察国内各大古代窑址，进行学习；2018年，他积极响应国家号召不断践行"请进来走出去"理念。请进来，就是邀请古玩圈内的知名权威专家作为企业发展的智囊团；走出去，就是深入考察了解景德镇樊家井等古陶瓷明清瓷器作为交流基地。对文物鉴定业务，赵唯圣本着传统眼学鉴定和科学鉴定相结合的原则，做到公正、公平、公开，以严谨科学、积极向上的态度为广大藏友保驾护航，不断创新丰富中国传统文化交流活动，深受广大藏家朋友的尊敬和欢迎。

不忘初心谋发展

文物是人类文明发展历史上的宝贵遗产，具有非常高的文化研究价值和

致敬

历史研究价值。盛世兴藏,随着我国经济快速发展、人民生活水平提高和文化需求的增长,民间文物艺术品收藏活动呈现出空前活跃和发展的态势。

目前,全国文物收藏者数以千万计。但是当前的文物市场并不让人乐观,相当一部分民间藏家没有专业的收藏素养和鉴定知识,文物市场上也充斥着赝品,严重影响了人们对文物的鉴定和欣赏,甚至使得许多宝贵的文物蒙尘、无人问津。因此,文物鉴定是辨别真伪的重要一环,不可或缺。

在今天,久负盛名的瓷器成为历史研究的重要对象和文化传承的重要载体,蕴藏着极大的史料价值与艺术价值。赵唯圣在热爱瓷器等艺术品鉴定事业的同时,也希望通过自己的力量为保护传统文化做一些力所能及的事。在琳琅满目的瓷器市场中,他的存在,让一大批稀世珍品更好地保留下来,避免了再一次的流失和损坏。

丰富的民间文化是民族文化、社会文化、经济发展的最好见证者。但是,随着经济现代化的发展,互联网的出现给传统文化带来了巨大的冲击,相对于费时费力去学习传统手工艺、艺术品鉴定等知识,当代年轻人更乐意于参加费时少、成效快的速成班,导致大量的民间技艺无人继承,文化遗产正在逐渐流失。赵唯圣说:"不忘初心,牢记使命。我们企业与党中央文物保护传承发展的政策保持高度一致,我们要为保护国家历史文物,为保护民藏,发展民藏,科学严谨扎实地做好鉴定工作。"赵唯圣希望有越来越多人加入文物鉴定的队伍中来,学习文物鉴定的知识,为保护和弘扬中华传统文化贡献一份力,首先要做的就是提高人民对文物保护的认知水平,使人们体验到文物保护的重要性,自觉加入文物鉴定与保护的队伍中来。

赵唯圣是一个极具爱国主义情怀的人,他认为,中华民族的今天是无数先辈辛苦打造出来的,我们要懂得珍惜。他不止一次地谈到,自己是生在新社会,长在红旗下的社会主义接班人,自己目前在事业上取得的成功,也受益于国家经济富强,人民生活水平的提高。作为改革开放的受益者,他由衷地感恩这个时代,因而他热爱自己的民族、热爱自己的国家,生活中面对污蔑诋毁国家者,他横眉冷对、据理力争,痛斥他们以偏概全,他强调只有国家稳定,文化才能得以传承。

风雨兼程三十载,脚步铿锵谱华章。入行30年来,赵唯圣谱写出的是"一段敢为人先、自我超越的发展史,一段励精图治、勇于奉献的创业史,一段与时俱进、奋发进取的创新史"。在他眼中,成绩已属过去,企业更应着眼

赵唯圣 鉴国之珍宝 品艺术人生

未来,今后还要努力实现新跨越。他将带领山东世博人继续发扬公司优良传统,积极进取,勇于创新,苦练内功,外塑形象,用良好的信誉回报社会。

倾情尽责新时代

人生天地之间,若白驹过隙,忽然而已。经过近30年对古陶瓷、古玉石的深入学习与研究,赵唯圣从当年那个爱古陶瓷的收藏家,变成了如今掌握艺术品鉴定奥秘的鉴定专家。他将以自己的艺术品鉴定手艺,造福人民、服务社会。

当前古文物发展面临的最大困境有两个,一是古文物的流失,二是市场上假货众多。对于古文物的流失,可以说是屡禁不止。因此他希望有社会责任感的企业家以及华侨可以将一部分文物买回来,通过捐助的方式献给国家。同时也希望相关部门加强对现有文物的保护,以避免悲剧再次发生。

对于假货泛滥这一现象,赵唯圣有着与众不同的认识。首先,他认为赝品中也有精品,用专业的话叫"现玩",当收藏者日益增多之时,"现玩"收藏极易淘换,价格也相对低廉,在市场中有升温的趋势;"现玩"虽然从时间上来说不算久远,但随着岁月的推移,其所包含的价值也会逐步增加,其中个别当代大师作品精品值得收藏与保护。其次,民间收藏家为古文物保护的中坚力量,赵唯圣告诫民藏爱好者应擦亮自己的眼睛,多学习,有了丰富的知识积累,才可以从众多赝品中发现真品,为国家守住珍宝,为保护传统文化贡献力量。

本着严谨和实事求是的态度,赵唯圣立下了"公平、公正、公开"三原则,在文物鉴定上,不听故事也不看推荐人是谁,坚持使用老祖宗留下来的优良方法,并与公安部10种古陶瓷老化痕迹鉴定的科学方法相结合,确保古文物鉴定的准确无误,保护民藏,保护文化遗产。首先,他致力于向广大藏家普及一些文物、文化常识,增强群众的民藏意识,让更多的藏家成为艺术品鉴定业内的佼佼者,为保护与弘扬中国传统文化贡献一份力。其次,他认为国家关于古文物、古董保护与收藏的现有政策是非常好的,同时也希望国家政策能进一步鼓励民藏、发展民藏,在他看来,发展民藏是国家稳定发展的一个重要因素,他希望每一个年轻人都学会去保护文化、弘扬文化,让中华文化永远流传。

致敬

赵唯圣董事长参加访谈栏目

当被问及从事鉴定评估工作的感受时,赵唯圣意味深长地说:"每一种文明都延续着一个国家和民族的精神血脉,只有我们每个人都关心和爱惜前人给我们留下的这些财富,把跨越时空、超越国度、富有永恒魅力、具有当代价值的文化精神弘扬起来,让收藏在博物馆里的文物、陈列在广阔大地上的遗产、书写在古籍里的文字都活起来,我们民族的精神和独特的审美情趣、独特的传统气质,才能传承下去,并同世界各国人民创造的丰富多彩的文明一道,为人类提供正确的精神指引和强大的精神动力。"

这凿凿之言也为赵唯圣带领山东世博艺术品鉴定评估有限公司不断突破、不断发展指明了方向。

赵唯圣戏称自己"为老八路的孩子,无论什么时候都跟着共产党走",这是父亲曾经对他的谆谆教导,如今他也这样教导自己的儿女。在这样的家庭教育熏陶下,赵唯圣始终坚持着"本本分分做人,扎扎实实做事"的朴素准则,也始终对党和国家抱有深厚的感情。他由衷地感恩这个时代,也深知人民的幸福生活与党和国家的正确领导息息相关,只有国家稳定,文化才能得以传承。

2019年,因各项成绩突出,赵唯圣受邀参加中央电视台老故事频道的《信用中国》栏目,有幸与央视著名主持人海霞共同录制节目。同年参加钓鱼台国宾馆举办的2019中国创新与经济高质量发展研讨会,以及全国人大会议中心举办的第五届中国经济新模式创新与发展峰会暨2019健康中国产业经济论坛,被评选为"推动中国文化产业健康发展十大杰出贡献人物"。

2020年,新冠肺炎疫情暴发,赵唯圣积极履行企业社会责任,在带领企业员工做好防控工作的基础上,还积极向公司所在地派出所、社区街道办

赵唯圣 | 鉴国之珍宝 品艺术人生

事处和居民委员会捐赠了一批防疫物资（包括医用 84 消毒液 1000 瓶、口罩 580 个等），为帮助日夜奋斗在抗击疫情第一线的警务人员和其他工作人员贡献了一份力量。同时，赵唯圣对国家打赢此次防疫阻击战抱有极强的信心，认为经此一"疫"，国家的大健康事业与全民健康水平一定会迎来新的进展。

一分耕耘，一分收获。尽管赵唯圣对荣誉看得不是很重，但还是有一项项桂冠戴在了他的头上。他先后在北京中投国际拍卖有限公司、北京东方索富比拍卖公司、香河万隆洋参开发有限公司、北京科迪兴技术开发公司、上海藏喜文物鉴定有限公司等多家企业，任负责人、董事、董事长，先后荣任北京国博文物鉴定中心鉴赏家、国家人力资源和社会保障部国家鉴定评估师培训班（苏州）指导员、北京国博文物鉴定中心鉴赏家、国家人力资源和社会保障部艺术品职业鉴定评估师、联合国美国认证文物艺术品职业鉴定评估师、文化部中国社会主义文艺学会艺术品鉴定与评估委员会专家团秘书长、中华典藏产业联盟专家委员会常委副主任、文化部东方华夏文化遗产保护中心玉文化副研究员、全国专业艺术品国家一级鉴定师等荣誉，还担任中国流通行业管理政研会信用管理专业委员会副会长、中国管理科学新兴经济产业研究院客座教授、中国管理科学研究院商学院兼职副院长、中国贡献人物库专家委员、贡献中国智库联盟副主席等多项社会职务，深受社会各界人士的关注与称道。

谈及未来发展时，赵唯圣信心满满地表示，当前，随着疫情的逐渐消退，社会各行各业也在有序地复工复产。山东世博艺术品鉴定评估有限公司也将继续秉持科学、严谨、扎实的态度，为保护国家历史文物、带动和发展民藏而做好鉴定评估服务，承担起文物保护和传承重任。一方面，将世博打造为文物艺术品鉴定评估领域的诚信品牌、民族品牌；另一方面，持续培养人才，引导广大群众懂古、识古、爱古、护古，把中国文物的话语权牢牢把握在中国人自己手里，为促进我国文物市场的健康发展做出应有的贡献。

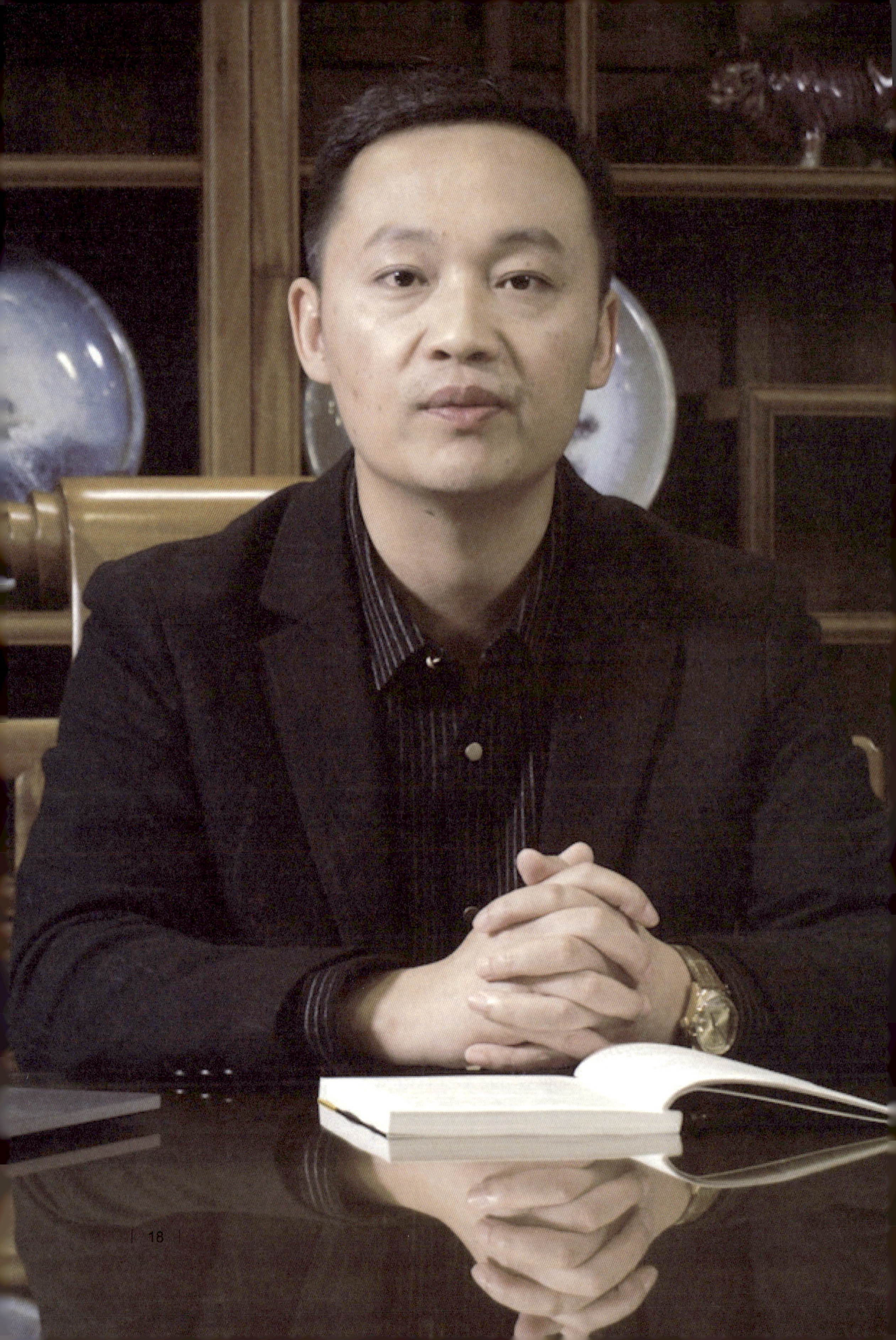

袁道红
YUAN DAOHONG

数字经济赋能
助力科技创新
树立行业丰碑

—— 记农夫铺子发展集团有限公司
　　董事局主席袁道红

创新创业创伟业 ➤

科技创新铸品牌 ➤

倾力倾情尽责任 ➤

致敬

2020年中央经济工作会议指出，要以习近平新时代中国特色社会主义思想为指导，立足新发展阶段，贯彻新发展理念，构建新发展格局。"十四五"时期经济社会发展以推动高质量发展为主题，以深化供给侧结构性改革为主线，以改革创新为根本动力，以满足人民日益增长的美好生活需要为根本目的。

农夫铺子发展集团有限公司在董事局主席袁道红的带领下，勇于突破自我，秉持以"轻资产、轻运营、重技术"为核心的发展原则，坚持以开放、合作、共赢为经营理念，短短五年多时间，以人工智能、区块链、大数据、短视频直播等技术为核心，通过自建与并购，构建了"三大核心＋十大辅助"的一体化商业生态闭环。以助力中小微企业转型升级，提供一站式落地解决方案为企业使命，通过不断的技术创新、拓展商业边界，已一跃发展成为新时代中国数字经济行业的领先品牌。

创新创业创伟业

创新是一个民族进步的灵魂，是一个国家兴旺发达的不竭动力。创新是人类最珍贵的精神品质，一个国家、一个民族如果没有创新思维，就难以适应时代的发展。

随着社会的发展，创新成为社会不可或缺的一部分。创新是企业发展的核心，没有创新，企业就失去了核心竞争力，企业的发展离不开创新的支撑，创新靠企业的发展开展，两者相辅相成。

从农夫铺子发展集团有限公司的企业发展历程中，我们便可以清晰地发现——创新是企业发展的核心。

农夫铺子集团董事局主席袁道红先生出生在河南省固始县大别山区的一个贫穷小山村。固始县是曾经的国家级贫困县。他小时候耳闻目睹的就是极度贫穷，以至于他当时唯一的想法就是通过求学来改变自己的命运，以一技之长掌握自己的命运，用技术为需要帮助的人创造改变命运的机会，用技术回报家乡，为家乡人创造福祉。

2015年，事业正蒸蒸日上的袁道红积极响应河南政府招商引资计划，反

袁道红 | 数字经济赋能 助力科技创新 树立行业丰碑

哺家乡创业，在河南郑州创业成立了农夫铺子发展集团有限公司。经过五年的发展，在国家相关部委和各级政府的大力支持下，农夫铺子发展集团从一家地方性的互联网技术开发企业，成长为一家以云计算、区块链、人工智能、大数据、短视频直播、社交新零售等技术应用为核心的国际化民族互联网企业。

五年的时间里，集团创新创建F2S2B2C模式，重金打造农夫铺子云共享数字商业生态系统和全球供应链体系，通过投资与并购，现已形成以"农夫铺子F2S2B2C云共享供应链平台""超级APP未来名片""农夫铺子云计算"为三大核心业务板块，以"人工智能化设备""聚合云商""点滴链""51学平台""腾翼云软件""私域云短视频直播平台""农夫铺子企业综合服务平台""农夫铺子传媒平台""曹操益出行""农夫铺子文旅"等为十大辅助板块的庞大业务生态体系，为集团发展提供了源源不断动力。公司为中小微企业（商家）转型升级，实现跨界盈利提供一站式落地解决方案；为源头生产企业提供领先的F2S2B2C新零售供应链平台；为创客提供社交新零售平台；为消费者提供源头好产品！通过区块链技术，公司创新构建线上线下商业体系，提升电子支付价值，打造数字经济时代的商业新生态。

当被问及"农夫铺子"的内涵时，袁道红意味深长地说："'农夫'顾名思义就是农民的意思。中国是一个农业大国，拥有8亿农民，所以它代表的是源头，当然也是更重要的。它是人民大众的平台，我个人认为重要的是，它要落地、要接地气，不能忘掉根本，它是为人民大众服务的一个平台。"

如今，农夫铺子发展集团凭借融入多种新型技术平台构建的一体化商业生态闭合环，助力中小微企业转型升级，为其提供一站式落地解决方案，因此一跃发展成为新时代中国数字经济行业的领先品牌。

科技创新铸品牌

"十三五"时期是我国全面建成小康社会和进入创新型国家行列的决胜阶段，科技创新正处于可以大有作为的重要战略机遇期。农夫铺子发展集团作为一家以技术为核心的民族互联网企业，要想在激烈的竞争中脱颖而出，打造出优秀的民族互联网品牌，提高企业核心竞争力，关键就是要不断地进行科技创新。

农夫铺子集团在发展的过程中，构建了产学研一体化企业发展策略。农

致敬

  夫铺子发展集团是"中国商业经济学会商业创新研究院"副院长单位，是中国"产、学、研"合作科技创新示范基地，是"中国管理科学研究院区块链与大数据应用研究中心"主办单位，是中国管理科学研究院商学院项目"区块链技术在共享数字积分商业流通中的应用"的承担单位。在河南政府的大力扶持下，集团先后投资成立了农夫铺子电商产业园和数字经济产业园，并依托产业园模式带动创新技术的开发和项目孵化。"产、学、研"和产业园模式的双重驱动，保障了集团在科技创新方面的持续发展，为集团建立技术和品牌核心竞争力打下了坚实的基础。

  三年来，由农夫铺子发展集团发起，多家学术单位共同举办了全国中小微企业转型升级论坛、中国世界科技创新经济发展大会，以举办会议的形式，开展多角度的科技创新交流活动，进而帮助中小微企业走出困境，转型升级，促进跨界融合，共享发展成果，实现企业稳定增收。农夫铺子集团充分发挥数字经济创新在经济发展中的重要作用，为中华民族伟大复兴贡献力量，为实现中国梦贡献力量。

  产品的质量与信誉是企业生存之本，保证产品质量是重中之重。农夫铺子公司一直秉承"开放、合作、共赢"的经营理念，认真分析客户反馈的问题，逐个解决；认真了解客户需求，逐个实现，形成良好的服务品质和信誉，为塑造"农夫铺子"民族品牌而不懈努力。

  技术出身的袁道红在整个实践过程中，把他自己逼成了一个全能型人才，除了技术专业课程外，他还进修了市场营销、管理学，以及采购与供应链管理、法学等课程，还在管理沟通、市场营销、架构师编程等领域亲自操作，为集团技术提升起到了标杆作用。

  近年来，世界各国都在积极探索人工智能技术与其他领域结合的新路径，希望人工智能等技术为其他领域提供便捷，并推动行业向前发展。在各国共同推动智能技术发展的良好氛围中，一些企业积极响应政府的号召，逐步将人工智能技术应用于各行业，使得人工智能技术在各领域发挥的作用越来越突出，同时也给人工智能的发展注入了新的动力。

  经历过，才会明白；有付出，才有回报。如今农夫铺子发展集团有限公司实行北京—郑州双总部运营模式，并于2019年8月8日在香港全球中小企业交易中心正式挂牌（挂牌代码93153）进入资本市场。集团先后被评为"国家AAA级企业信用单位""信用中国·（行业）最具竞争力十大诚信品牌""爱

袁道红 | 数字经济赋能　助力科技创新　树立行业丰碑

农夫铺子集团所获的部分荣誉

心企业"、央视发现之旅频道《对话品牌》栏目战略合作访谈单位、民族品牌全球推广企业。

目前，农夫铺子集团拥有国内领先的区块链、人工智能、大数据技术，在北京、河南、山西、安徽、广东拥有500余人的技术团队，拥有多项专利、软件著作权，为公司整体技术水平的提升和经济效益的快速增长打下了坚实基础。

倾力倾情尽责任

当前，智能终端、云计算、宽带网络三大技术的发展和应用，正在推动产业互联网时代的兴起。其以"价值经济"为核心，通过传统企业与互联网融合，为消费者提供更好体验。

农夫铺子集团作为一家充满高科技文化气息的企业，从创业开始就一直秉持"用感恩的心做人，用爱心做事业"的原则，在集团发展壮大的同时，不忘回报社会，引领了行业前进的潮流。

穷孩子出身的袁道红先生在企业成立之初就确立了"技术扶贫""电商扶贫"的企业发展战略，并助力河南省完成了多项扶贫指标，成为河南省固始县脱贫有力的"助推器"，收获了政府的大力支持和社会的广泛认可。他希望能通过技术、通过平台来帮助更多的人。他每年都会在春节前走访贫困户和孤寡老人，为他们送去爱心。他还打算成立一个慈善基金会，在每个大区都要建立一个分会组织，不仅要实现扶贫，还要积极助残，借助集团的技术能力开发新平台，创新扶贫助残方式，按照大区划分，实现全国全覆盖。

多年来，也正是靠创新的激情和坚强的意志，袁道红和其统率的创业创新团队凭借敏锐的社会洞察力和机遇把握能力，实现了一次次的跨越，站稳了脚跟。他所创立的企业已成为业界耳熟能详的强势品牌。

市场是企业的生命线，良好的品牌是企业参与竞争的基石，市场就是企业竞争的终端战场。或许应该从另一个侧面来证实"市场"的重要。做事求

致敬

农夫铺子发展集团办公大楼

稳的唯一办法便是始终以市场为导向，每一步都从最基本最简单的市场需求做起，再根据新的市场机会谨慎而大胆地继续下一步战略，以保证企业的健康发展。同时，还要从市场中学会如何规避"多元化"的经营风险。在数字中国的产业布局中，袁道红储备了足够的现金流，以保证企业稳定发展。

在公司的发展历程中，袁道红始终坚持以党建方针路线引领企业文化建设，形成了特色鲜明、积极向上的优秀企业文化，而优秀的企业文化为树立企业形象，实现企业的健康发展起到了积极的引领和支撑作用。

公司自成立以来始终保持着良好的企业声誉，关注社会公益、履行社会责任，树立了良好的企业社会形象。所有这一切都说明，企业文化这一形象载体，成为公司的一种宝贵资源和独特的管理要素，并已成为公司核心竞争力的重要组成部分。

"有梦想，有机遇，有奋斗，一切美好的东西都可以创造出来。"袁道红强调，公司始终以打造民族互联网品牌企业、实现"开放、合作、共赢"为己任，这既是企业发展的初衷，更是对"国家富强、民族振兴、人民幸福"中国梦的最好践行。

在发展国内市场的同时，袁道红还不忘参与国际市场，积极践行"一带一路"倡议，按照公司战略部署，一一落地"一带一路"沿线国家。首先，集团要让"中国造"通过公司平台走出国门、走向全世界，让世界爱上"中国造"；其次，集团凭借拥有的先进互联网应用技术，走出国门、走向全世界，在"一带一路"国家实现落地生根。

一分耕耘，一分收获。尽管袁道红对荣誉看得不是那么重，但一项项桂冠还是戴在了他的头上。他获得美国管理技术大学博士学位，是全国工商联人才交流服务中心客座教授，中国管理科学院行业发展研究所副所长、首席专家，中国管理科学研究院区块链与大数据应用研究中心主任，中国管理科学研究院商学院双创导师兼职副院长，中国商业经济学会商业创新研究院副

袁道红 | 数字经济赋能　助力科技创新　树立行业丰碑

院长，中国科学家论坛理事会常务理事，河南政协委员。先后获得2019年度引领行业发展十大创新人物，国家级自然科学期刊《发现》杂志2020年第十二期封面人物，中国科技创新功勋人物，中国区块链品牌十大创新人物，中国新经济年度创新人物，民族品牌全球推广大使，全国学习雷锋先进个人等荣誉。技术上，他是中国区块链标志品牌"点滴链"创始人，"创新个人先进事迹奖"获得者，"技术创新发明成果奖"获得者，"中国科技创新功勋人物奖"获得者，"科技发明专利司南奖"获得者，"科技成果重大突破金翅奖"获得者，中国管理科学研究院"十四五"重点研究课题"区块链技术在共享数字积分商业流通中的应用"负责人、论文一等奖获得者。职称方面，他是英国皇家学会高级采购师、高级系统框架师、高级区块链技术与应用工程师、人工智能技术与应用高级工程师、物联网应用高级工程师、高级软件开发工程师、智能化系统高级工程师、信息安全评估工程师、软件架构师、大数据技术高级工程师、机器人技术工程师；从专业水准来看，他是资深互联网模式专家、互联网营销专家、SYB创业培训师、企业互联网转型导师，这近百项社会职务、荣誉和职称是他精彩人生的真实写照。

科技兴，则民族兴；科技强，则国家强；创新是推动高质量发展与动能转换的必要支撑和根本源泉，是人类特有的思维方式和实践能力，也是现代企业不可或缺的生存秘籍。

谈及未来发展，袁道红满怀豪情地表示，农夫铺子将在国家"十四五"开局之年——2021年——不断弘扬科技创新精神，以推动中小微企业更快更好发展为使命，力争实现上市计划，将农夫铺子做成真正国际化的中国民族互联网企业品牌，为满足人民美好生活贡献一份力量，为建党一百周年献上一份厚礼，为努力实现中华民族伟大复兴的中国梦做出新的更大贡献。

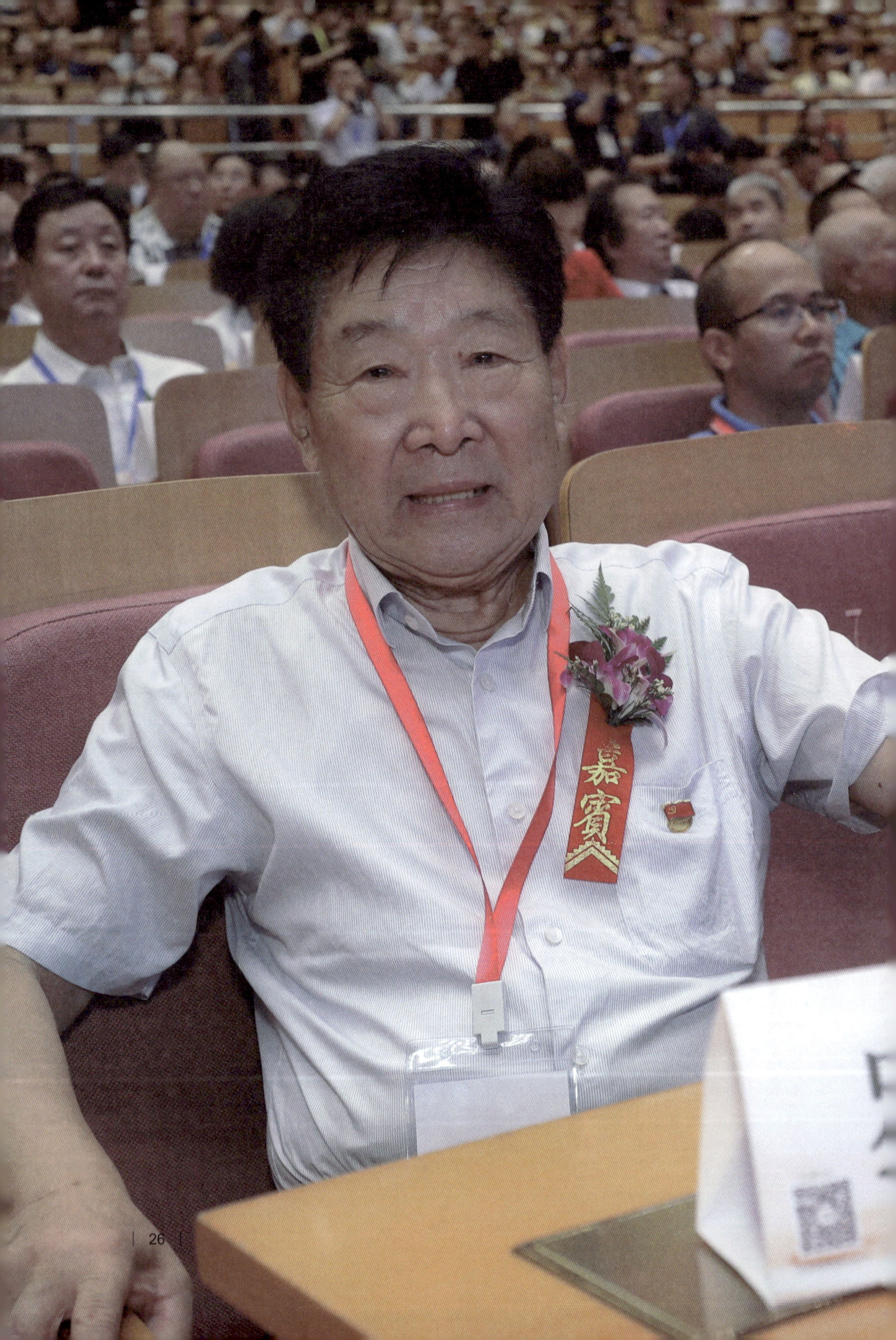
嘉賓

罗元德
LUO YUANDE

老骥伏枥　抱德炀和
—— 记上海京盾科技经济信息有限公司
董事长兼总经理罗元德

发轫于黄浦江畔　➡

管理创新铸一流　➡

倾力倾情尽责任　➡

致敬

时代造就人物，人物影响时代。

他曾为时代变迁过程中的普通人，在改变自己命运的同时，也参与了国家经济崛起的历程；他亲切的外表内包裹着一颗智慧的心，唯国家不可负，中国由弱变强、由穷到富的时代变革，他参与过、努力过，也尽了一份责任；已过耄耋之年的他，没有像很多老人那样含饴弄孙、颐养天年，而是力所能及地做着对祖国、对人类有贡献的梦，而且一个接一个地实现了自己的梦……

他就是老骥伏枥、抱德炀和的光辉典范、上海京盾科技经济信息有限公司（以下简称京盾科技）董事长兼总经理罗元德。

发轫于黄浦江畔

罗元德，20世纪30年代末出生于上海黄浦江畔一个书香门第。14岁入伍参军，1956年8月1日加入中国共产党，当过研究员、高级经济师、高级工程师、教授。

1976年外派回国后历任中外中小企业科技经济信息联合体华东办主任，上海海外华人经济研究会副会长兼秘书长，香港启通公司内地全权代表，香港汇德海投资有限公司董事局主席等职务。

1998年7月1日，上海京盾科技经济信息有限公司成立，退休之后的罗元德担任了公司董事长。几十年的生活阅历让他深感科技信息的滞后，尤其是在城市基础设施配套建设方面的信息。其实早在改革开放之前，他就敏感地意识到这点，特别是他走出国门之后，这种意识特别强烈。因此，他在担任公司董事长之后的第一件事，就是开始集中力量开展城市天然气管道终端建设。

其实，我国天然气利用已有相当悠久的历史，但天然气工业起步较晚，1953年天然气消费量仅占全国能源消费总量的0.02%，此后相当长的时间内发展极为缓慢。改革开放以来，我国天然气开发和利用有了很大发展，尤其在东北、西北、四川和沿海地区。1990年至2001年我国天然气产量及占能源消费的比重逐年增加。1996年产量首次突破200亿立方米大关，开始进入产量快速增长期。

近年来，北京、天津、重庆、成都等大中城市先后把天然气作为清洁燃料用于工业和居民生活，并已开始使用天然气汽车，这也在一定程度上遏制了城市大气环境的恶化。根据有关国际公约，今后我国减排温室气体的压力日益加大，尽快改善我国的能源结构，减少污染物的排放，是我国能源结构调整的重要方向。中国将重点开发利用天然气和水力资源等优质能源，实行"西气东输"和"西电东送"，将有效地控制温室气体排放，逐步优化能源结构，从而达到逐步改善环境，保护生态，实现中长期可持续发展的目标。

近30年来，罗元德为完成企业各个阶段的使命做出了应有的贡献，特别是在"西气东输"京融管道天然气新工艺的设计、施工、建设方面做出了卓越贡献。有些工艺在国内是首创，先后荣获国家9项专利，并在上海、山东等地的建设项目上广泛应用，取得了非常不错的效果。罗元德预计今后20年我国天然气开发利用将呈现跨越式发展，天然气的利用和天然气工程的建设等方面都将会有较大的增长和发展。

管理创新铸一流

2020年12月，中央经济工作会议指出，要立足新发展阶段，贯彻新发展理念，构建新发展格局。科学谋划"十四五"生态环境保护工作，加快构建生态文明体系，统筹生态安全、生物安全和环境安全，坚决守住自然生态安全边界。不断深化改革创新，完善生态环境监督管理制度，加快推进生态环境治理体系和治理能力现代化。更加注重系统观念在生态环境保护工作中的科学运用和实践深化，以高水平保护倒逼高质量发展。

作为企业的掌舵人，罗元德清楚地知道，京盾科技要稳健发展，必须从本企业的管理抓起。管理是企业生存和壮大的永恒主题，是企业活力的不竭之源。京盾科技的决策层秉承"以人为本"的管理理念，在企业管理中跳出惯性思维的框框，扬长避短、发挥优势、找准切入点，探索出一套独具特色的深化管理、创新发展模式，令人耳目一新。

优秀的人品塑造成功的企业，成功的企业创造优质的产品。罗元德董事

致敬

长，一个普通的劳动者，一个企业的带头人，正是因为有了高尚的情操、坚定的信念以及不断创业创新的精神，才使企业不断转型升级发展。

管理是一种境界，也是一种追求。说白了，管理就是管人理事。京盾科技坚持以人为本抓管理，探索和创新管理模式，脚踏实地管到点上、管到细处、管到深处，使企业管理管出新意、管出水平，也管出了企业发展的一片新天地。

管理理念的创新从全局上"激活"了京盾科技，使京盾科技在激烈的污水处理市场竞争中脱颖而出，为实现企业持续稳定快速发展奠定了基础。

在罗元德的带领下，以其"老骥伏枥，志在千里"的创业激情，积极响应国家号召，秉承"老老实实做事，规规矩矩做人"发展理念，在污水处理领域先行一步，奋勇拼搏，凭借其超前的认知思维做出了不同寻常的成就。

当前全球人口不断增长，环境持续恶化，生态环境承载能力减弱，恢复生态系统原本面貌，实现生物多样性和可持续发展，是全人类共同面临的重要任务和严峻挑战。随着我国社会经济的快速发展，由水污染给环境带来的破坏、影响越来越严重，进行污水处理刻不容缓。

结合河道污染特点及土著微生物的类型和生长特点，京盾科技研发的生物膜技术使微生物固定生长或附着生长在固体填料载体的表面，形成胶质相连的生物膜。通过水的流动和空气的搅动，生物膜表面不断和水接触，水体中的污染物被微生物降解和转化，水质得到改善。该技术对水量、水质的变化有较强的适应性，有利于微生物形成稳定的生态系统。

土壤承载着人类的衣食住行，是人类赖以生存和发展的物质基础，也是构成生态系统的基本环境要素。当前，土壤和地下水污染问题已经成为威胁人类健康、影响环境安全的大课题，全面开展污染土壤和地下水的修复与综合治理迫切而有意义。罗元德通过对污染场地的深入调查与风险评估，分析不同污染场地水文地质情况，综合考量污染物性质、资源条件、修复成本等多种因素，进行修复技术的合理选择、组合，工艺的优化设计，并在实施过程中采取完善措施，避免修复过程对大气、地下水可能造成的二次污染。

为了预防二次污染的产生，罗元德带领公司科研团队研制出了实用新型专利水处理设备——废水处理膜生物反应器。设备由进水泵、微滤膜组、超滤膜组、反渗透膜组及产水箱连接组合。工作原理为微滤膜组通过第一清洁水管与超滤膜组连接，超滤膜组通过第二清洁水管与反渗透膜组连接，反渗透膜组通过第三清洁水管与产水箱连接。该设备针对各类高浓度、难降解工业废水，主体工艺采用高效厌氧＋好氧＋高级氧化耦合＋深度生化等一系列工艺及设备进行工程建设与提升改造，可实现废水的深度处理，达到近零排放及资源化的目的。针对不同类型的废水，京盾科技为客户优选最佳工艺组合，在处理效果、运行费用和工程投资等方面具有明显的优势，已广泛应用于纺织、化纤、印染、造纸、化工、医药等行业。

针对国家生态安全和区域生态环保改善要求，作为建设"美丽中国"的积极推进者与践行者，京盾科技还借助科技力量，积极开展环境规划和景观生态规划、生态系统结构与功能优化配置及调控、生态工程设计与实施等人为干预工程，恢复和重建受损的生态系统，为区域经济发展提供咨询、技术、工程服务，促进区域生态环境的持续改善，致力于为客户提供生态保护、生态修复、生态建设、生态运营的综合智能解决方案。

京盾科技大力开展质量管理体系建设，通过了 ISO 9000 质量管理体系认证、ISO 14000 环境管理体系认证、OHSAS 18000 职业健康安全管理体系认证。公司先后被评为国家 AAAA 级信用企业、中国最具发展潜力的科技百强民营企业、上海市服务名牌企业、上海市科技创新品牌企业、上海市质量服务双满意诚信示范单位等，并接受中央电视台《影响力时代》栏目专访。

公司还树立"全员终身学习"的学习理念，积极鼓励倡导创新和研发能力，在相关领域已经拥有一批专利，为不断提高服务质量提供技术支撑。公司不但拥有一支专业技术过硬、经验丰富的人才队伍，还与国内多所高等院校建立合作关系，并建立紧密的合作伙伴关系，以专业的技术和管理服务于社会，为公司相关项目的推进提供强有力的技术支持。罗元德誓将京盾科技打造成为具有核心竞争力和可持续发展的行业一流企业。

倾力倾情尽责任

弈射九日，落地化为光；愚公移山，关隘变通途。

而今，在 21 世纪曙光初照的新时代，罗元德领航的京盾人以振兴国家信息经济产业政策为"媒"，以发展城市基础配套设施建设为"介"，大力发展产业链，缔造新经济神话，倾心倾力演绎了京盾人恩济万物、责任奉献的感恩情节。

俗话说：无利不言商。在社会主义市场经济条件下，企业总是要谋求最

致敬

大的效益。但是，对罗元德乃至京盾人而言，利益却有双重内涵：经济效益与社会效益。而在很多时候，他们追求的是经济效益与社会效益的双赢。

责任并举，道义共生。责与任、道与义平衡着京盾人与京盾科技奉献社会的价值天平。在京盾科技的财富积累过程中，罗元德运筹帷幄，使京盾科技的技术实力不断提升，在京盾人的精神世界里，产业报国的责任一刻也没有改变过。

随着社会的发展、科技的进步，人越来越成为主宰社会的主体，公司在发展过程中，坚持以人为本的理念，给员工发展提升的机会，让员工感受到企业如家庭。同时，企业在发展过程中必须注重社会的可持续性发展，企业的发展应该与社会的发展同步，以己所获，回报社会。

多年来，罗元德在发展好企业的同时，不忘感恩回报社会，乐于奉献已成为京盾人追求慈善的目标，无论是资助教育、投入农村基础建设、抗震救灾，还是资助家乡父老，京盾科技都在第一时间伸出爱心之手，尽一份企业的责任回报社会。迄今为止，京盾科技所属企业已累计向社会捐款、捐物达数百万元。

罗元德 老骥伏枥 抱德炀和

责任,与追求同在;责任,和使命相随。罗元德,这位生于黄埔江畔的退役军人,这个信奉德立天地的京盾科技掌舵人,在新世纪创业征程中不断收获着荣誉和骄傲。

60多年的基层工作经历,让罗元德真切感受到百姓的困难和需求。凭着说真话、干真事儿、真交心的朴实性情,他在当地已经成了家喻户晓的"代言人"。他先后担任中国亚太经济发展研究中心高级研究员,中国生产力学会策划专家委员会委员,世界杰出华商协会副会长,中国生产力学会副会长,世界生产力科学院中国籍院士。参加工作以来,他曾获三等功二次、二等功一次,以及五好标兵、建军积极分子等荣誉;荣获中国科学家论坛企业首席科学家,中国科技创新功人物,中国百名行业风云人物奖,爱国华商春节团拜会杰出爱国人士奖,五一英模代表大会奖等荣誉;荣获改革开放三十周年代表大会《中国骄傲》奖牌,诚信建设管理示范单位奖,中国第三届公益事业大会奖牌,中国科学家论坛奖牌、奖章等荣誉。罗元德著有《世界华人经济研究导论》及《开发太湖引资建设方略》等著作,先进事迹被收录于大型文献《至高荣誉——共和国最美创业者》中,中国红色文化研究会国防与军事专业委员会还邀请他担任《军民共筑强国梦》丛书编委会顾问,赢得社会各界人士的一致好评。

长风破浪会有时,直挂云帆济沧海。新的起点、新的希望、新的征程,让资源循环无限,创造更加洁净的世界。谈及未来发展,罗元德信心满怀地表示,京盾科技将继续奉行"诚信求实、致力服务、唯求满意"的企业宗旨,积极践行国家"十四五"规划,以强烈的勇于担当的民族责任感,倾力把京盾科技品牌打造成产业结构合理、企业管理规范、盈利能力强劲、文化特色鲜明、企业环境优化、员工安居乐业、社会责任鲜明的民族品牌。用激情与荣耀,不断开拓创新、锐意进取,努力打造京盾百年基业,全力把企业做大做强,立志打造具有核心竞争力和可持续发展的行业知名品牌,为努力实现中华民族的伟大复兴梦做出新的更大的贡献。

铿锵玫瑰篇

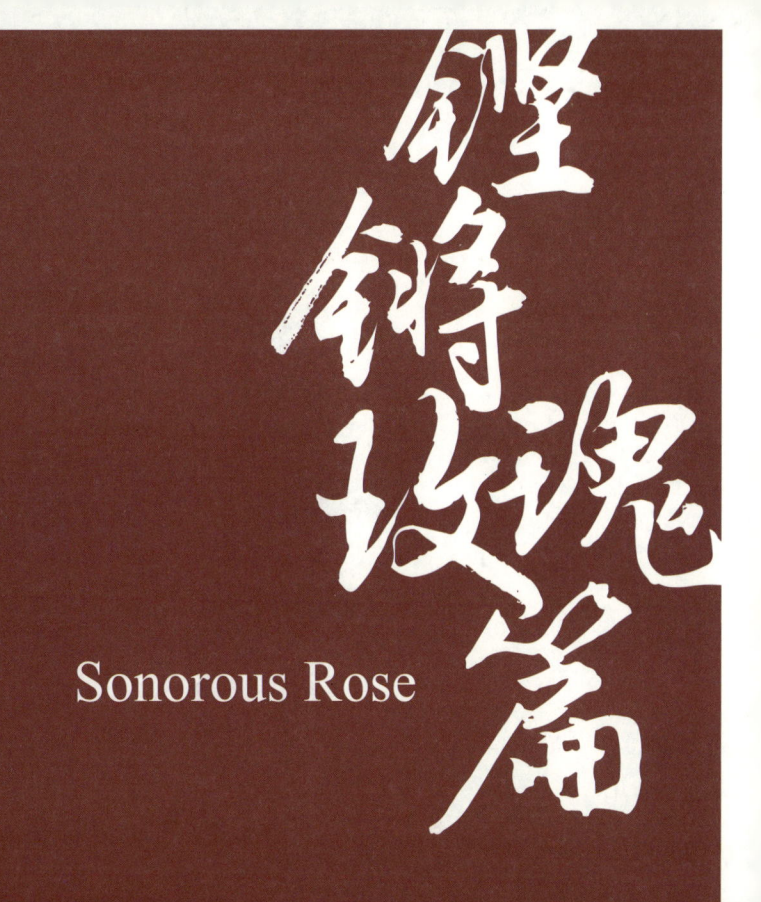

Sonorous Rose

董明珠　杨　涛　刘俊宏　王敏馨　毕兆凤
王冬菊　黄丽泰　丁兰香　张馨誉

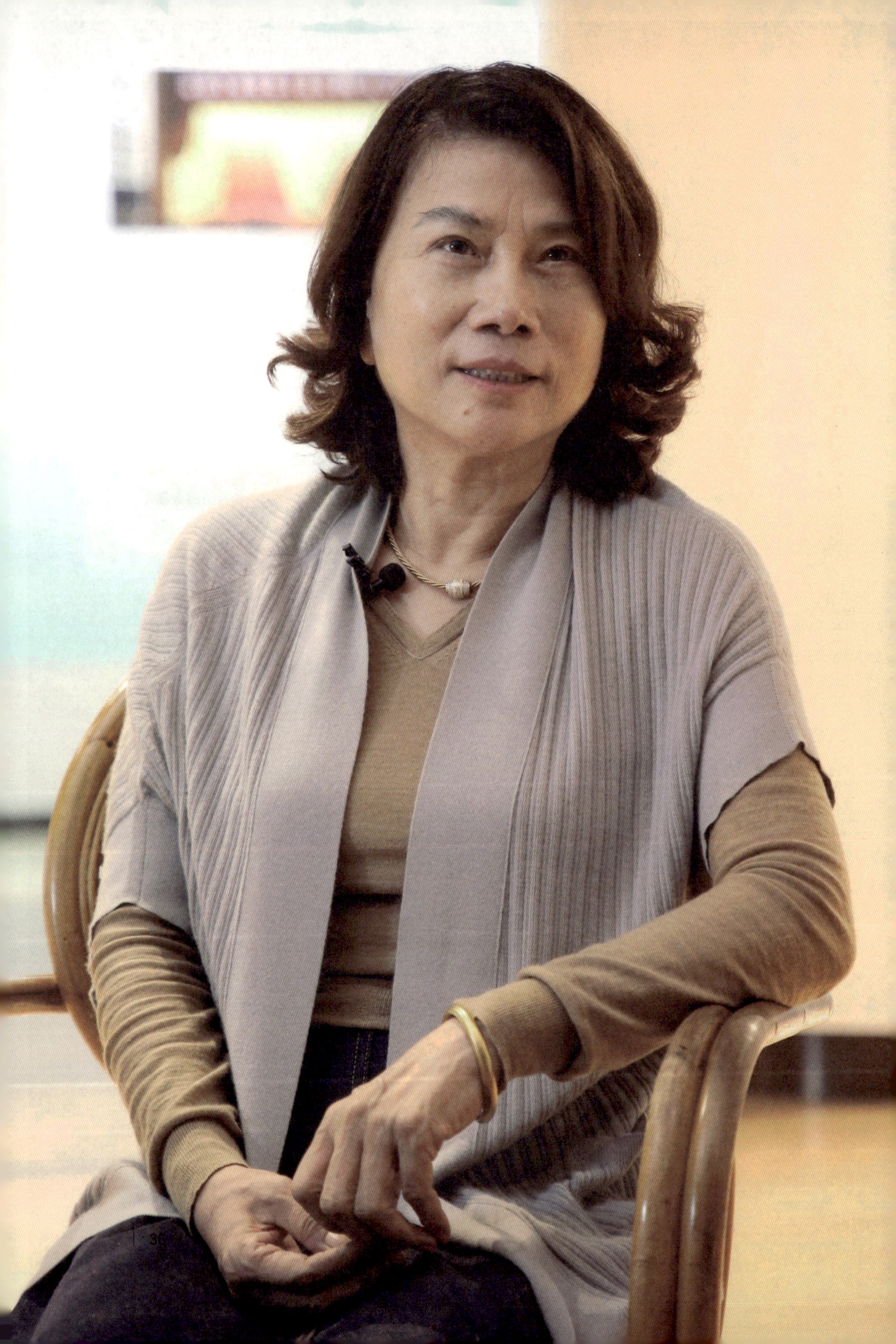

董明珠
DONG MINGZHU

铁腕女王的倔强人生
—— 记珠海格力电器股份有限公司董事长董明珠

倔强人生不服输 ➤

铁腕管理创未来 ➤

斗争之中谋发展 ➤

自主创新长志气 ➤

拥抱未来在路上 ➤

致敬

董明珠，江苏省南京人，珠海格力电器股份有限公司董事长。1990年辞去公职下海，在36岁时从最基层的业务员做起，以5000万元的业绩成为个人年销售冠军，最终成为格力的实际掌舵人。作为一名女性企业家，她以强悍的风格和不服输的精神，成就了格力空调今天的地位，同时，也因为敢说敢做的个性，引来很多争议。但无论如何，在中国空调产业发展史上，董明珠已经成为一位无法绕开的人物。

倔强人生不服输

董明珠向来以雷厉风行著称，但这也给人留下了不讲情面、"霸道""凶蛮"的印象。其实这些外在的表现都是她骨子里一种"不服输"的性格所致。这种性格早在年少的时候，就已形成，并且伴随着她成长，最终成就了董明珠，也成就了今天的格力。

12岁那一年，在游泳课上发生了一次意外，让董明珠与死神擦肩而过。这件事情发生之后，在常人看来这个孩子恐怕一辈子都不会学游泳了。但是，董明珠却超凡脱俗。她倔强地认为，如果学不会岂不是在游泳这件事上彻底认输了？！以后一定还会在游泳这件事情上吃亏。于是，以后的游泳活动，她都积极参加，逐渐战胜内心的恐惧，最终学会了游泳。

游泳课上的不服输，随着年龄的增长和生活的变化，转化成为对平庸生活的不甘心。1990年，已经36岁的董明珠辞去了化工研究所的行政职位。对于一个失去丈夫的女人来说辞去公职，选择前途未卜的南下打拼，自然遭到家里的极力反对。董明珠却坚持自己的观点，不仅为自己，也是为了整个家庭。于是，她从一个销售菜鸟做起，凭借着不服输的个性，仅仅用了短短40天就追回了42万元的欠款！谁说女子不如男？董明珠用自己的亲身经历再次证明了"世上无难事，只怕有心人"这句古老的谚语。就在当年，董明珠居然从一个不知销售为何物的门外汉，变成了1600万元销售业绩的创造者，不但成功打开了安徽的市场，更进一步证明了一个道理：是金子在什么地方都会发光。

董明珠 铁腕女王的倔强人生

不服输的性格不仅体现在突破自身的各种限制，同时也体现在对外界的态度上。当她走上领导岗位之后，更是对行业内的"潜规则"敢于说不！当时，拖欠货款已经成为空调行业的普遍现象，经销商对此早已习以为常。但董明珠却对这一陋习发起了挑战，先交款后发货的提议立刻引起了经销商强烈的反对，就连老领导朱江洪也不怎么赞同。最后，在董明珠的强力推行下，格力成为当时空调行业唯一打破"先发货后付款"陋习的企业。之所以敢于坚持自己的立场并最终获得成功，是因为格力空调高质量的产品使市场销售有了充分保障，这不仅增加了经销商的信心，也进一步推动格力公司在企业管理上不断科学化，保证更多资金投入研发领域之中。

这种倔强的性格，也体现在对于亲情关系的处理上。1995年，一个经销商托关系找到董明珠的哥哥，希望通过这一层关系获得格力空调的代理权。按理来说，如果经销商的资质没有问题，这是完全可以的。但是董明珠直接拒绝了哥哥，并且拒绝和这个经销商合作，从而导致兄妹之间闹了很多年的不愉快。

铁腕管理创未来

美国考察团在参观格力时发出了"格力电器真是一个'自虐狂'"的感慨，而董明珠则指出，格力只是严格尊重自己。从1995年至2005年，董明珠领导的"格力电器"连续11年保持了空调产销量、销售收入、市场占有率均居全国首位的纪录。这与前董事长朱江洪的"总经理禁令""零缺陷"标准一脉相承，也是董明珠严格管理、大胆创新的结果。

作为国有企业，格力同样避免不了国有企业的一些通病，随着企业规模的不断扩大和知名度的不断提高，内部管理问题也日渐突出。虽然此时格力的销售量正在不断提升，但隐藏的问题如果不能得到及时解决，早晚会断送当前的大好局面。

改革就意味着必须动用强力手腕，得罪人也是避免不了的。在总经理朱江洪的支持下，富有董明珠个性的经营改革开始了。她冒着得罪全体销售人员的风险，大力精减销售队伍，杜绝拿任何回扣，仅仅保留23名业务员。这些业务员只负责相对应的省，而不负责发展经销商，大大降低了过去销售人员与经销商进行私下交易的各种可能性。同时，通过"淡季返利""年终返奖""模

致敬

糊返奖"三板斧提升销售人员的积极性。为了完善销售管理机制、防止财务漏洞，董明珠还把手"伸"向财务管理，而这历来是领导者最忌讳的事情。对此，董明珠坦然地说，要这个权力绝不是为了自己，而是为了更好地管理，了解企业的财务运行状况，进一步加快经营的反应速度。如果大家信不过，人人都可以来查账监督。正是凭借这心底无私天地宽的魄力，一年之后，董明珠带领格力将销售额提升到28亿元，从行业内的第八位蹿升到第二位。

如果说整顿销售队伍，建立经销商新规则，面对空调行业的价格战丝毫不退缩是市场竞争方面迫不得已的改革，那么格力集团内部的体制改革，则是董明珠进入格力以来阻力最大的改革。由于国有体制内部的问题，格力品牌归属问题引发了一场拉锯战。格力电器是格力集团的一面旗帜，曾占据格力集团90%以上的总产值。随着格力空调市场影响力的提升，格力集团多次要求格力空调提供资金支持集团旗下其他企业的发展，甚至要求将格力电器的收入放到徒有虚名的格力集团财务公司中，这一要求遭到了朱江洪和董明珠的坚决反对，导致双方矛盾不断升级。同时，集团在多元化战略下，将旗下相关的60多家子公司均冠以"格力"的名称，不仅损害了格力空调的品牌形象，还给市场认知带来了混乱。面对集团公司的压力，董明珠毫不示弱，坚决抵制集团公司掏空上市公司等违规手段，最后通过向市里相关领导陈述利害关系，才使得该事件暂时告一段落。

斗争之中谋发展

2008年，格力专卖店在全球已经达到1万多家，在广州曾经创造一天之内10家专卖店开业的盛况。

作为一个传统的家电品牌，格力也曾经将国美等家电连锁超市作为推广的重要渠道，但是由于国美等专业大卖场经常不经过厂家同意就采取降价促销等方式，同时颇有些店大欺客的蛮横姿态，董明珠认为这是不平等的合作，最终与国美决裂。不少媒体认为董明珠此举无疑是自毁前途，并且信誓旦旦地预言格力将很快走投无路。然而，在董明珠看来，委屈得到的合作不会长久，只有在斗争中才能迎来和谐发展，这也成为格力主张自建渠道的重要原因。另外一个原因是，董明珠认为空调不同于其他家电，插电即用，空调的安全和运营需要一系列的配套服务，只有构建自己独有的专卖店才能真正将

格力的服务执行到位。但是，格力自建渠道的消息一经发出，又遭到了质疑。在董明珠看来，生产厂家和卖场之间最理想的状态是建立一种共赢的关系，互相尊重、利益均沾，始终站在平等合作的基础上才能长久。董明珠倡导的自建渠道模式，维护了企业的利益，抵制了卖场刻意压价的不良合作方式。这种建立在品牌共享基础上的合作模式，以资产为纽带，从体制上重新定义厂商关系，打破垄断性思维，开辟了一条家电销售的新渠道。

即使面对地方政府，董明珠依然敢于死磕。2008年，广州市政府发起一次投标活动，结果拥有价格优势的格力反而落选。董明珠不甘心，连续两次投诉竟然都被广州财政局驳回。双方的官司打得热闹，引起各方关注。

因为广州格力空调销售有限公司未中标，董明珠敢于将当地政府相关部门送上法庭，的确是有点冒天下之大不韪。招标事件看似是政府工作中的一件小事，但是如果从公正性和透明度上来审视，则又是一件不简单的事情。本来董明珠可以充分借助参加全国两会的便利，将这次招标事件作为提案。但董明珠却说，这次不需要我提，很多人都会提及这类事。这个事情不只是格力的遭遇，我们并不是仅仅为格力争取利益，而是着力于政府采购更加透明和阳光，同时也是为了减少政府的损失。

不过令人开心的是，很快广东省就做出了反应，出台《广东实施〈中华人民共和国政府采购法〉办法》，并明确指出，对政府采购有异议可申请废标。这成为全国第一个地方性政府采购法规。虽然在投标上格力输掉了，但是该条款的出台无疑为所有企业公平公正参与政府采购招标创造了机会。

自主创新长志气

2018年10月22日，国家主席习近平视察格力电器时强调，制造业是实体经济的一个关键，制造业的核心就是创新，就是掌握关键核心技术，必须靠自力更生奋斗，靠自主创新争取，希望所有企业都朝着这个方向去奋斗。我们要有自主创新的骨气和志气，加快增强自主创新能力和实力。

从"格力掌握核心科技"到"让世界爱上中国造"，这广告语变换的背后是格力不断依靠自主创新打造中国空调品牌，提升中国制造信心和志气的努力。

在中国空调产业刚刚起步的年代，中国几乎99%的家电产业都有与外资

致敬

合作的背景，当时，董明珠曾到日本希望能够购买日本空调的先进技术，从而推动格力空调的快速发展。但是日本拒绝了董明珠，并且趾高气扬地称：我们最先进的技术是不会对外出售的。合作虽然没有取得成功，却让董明珠醍醐灌顶，和外国先进企业合作最多仅仅在国内市场获得暂时优势，绝对不可能因此打造出引领世界的产品。利用国外淘汰技术发展自己产品，只能永远跟随着外国人的后面亦步亦趋。要打破这种局面，只有依靠自主创新。通过10年的努力，格力逐步建立起自身的研发团队，并且凭借着强大的产品质量和功能，赢得了市场的认可。

2009年2月，格力电器与日本大金工业株式会社举行战略发布会，双方实现了在空调高尖端技术上的深度合作，推动高频节能变频技术在中国发展。这次合作是双方站在完全平等的地位上开展的，成立合资公司进行技术攻关，并且格力是以控股方的身份直接参与其中。作为日本空调行业的顶级品牌，大金空调拥有世界领先的节能技术，而且从产品设计和零部件开发阶段就开始选择与中国企业合作。双方战略合作成为中国空调产业发展史上具有里程碑意义的一件大事。这次合作其实是格力多年来自主创新的结果，格力掌握了核心技术，并且连续多年全球销量位居第一位。而这次合作不仅仅是格力技术上的一次新突破，更重要的是将技术创新与世界环保趋势紧密结合，进一步提升了格力的社会责任感。

如今，格力拥有12个研究院、900多个实验室、2个院士站。每天有1.2万余名研发人员参与到自主创新的大潮中，并且格力自主研发创造了24项国际领先级的技术，其中的核电、光伏空调都是独有的核心科技。

拥抱未来在路上

2013年12月央视财经"中国经济年度人物"评选活动上，董明珠与雷军的"10亿赌约"引起了全社会的广泛关注，当时正值互联网风口，小米手机创始人雷军满怀信心地发出挑战，小米模式将战胜格力模式，小米将用五年时间在营业额上击败格力。同样，董明珠也信誓旦旦地回话：第一，我告诉你不可能；第二，要赌就赌10个亿。

2018年格力的营收近2000亿元，小米前三季度营收仅为1304.46亿元，700亿元的差距让小米望尘莫及，最终董明珠获得胜利。正如董明珠说的那样：

董明珠 | 铁腕女王的倔强人生

"赌局本身并没有什么意义,两者不具备可比性。因为格力是做实体经济,小米是做互联网的,维度不一样。"当昔日的竞争对手正在纷纷搭上互联网的快车,以跨界合作的姿态瓜分互联网时代红利的时候,董明珠却认为:"技术创新是永远存在的,关键是人的创新,如果还是保守理念,还是以自己为中心,是很难成为全球性企业的。"

在互联网思维席卷社会各行业的同时,国家发出了"工匠精神"的倡议,这与董明珠一贯的主张不谋而合。董明珠一直认为,技术创新的使用离不开人,尤其在自动化和智能化的时代更需要有工匠精神。智能化背后离不开人的因素,因此更需要严谨的态度,否则先进的设备所带来的只能是更糟糕的后果。2017年,格力包括工业机器人在内的智能装备业务收入达21.26亿元,同比增速高达1220.27%,成为格力增长最快的业务板块。2018年,"新时代·让世界爱上中国造——格力2018再启航"梦想盛典上,格力一举发布了5项自主研发的最新技术,这表明工业机器人核心零部件国产化的进程再次加速,中国智能制造迎来新的里程碑。

2020年,受新冠肺炎疫情影响,整个家电业市场的销售模式受到强烈的冲击。4月24日,董明珠在抖音直播带货,但由于出现网络卡顿等问题,销售额不理想。直播首秀"翻车"并没有让她灰心,在5月又开始了第二场直播带货,完成3.1亿元的销售业绩,随后又开启了全国巡回直播,并积极担任"代言人"和"品鉴师",亲自展示和介绍商品。同时,董明珠还认识到,把线下店打造成体验店,推动渠道变革,直接面向终端零售市场,带领经销商探索"新零售"模式,将是未来的一个发展方向。

综观董明珠的经历,她似乎总是在斗争,与自己斗,与经营团队斗,与经销商、竞争对手斗······只要她觉得不对的,她都敢于站起来去斗争。正因为如此,董明珠始终处于舆论的旋涡之中。但是,无论是谁都不能忽略的一点是,董明珠的确带领格力杀出了一条全新的发展之路,并且树立起中国空调产业的一面旗帜。这就是董明珠,无论你是否喜欢她,但都无法否认她!

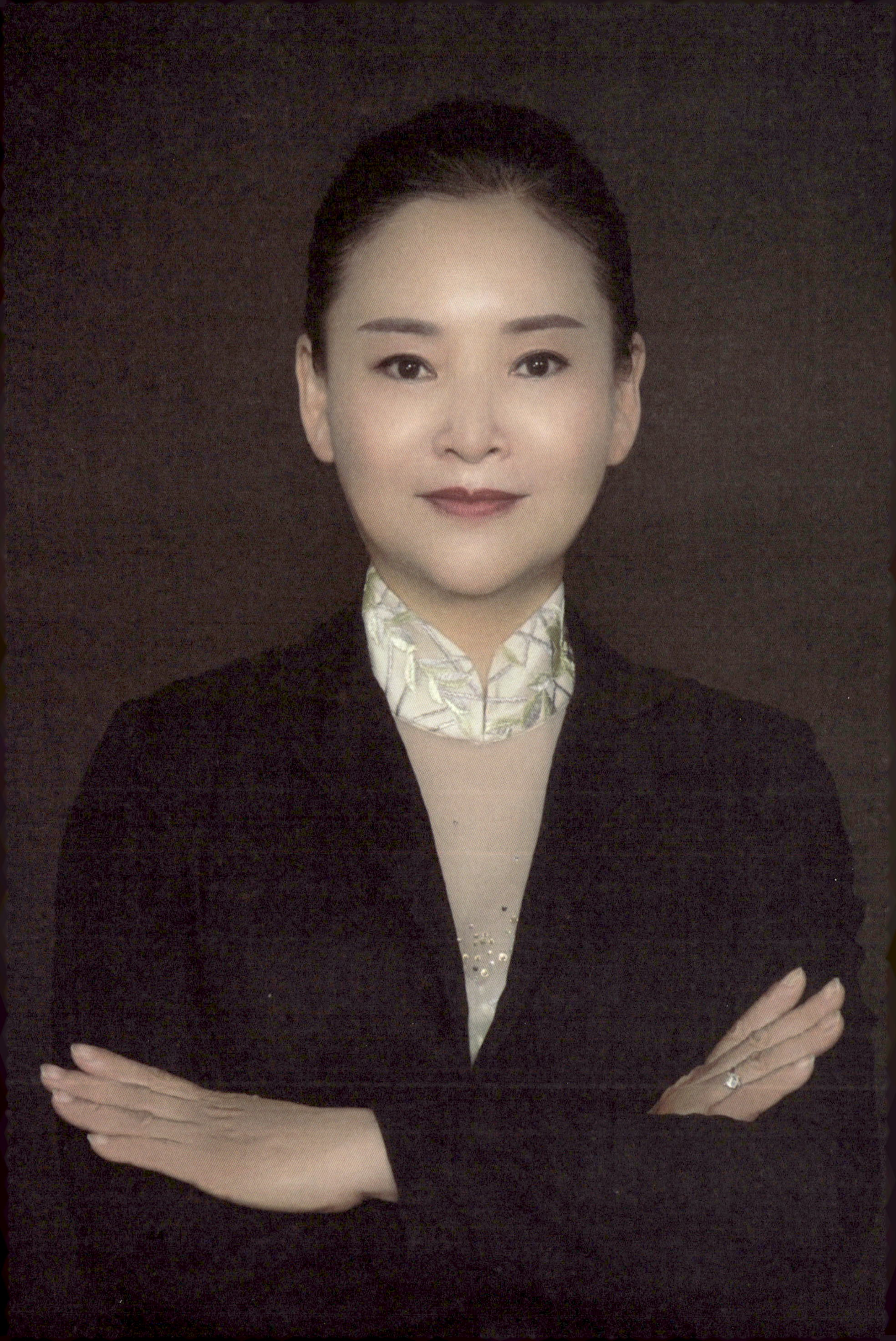

杨涛
YANG TAO

创业创新创品牌
播撒大爱在人间

—— 记四川绵竹碗碗酒品牌管理有限公司
创始人、董事长杨涛

睿智而善为　良心产品畅销神州 ➤

友善而博爱　大爱品质誉满天下 ➤

言传而身教　公益善心薪火相传 ➤

酒品如人品　碗碗好酒公益基金 ➤

致敬

四川绵竹碗碗酒品牌管理有限公司董事长、创始人杨涛积极响应国家号召,以巾帼不让须眉的豪情和努力,奋勇争先、顽强拼搏,创业创新碗碗酒品牌,以汗水和智慧收获了累累硕果。她以女性特有的柔情大爱投身公益慈善事业,关心公益,热心慈善,回报桑梓,展现了新时代女性的无私风采,走出了一条以感恩之心承担更多社会责任的大爱发展之路。

睿智而善为 良心产品畅销神州

莎士比亚说:善良的心地,就是黄金。

善良是一种智慧,也是一种远见;是人性中蕴藏的柔软又有力量的情愫。念念不忘,必有回响,你的善良,就是你的福报。

杨涛,作为碗碗酒创始人、四川绵竹碗碗酒品牌管理有限公司董事长,不仅是全国知名爱心人士、著名慈善企业家,还是300多位孩子口中的"杨妈妈",更是上千位受助老人眼里的"好闺女"。

杨涛是一位敢于与命运抗争、不服输的坚强女性,20世纪60年代,她出生于重庆市奉节县一个贫困山村。作为改革开放后走出大山的第一批山妹子,她敢闯敢干,16岁时带着借来的五块钱出门打拼,卖过冰棍,当过环卫工,经营过小食摊,开过火锅店,搞过化工,之后经营过建筑材料、化妆品、服装、贸易出口。她百折不挠、不断创新,创办了碗碗酒、五福能量酒,荣获中国酒业十大匠心品牌、中国质量先锋榜档案公示产品、中国酒业最具合作加盟价值品牌、中国保护消费者基金会维护消费者权益"3·15"满意品牌等多项荣誉。

为践行社会主义核心价值,主动承担社会责任,为和谐社会贡献力量,杨涛勇于创新、务实努力、睿智善为,认认真真做好每一件事,坚持做良心产品,坚持做全天下老百姓都放心的健康产品。

| 杨涛 | 创业创新创品牌 播撒大爱在人间

充满文化底蕴的碗碗酒

为弘扬中华五千年优秀的传统文化，杨涛创办了碗碗酒，并以碗作为载体，注册"抱一件"商标，进行了商标注册和专利保护，在碗体上鎏金"奉节孝赢天下，德意幸福人生；倡仁义礼智信"，打造了仁义礼智信碗碗酒。

同时，为了让富有豪情壮志、家国情怀的爱酒人士喝酒不伤身体，杨涛又创立了抱一件五福能量碗碗酒，推出以良心酒、放心酒、健康酒为主要特点的系列产品。

当下，抱一件碗碗酒、抱一件五福能量碗碗酒等产品已热销全国，成为爱酒人士喜欢的国潮、网红、新派好酒。杨涛博爱众生，大爱天下，30余年累计捐款捐物超过1000万元，她的企业多次被评为爱心企业、慈善爱心企业，她本人也多次获得爱心企业家、爱心大使等荣誉奖项，2020年还被评为"中国最具社会责任感巾帼企业家"。

如今，四川绵竹碗碗酒品牌管理有限公司在国内外已拥有十多家子公司，拥有代理数百人，市场覆盖了华南、华北、华中、西北各省及东南亚市场，并与近百家企业建立了长期稳定的合作关系，成为一家现代化、综合性酒品牌服务企业。

友善而博爱　大爱品质誉满天下

致富思源，富而思进。杨涛心中有大爱，行动不间歇，是个友爱之人。她扶贫济困，她行善尽孝，她友善而博爱。

企业家履行慈善公益社会责任很普遍，但杨涛的善举、贡献却很特别。

致敬

为贫困山区特困家庭学生送学费

杨涛生活简朴，她的家和办公室都布置得朴实无华，唯有德阳市慈善总会等单位或组织颁发的"慈善爱心企业"，受助单位和个人敬送的数面"脱贫攻坚当先锋""敬老爱老献爱心"的锦旗，以及"中国最具社会责任感巾帼企业家"等金字奖牌格外醒目。

在不断努力拼搏的同时，为了提升各方面知识，她经常参加各种经营管理培训班，二十七八岁时就获得了经济独立、财富自由，准备送儿子去国外读书，自己也去陪读，拿到自己想要的学历。可是，为了帮助身边像自己小时候一样穷的山区特困孩子和孤寡老人，她没有离开生她养她的这片土地、父母和兄弟姐妹们，她多次放弃了出国深造的机会，把节省下来的钱全部用来做慈善公益。

心地善良的杨涛乐于助人，源于她过去经历过许多磨难，也体味过好心人及时援助时那种绝处逢生的感觉。30余年，她始终坚持慈善公益、扶贫济困、助老扶幼、助医助学，坚持帮助需要帮助的人。

"凡是有困难的人，她都会尽力去帮助"，很多主管部门领导、协会组织负责人一说起杨涛，都会如数家珍地列举很多感人的故事。

孤寡老人与贫困学生是杨涛最关心的群体。她说："虽然贫困山区的

杨涛 | 创业创新创品牌
播撒大爱在人间

孩子，家庭穷、口袋空，但是我希望用自己的力量去努力做到，不让这些孩子脑袋空，穷了知识和素养。"在她长期资助的对象中，有贫困山区敬老院的数百位老人，有分布在重庆、贵阳、德阳等地的 37 名特困学生。她还亲自为福利院老人剪指甲、泡脚、洗脸、洗头，行善尽孝均是实实在在的行动。

2007 年 5 月，家住广汉市小汉镇的兰家兴遭遇车祸成了植物人，杨涛一直请人诊治、资助帮扶，始终没有放弃，最终兰家兴苏醒并基本能生活自理；2019 年 4 月 30 日，杨涛一次性向川东贫困山区 260 名贫困户、残疾人捐赠了价值 34 万元的现金和生活用品；2019 年 10 月，杨涛在家乡创建了"杨氏助学帮扶基金"，一次性捐款 100 万元；2020 年 1 月，杨涛一次性捐助 100 万元（含物资），支持第五届德阳市系列民族文化活动，助力德阳市"古蜀文化名城"建设；2020 年 1 月 30 日，杨涛和同事共同向德阳市红十字救援协会捐款 11 万元，用于武汉市抗击新冠肺炎疫情，其中杨涛个人捐助 10 万元。两天后，杨涛又通过银行向重庆市奉节慈善会捐款 50 万元，定向为山区群众疫情防控提供物资保障。

大爱之人济困行善，也有很多偶然的资助，特别是对发来求救信息的孤苦的孩子、孤寡老人、久卧的病患。2020 年冬天，她用母爱感化了德阳黄许博爱学校的一名特殊孩子，让她终于开口说话，这位目睹家庭悲剧后缄默不语六年的孩子，终于被"杨妈妈"的温暖大爱感化，发自肺腑地感谢恩人。

2020 年腊月，当千家万户忙着过小年采购年货时，她驱车千里不辞辛劳深入到贫困山区为贫困学生送学费，给孤寡老人送

杨涛助学扶老捐款 100 万元

致敬

年货。

  2020年春节，一个来自贫困郊区的求救电话惊住了杨涛，她放下节庆与家人团聚的机会立即前往，当看见病榻上身体单薄羸弱的身躯，当看见无奈眼神里的求生渴望，她毫不犹豫地掏出为13岁女儿代管的压岁钱，从4200元中给出了4000元，自己仅仅留下了返程的车费。

  有谁会想到，在慈善公益慷慨解囊的背后是杨涛的生活节俭。对于同样爱美的杨涛来说，这种节俭也可以叫作"抠门"，因为她至今没有一件像样的首饰，至今也没有兴趣去追逐物质化的所谓名牌时装和包包……

  杨涛的一位好友告诉作者，杨涛真的不富有，说起来可能没人相信，她穿的一件毛衣，已经补了四个补丁还在穿，以素食为主的她日常生活也特别简单，她真的是把扶困济贫当成事业在做。

  2020年，杨涛为疫情防控捐出60多万元，谁会想到，这是她勤俭节约十多年为还在读初中的女儿准备的教育基金！

给敬老院老人送年货

| 杨涛 | 创业创新创品牌
播撒大爱在人间

这样的案例、这样的情景，真是不胜枚举。杨涛见困思助、随爱捐赠已成习惯，30多年来，累计为社会捐款捐物超过1000万元。

言传而身教　公益善心薪火相传

默默做慈善公益的杨涛，从不将自己的善行义举对外宣传，因而许多受助对象在得到她的帮助后，连她的姓名都不知道。

近几年，杨涛始终坚持在德阳辖区为弱势群体献爱心，为环卫工人、城管队员夏季送清凉、冬季送温暖。每年的儿童节、重阳节、春节，杨涛都带着家人到学校和敬老院送温暖，为少年儿童和老人包饺子、做汤圆，打扫卫生。久而久之，她的名字和行为才被受助者和关注者慢慢传播开来。

杨涛做慈善公益，多是默默进行的。她的公益大爱，又总在悄无声息地感动着周围的人。今天，她的大爱，早已不是一个人的行动，家里的人、公司的人、身边的人，都和她一起，将无私大爱奉献到慈善公益中来。

为了让慈善公益事业薪火相传，杨涛总是带领一对儿女一起参与，让他们在耳濡目染中传承大爱的精神。2020年12月，碗碗酒公司联合创始人齐麦龙真代表公司向藏地高原马尔康送去了当地急需的补钙口服液等物资，价值128万多元。

杨涛关爱、扶助的主要对象是孤寡老人、贫困儿童、残疾人等弱势群体，哪里有敬老院、哪里有贫困儿童，甚至是素不相识或仅有一面之缘的人遇到困难，她一旦得知，都会及时给予帮助。

对于母亲的慈善行为，杨涛的儿女自始至终都是支持的，并在母亲的影响下，以母亲为榜样，跟着母亲一起省吃俭用，一起救助困难群体，做善事，献爱心。儿子易辉说："作为子女，我们为有这样的妈妈感到骄傲，也一定会以她为榜样，今后多为社会作贡献。"

积善之家，必有余庆。杨涛慈善公益的终极目标就是身边没有因为贫困而出现辍学的孩子，身边没有因为贫困而看不起病的老人，身边的人都幸福而快乐地生活。

致敬

酒品如人品　碗碗好酒公益基金

"酒品如人品。杨涛的人品这么好，相信她酿造的酒，一定是值得信赖的。"碗碗酒、五福能量酒热销全国，很多客户经常这样说。

中国酒文化历史悠久、内涵丰富、博大精深，在中国几千年文明史中，几乎渗透到政治、教育、社会生活的各个领域。在中国，酒已成为中国人道德、思想、文化的综合载体。四川是我国酒文化重要代表地之一，素有名酒之乡的美誉。酒是美好事物的象征，是表达心意寄托情感的媒介，人们在品酒的同时也在品味着悠久的文化传承。

因此，杨涛决定采用碗作为载体，创建"抱一件"品牌碗碗酒，树立"奉节孝赢天下，德意幸福人生；倡仁义礼智信"的文化理念，不仅融入了中国传统孝德文化，而且饱含自己创业的艰辛与汗水。她希望通过一碗酒可以传递一份情、奉献一份爱，温暖百姓，感恩社会，为人民纳福！"抱一件"碗碗酒，每一碗酒里面都注入满满的爱，辛勤的汗水，家国情怀，对社会和家庭的责任感及使命感。

已经注册商标和申请了专利权的"抱一件"碗碗酒，碗体上印有鎏金大字：奉节孝赢天下，德意幸福人生，倡仁义礼智信。杨涛说，"奉节"两个字的含义有三层意思，一是奉行节操，二是奉公守节，三是奉献节俭。民以食为天，百善孝为先，不管是贫穷与富贵都要有奉献精神。哪怕是勤俭节约，也要懂得孝顺父母和身边的老人。创办碗碗酒，就是为了响应国家号召，让14亿中国人共同树立起道德信念的权威感和归属感，为和谐社会发挥作用，也是为了让"仁义礼智信"的文化理念与消费者的生活联系在一起，更是为了弘扬和传承中华民族五千年优秀传统文化，让更多的人参与行善尽孝，以实际行动践行大忠大爱是为仁、大孝大勇是为义、修齐治平是为礼、大恩大恕是为智、一诺千金是为信的优秀传统文化"仁义礼智信"。

"抱一件"五福能量碗碗酒，采用了富含锶、硒、锌、铁、钙、镁等微量元素的龙门山脉山泉水，优质高粱、大枣、黑枸杞、金花葵、佛手、丹参、桑葚等多种名贵食药材，经过200多道工序精心酿造而成，每碗酒都状若清露、味醇香馨，赢得了消费者的交口称赞。

2020年12月19日，"抱一件"五福能量碗碗酒2020德阳慈善公益答

杨涛 | 创业创新创品牌
播撒大爱在人间

谢晚会暨四川首届华服模特团体大赛在天韵休闲酒店举办，规模盛大，800余人共同见证这一高光时刻。其中有四川绵竹碗碗酒品牌管理有限公司团队及代理加盟机构的代表，还有很多充满大爱、热心公益、为爱默默奉献的爱心人士。晚会现场，四川绵竹碗碗酒品牌管理有限公司荣获"爱心企业"称号，董事长杨涛喜获"爱心大使"荣誉。

为公益事业持之以恒和公益池活水不断，杨涛公开承诺："每卖出一件碗碗酒，都会提取一笔公益基金，注入行善尽孝的公益池中。在我年老离世后，将住房卖了捐助贫困学生，将遗体捐献给医学事业。如果因为我的存在，能助力改变更多人的命运，那就足以慰藉此生！"

2021年是"十四五"起步之年，也是两个百年奋斗目标接力奋进之年。想人民所想，急人民所急，放眼伟大新征程，杨涛凭着多年扎根产业奉献爱心的成功经验，将继续竭尽所能为德阳人民创大业、干实事。正如杨涛感言：除了以更饱满的热情投入到公益事业之外，还要带动企业及身边更多的人加入公益事业中来，在汇聚更多爱心与力量的过程中，将大爱播撒到更广阔的土地上。

谈及未来发展，杨涛信心十足地表示，她和她的创业创新团队将以永不懈怠的精神状态、一往无前的奋斗姿态，弘扬"三牛"精神，真抓实干、埋头苦干，在国家"十四五"开局之年，继续酿造匠心品牌碗碗酒，播撒大爱在人间，不忘初心，与时俱进，勇于担当，甘愿奉献。

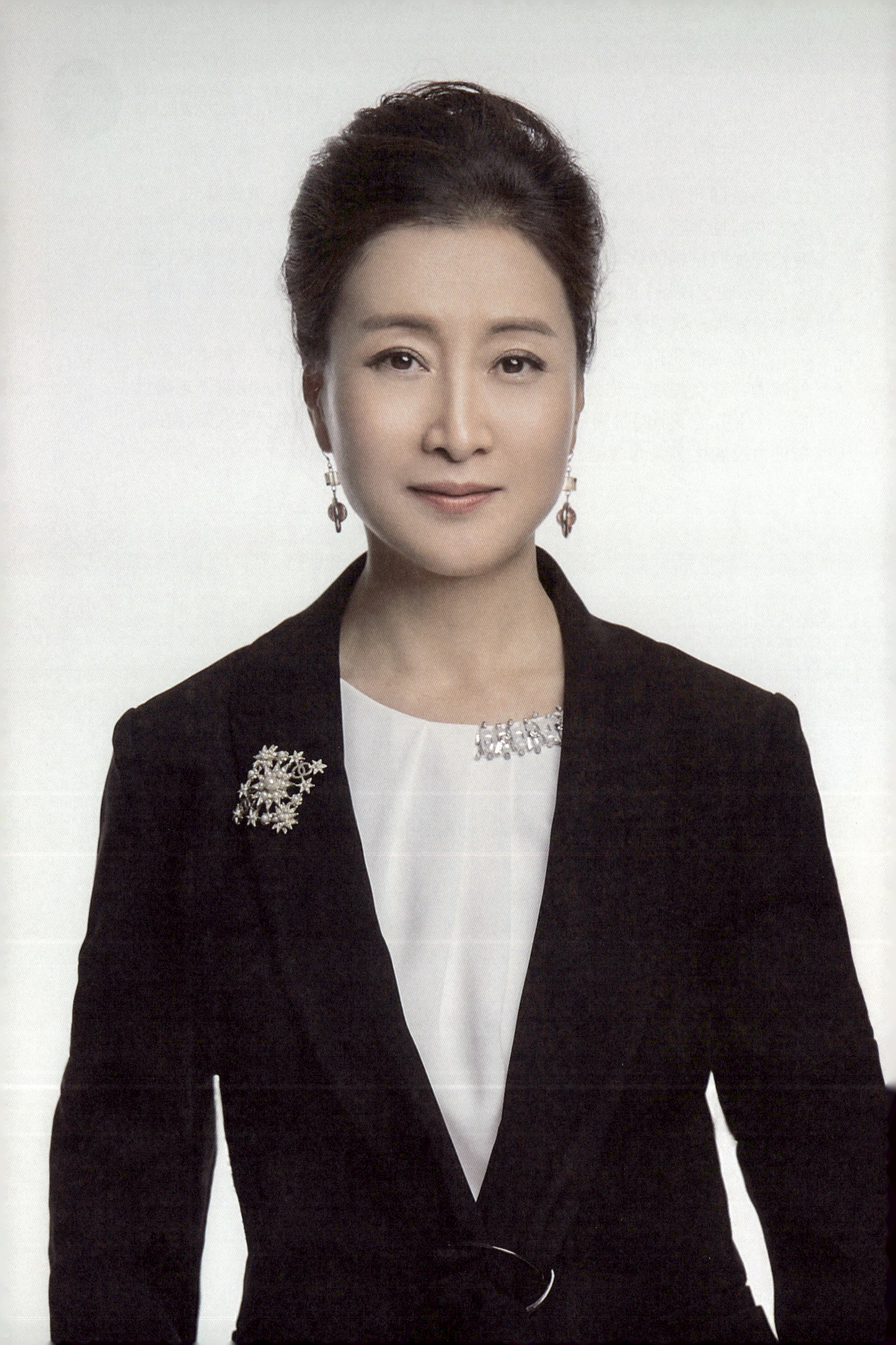

刘俊宏
LIU JUNHONG

投资界的铁娘子
—— 记深圳东方赛富投资有限公司董事长刘俊宏

趁势而起，女枭雄的创投梦 ➤

不抢不讨，铁娘子的两大原则 ➤

新兴产业，女掌门人的基金模式 ➤

不忘初心，女中豪杰新征程 ➤

致敬

在人们的印象中创投圈是男人的天下,然而深圳东方赛富投资有限公司董事长刘俊宏女士则让有这种印象的人大跌眼镜。举止温婉,经常面带微笑,把红色当作自己标志的刘俊宏,在投资圈中早就是尽人皆知的"铁娘子"。刘俊宏创业之初正是中国创投行业刚刚兴起的时刻,在那个群雄逐鹿,鱼龙混杂的时代,她自己毫不避讳地表示要做创投圈里的"枭雄"——推动行业发展日渐规范和成熟,这也是一个资深投资人对社会的使命感和责任感的体现。

创业以来,刘俊宏始终坚持不讨项目,不抢项目,专心做项目的原则,经过十几年的努力,东方赛富在企业战略规划、资本运作、运营管理、实业经营、营销策划、融资、产业投资等方面有丰富的实战经验,其主管创业投资的基金超过八支,先后主持创业投资项目逾百例,个人能力和运作项目得到圈内的普遍认可。

趁势而起,女枭雄的创投梦

在创业之前,刘俊宏女士在企业战略规划和企业管理、商业模式建立等方面就积累了丰富的实操经验,她曾在英国威尔士大学攻读工商管理硕士,并先后在美国 DLS 公司中国区、电子、IT、产业及创业投资等领域供职,拥有丰富的高层管理经验。

早在 1999 年,党中央国务院就指出,要培育有利于高新技术产业发展的资本市场,适当时候在现有的上海、深圳证券交易所专门设立高新技术企业板块。几经周折,2007 年创业板框架初步确定下来,创业板上市进入倒计时。到 2009 年 10 月,千呼万唤的中国创业板正式上市,而首批上市的 28 家创业板公司,平均市盈率为 56.7 倍,资本市场的创富神话再度上演,备受瞩目的创业板立刻引起了各方的普遍关注。从 2007 年到 2009 年,中国本土创投机构迅速崛起,一批 PE 机构应声而起,在这样一个迅猛发展,

刘俊宏　｜　投资界的铁娘子

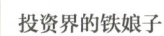

又是摸着石头过河的时期，刘俊宏凭借丰富的理论知识和多年的项目运作经验脱颖而出，并在2010年创建深圳东方赛富投资有限公司，以一个创业者的身份再次杀进创投圈。

2011年她做客《金融街会客厅》，对媒体记者说道："我愿意做推动创投行业规范的枭雄……一定有一部分人，也许是从这个行业老的机构中，也许是从新的机构当中，涌现一批枭雄出来，对这个行业的成熟和规范起至关重要的推动作用，我当时就觉得我应该是其中之一。"

在踏入创业这条路之前，刘俊宏可谓是功成名就，日子过得也舒心悠然，但创业之后的确面临着各种巨大的挑战。之所以选择这条路，源于一次偶然的母子对话。儿子曾经问她，妈妈我也有理想，那你的理想是什么？这让她开始重新思考未来的道路。当时，中国的创投行业刚刚起步，蕴含巨大商机，从利国利民利己的角度看，具备大有作为的机会。

狭路相逢勇者胜！为了在刚刚兴起的中国创投领域站稳脚跟，打出知名度，刘俊宏不介意以一个"枭雄"的姿态杀入其中，为中国创投圈的规范发展贡献一份力量。面对当时创投圈尚待完善的现状，刘俊宏认为，只有坚持"以专业赢得尊敬、以业绩赢得信任、以睿智赢得财富、以诚信赢得未来"的文化理念和企业价值观，才能让投资者以轻松、安全、高效的方式分享中国经济高速发展的成果，作为投资机构，我们才有可能实现助力国家建设的目标。在实际运营中，在"资本助力产业、产业带动资本"的发展路径上，刘俊宏始终坚持以"引领"为核心发展理念和宗旨，致力于将东方赛富打造成助力产业发展、助力国家经济上行的优秀标杆民营企业。

在谈及公司的名称时，刘俊宏说，"东方"起始于"紫气东来"，这是一个拥有吉祥美好、代表财富汇集寓意的成语，又能体现出浓郁的中国文化特色；成为创投领域具有国际影响力的东方企业，是我们的一个目标；"赛富"的"赛"字则表示公司在金融发展的跑道上，东方赛富人要时刻谨记："学无止境，业无止境"，只有在前行中不断地学习、研究、探索国内外成功企业经验，不断地优化核心优势，才能提升企业持续发展运营能力，才有可能保持行业标杆企业的地位。在刘俊宏的带领下，这个刚刚成立的企业快速整合多方面的优质资源，打通资金募集通道，构建完整的项目渠道，走上了快速发展的道路，其发展速度如此之快，以致于被媒体誉为"东方赛富速度"。

致敬

在外界看来,东方赛富快速壮大,一方面得益于中国创业板上市的有利时机;另一方面则是由于其对拟投资企业的"集中轰炸式"尽职调查和勤勉尽责、坚守底线、稳健经营的态度,赢得了业内同行和服务客户的认可。对此,刘俊宏谦虚地说:"东方赛富快速、稳健发展的关键因素是圈内外朋友们的支持和帮助!同时,成绩的取得也与团队秉承'向老前辈们学习'的原则密不可分,他们为企业朝着正确轨迹前进指明了方向!对此本人深怀感恩!"

不抢不讨,铁娘子的两大原则

争取到越来越多的项目,才能推动公司的快速发展,尤其对创业公司来说更是如此,然而,刘俊宏对此并不"感冒"。

2009年,刚刚起步的本土创投行业,难免有一些不规范的现象。有些同行为了抢到更多的项目,不惜把价格一再抬高,甚至让项目出现PE值倒挂的现象。为了得到更多有潜力的项目,托关系找朋友,不择手段地去哄抢,或者低三下四地去讨要项目,在创投圈内这并不是什么秘密。对于这种急功近利的现象,刘俊宏向来是敬而远之。她"理解这种心情,但不会去这么做"。

除了创投圈,企业在做项目的时候也表现出急于求成的心态,甚至有些企业为了抬高身价,天天造势宣传,玩弄各种新奇的概念,以吸引投资方的注意,引起各家哄抢。对此,刘俊宏说:"这样的项目,我们坚决不做!"讨来的项目,本来就缺少平等的基础,企业也会因此变得更加强势,而创投机构为了能得到项目则表现得小心谨慎,很多时候,在对企业项目进行检测和评判时就会不自觉地放宽条件,最终会影响投资人的收益。

"其实,好项目是一步步踏踏实实做出来的。"刘俊宏说,东方赛富一直都秉承两个原则,第一不抢项目,第二不讨项目。虽然项目是企业生存的基础,但是,东方赛富在运营中一直坚持以对等的心态与客户沟通、交流,坚信唯有如此双方才能以客观的心态和正确的态度进行协商。

刘俊宏一直认为,创投人应该是有资深专业背景的人,要起到指导企业融资、上市的作用。因此,必须要与企业平等地站在一起才能以理性客观的眼光给出中肯的判断。其实,企业在引进战略投资的时候,也对投资人充满了顾虑,因此作为投资机构一定要把企业家当成朋友,逐步引导企业去把最

刘俊宏 | 投资界的铁娘子

真实的情况展示出来。在专业投资机构的介入下，对企业内部管理、发展战略、运营模式、市场优势、未来趋势进行分析，无论最终能否成功投资，对企业认清自身，加快调整都有很大的好处。

针对企业家想尽快上市这种急迫的心理，刘俊宏也表示理解。对此，东方赛富采用的是从基金自身角度尽量去规避急于求成的行为，基金当中的50%投资到上市已成定局的企业中。刘俊宏称，对于这种上市前景已经很明朗的企业，为降低投资风险的"急功近利"倒也无可厚非。三四年之后才能上市的企业，投资的基金只占30%。有发展潜力，但目前实力还有待提升，上市年限可能要五年左右的项目，刘俊宏把20%的基金用到这类企业之上。这是为了在鱼龙混杂的市场上降低风险，对于投资机构的长远发展也是有好处的。

刘俊宏的"强硬态度"，看似"不近人情"的处事原则，并没有影响东方赛富的快速发展。在她赢得了"商界铁娘子"的称号之后，东方赛富也进入了快速发展的阶段。

新兴产业，女掌门人的基金模式

尽管创业板面临一些问题，但随着国家对创业板的不断重视，相关政策法规不断完善，尤其是对 IPO 的审核更加严格，刘俊宏对创业板的未来充满了信心。

当前，新能源汽车、新材料、新信息技术、生物、节能环保、数字创意、新能源、高端装备制造、相关服务九大产业，是国家战略性新兴产业。作为中国创业投资行业高端资源综合整合而成的专业创投公司，深圳东方赛富始终紧跟国家经济发展大势，将重点聚焦到这些新兴产业。对此，东方赛富率先在创投行业推出了"产业+资本"模式，即"产业带动资本，资本再反哺产业发展"的创投新模式。在两年的转型过程中，刘俊宏感慨万千地说："当家人在每一个十年结束之前都要为公司下一个十年做好准备，我带领公司完成未来十年发展战略转型的过程是最难熬的，经受的质疑和压力是难以想象的！东方赛富顺利完成战略转型，从此步入未来十年甚至是二十年的稳步高速发展期，我感恩各方的助力！"

国家重点支持的产业代表着"十四五"规划的战略发展方向，将会深度

致敬

影响人们的生活,并对各个行业的产业升级、重组起到巨大的影响,甚至极大地冲击传统产业的发展。刘俊宏说,比如医疗健康行业就是如此。在绿色生态、健康中国的政策指导下,随着人口老龄化时代的加速到来,民众对健康的重视程度日益提升,再加上智能化技术的推波助澜,医疗健康发展将日新月异,东方赛富将在投资上重点扶持这一领域相关的配套产品和服务。把握这一领域的机遇,对于被投的企业和投资机构的未来,会是一个双赢的格局。

为了更好地推进"产业+资本"模式的创投新模式,东方赛富以一个领域一个专业团队进行管理的模式筛选项目组成员。入选人员的挑选非常严格苛刻,对此刘俊宏说:"细分领域多年的实战经验和资本市场项目运作经验缺一不可。或者说,我们是选用专家级别的优秀团队来推动这一模式。"

尽管有国家政策支持,行业发展很有潜力,但是在对企业的调查上,刘俊宏丝毫不放松。对被投企业调查是一项非常烦琐的工作,按照东方赛富的工作模式最快也要三个月,一般都是以半年为周期,甚至个别复杂的项目跟踪时间会长达一年。对此,刘俊宏算了一笔账,如果按照半年调查为周期,每月一次,一次在企业待一天,这种蜻蜓点水的方式,依然看不到企业真实状况。为此,她让项目组完全进驻到企业,进行多方位的"集中轰炸"式尽职调查。由于和企业带头人及团队每天生活工作在一起,能很快从市场、法律、财务、上下游客户以及供应商等多个方面系统地掌握情况,此时企业想隐瞒一些真实情况也并不容易。这一方面极大地提高了工作效率,另一方面也使对企业的尽职调查更加全面、真实。

在刘俊宏的带领之下,东方赛富大胆创新、脚踏实地,以专业和负责的态度对待创投工作,在创投市场上迅速走红。面对取得的成绩,这位女掌门人依然风轻云淡,她围绕公司发展愿景,苦练内功,以连续两个358战略发展为指导方向,制定出各年甚至是各个项目的发展策略和操作细则,又不失灵活地调整和优化管理结构、商业模式,培养公司在PE(VC)行业持续长跑的体力和耐力,使公司稳步走向国际化。

不忘初心,女中豪杰新征程

2019年,第十六届中国科学家论坛在北京召开,刘俊宏女士受邀参加,与1000多位院士专家、科技工作者、企业家围绕创新驱动战略深入实施、建

刘俊宏 | 投资界的铁娘子

设世界科技强国等热点探讨和分享观点。在开幕式上，刘俊宏致辞，并宣布中国管理科学研究院企业管理创新研究所、中国市场学会信用工作委员会、中国管理科学研究院诚信评价研究中心等七家主体单位联合深圳东方赛富投资有限公司共同发起设立"企业价值裂变商学院"，将以深圳为轴心，与中国管理科学院诚信评价研究中心、北京码头智库深圳码头三位一体，旨在以资本激活资源，以资源盘活资本，探索资本资源嫁接融合新模式，打造股权

刘俊宏董事长在光明科学城国际人才街区示范点揭幕仪式上致辞

61

致敬

投资新型生态圈。刘俊宏还因此被"发现·2019 科技创新先进个人推介活动"推介。

于 2020 年第十七届中国科学家论坛上，中国管理科学研究院与深圳东方赛富投资有限公司共同组建国家级"政产学研·中管院商学院"之"中管院商学院·资本学院"和中管院商学院物流信息研究中心之专题智库，以中国管理科学研究院资本商学院对企业发展采用"鲤鱼跳龙门"模式，实现商学院赋能产业、产业带动资本、资本助力企业、企业反哺智库，全面开创新时代政产学研合作的新篇章。

中国管理科学研究院商学院物流信息研究中心以支持扶贫产品上行为目标，带动扶贫产品物流和工业品物流智能结合，为企业降低物流成本，优化产业结构、升级消费结构、带动销售结构，以"互动、互通、互补、互享"的模式促进产品结构，以反哺裂变模式为企业降本增效。

2020 年，东方赛富围绕仁怀酱酒产业协同国内一线创投机构，共同发起 100 亿元酱酒产业基金，致力于将几千年的酱酒工艺传承及酱酒产业发展推向资本市场。

如今，已经创业十年的刘俊宏早已成为创投圈中的佼佼者。她是一名学者型的企业家，担任科技部创新创业大赛全国总决赛评委，国家创新型科技人才培养千人计划——创新中国——专家库名誉主任，全国工商联客座教授，中国企业家创新智库首席专家，深圳大学公选课专家导师等职务。

刘俊宏在投资领域的成功经验和独到见解也引起了媒体的广泛关注，她先后受邀在新华社、中央电视台、凤凰卫视等 100 多家媒体接受投资专题的专访，同时与大学院所、证券机构、协会及地方政府开展深度合作，分享创业投资实操经验。作为深圳特区成长起来的企业家，刘俊宏因其创业成就还被选入中国文史出版社特区历史文献系列丛书《特区不会忘记》（卷四）及纪念改革开放四十周年的《辉煌四十年》（卷一），并且入选《中华人民共和国年鉴》2019 卷。个人先后荣获深圳最具潜力投资人、中国优秀经济女性、最具发现力创业投资家、中国经济新领军人物、中国金融行业年度风云人物等荣誉。

在刘俊宏的领导下，深圳东方赛富不仅多次荣获深圳最具潜力私募股权投资机构 TOP10、中国最佳创业投资机构 TOP30、中国深圳创新创业大赛评审机构、中国最佳中资创业投资机构 TOP10、《证券时报》最佳品牌创投机

刘俊宏 | 投资界的铁娘子

构等荣誉，同时还在国家级政产学研项目、国家级网红经济研究中心及国家级物流信息研究基地等担任发起或执行单位。

"不忘初心，方得始终"是东方赛富服务于创业投资领域的核心价值观。在风起云涌的资本市场上，刘俊宏始终以专业的姿态和社会责任感，为资本市场的健康发展起着非常积极的推动作用。她经常说，我们始终以敬重的心态向前辈们学习，以创新理念向刚入行的新人学习，老前辈传递的是经验，新人传递的是创新思想。

刘俊宏是一位有家国使命情怀的企业家，在中国长城品牌人物史上，刘俊宏满怀对祖国母亲的深情，决心"愿为中华民族伟大复兴的中国梦扬帆领航"，这也是其一生的使命。在《发现·建党100年100人》的专访中，刘俊宏说：我感恩国家给了我们和平和尊严，感恩国家给了我们企业家尽展才华的环境和机会，感恩国家哺育我、培养我、成就我！我会将终生的智慧、经验及资源，用于帮助更多企业实现梦想、报效祖国！我会不留余力地将自己在创业投资行业积累的专业经验、资源和我们中华几千年善良的大爱文化之魂相结合，带领108位有家国使命情怀的企业家，助力国家发展战略，以传承的使命，将慈善的"输血模式"改为"造血模式"！刘俊宏常说："我不介意自己能活多久，我只在意在我活着的时候，我为这个充满神奇的世界创造过什么奇迹、留下多少利国利民可以传承的事情……"

对于未来的发展，刘俊宏认为，创投行业是合作大于竞争的行业，现在更是到了优势互补、抱团取暖、协力发展的关键期。对此，东方赛富将以开放、精诚合作、共享成果的理念，实现资源效用共享，为被投企业综合赋能，降低投资风险，最终实现多方共赢的格局。

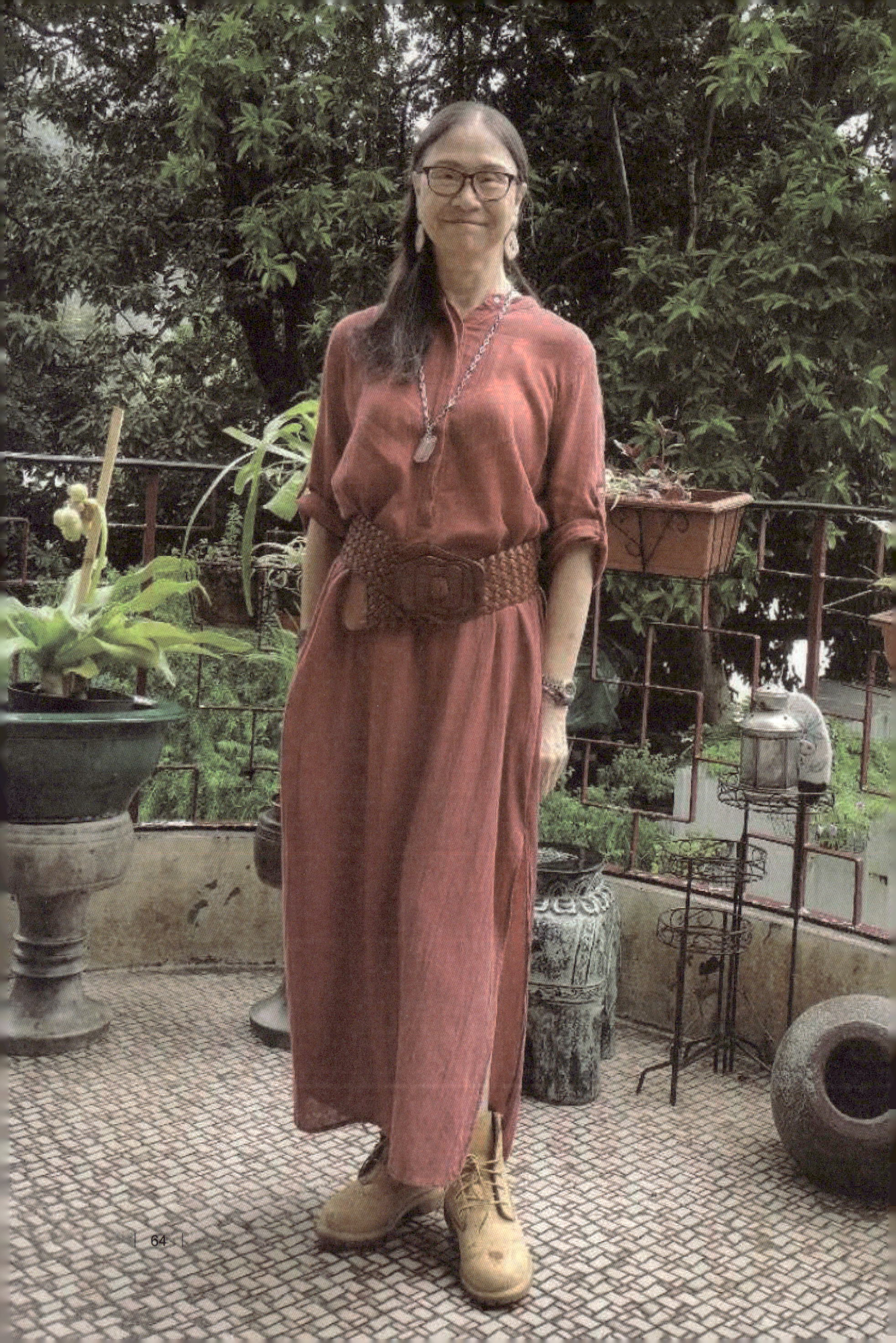

王敏馨
WANG MINXIN

精进赢得百福来
—— 记百福来有限公司董事王敏馨

- 王家有女，成长中磨砺自我 ➤
- 挑战自我，为家族担起重任 ➤
- 布局地产，让文化得以传承 ➤
- 酷爱马术，把兴趣玩出高度 ➤
- 善行天下，以仁爱惠及众生 ➤

致敬

"做起事来不要畏首畏尾，不论是成是败，要敢于承担，胜不骄，败不馁。跌倒了再站起来，不能损人利己。人生匆匆数十年，何必凡事斤斤计较。我愿做雪中梅，周围之风霜使我更坚强、更傲骨。"这是中华造船厂创办人王华生先生的长女王敏馨女士内心的真实写照。

王敏馨籍贯广东东莞，出生在香港。她沉迷传统文化，热心公益慈善，永远保持着一颗爱国的赤子之心，她始终践行着"以仁者安天下，以仁爱惠众生"的理念，并最终在商业领域开创出一片新天地。

如今，年过古稀的王敏馨依然精神康健。近半个世纪，她先后担任过中华总商会妇女委员会副主席、仁济医院董事局总理，博爱医院董事局总理，中国马业协会广东省联络官、香港九龙崇德社创会会员，还兼任敏东有限公司、百福来有限公司、香港珍宝海鲜舫（香港仔）、俊胜集团有限公司、东莞百福来、东莞沙田马术俱乐部等单位的董事。

王家有女，成长中磨砺自我

王敏馨是香港"造船大王"王华生先生的长女，从小生活优渥的王敏馨，天生就有一股闯劲，颇具男孩子的性格，浑身充满着激情。

少年时代的王敏馨就表现得非常活跃，喜欢尝试各种新奇的事物。她喜欢游泳，小小年纪就夺得渡海游泳的冠军；她爱好马术，不知不觉把兴趣玩出了新高度。对于女儿的冒险精神，王华生并没有横加干涉，而且还经常予以鼓励。在他看来，不能把子女当成温室的花朵，与其长大之后接受社会的疾风骤雨，倒不如让孩子大胆探索和尝试。作为一个从内地来到香港的打工者，王华生在创业道路上受尽了自以为高人一等的西方人无数的白眼和欺凌，然而最终凭借着吃苦耐劳、刻苦钻研的精神拥有了一技之长，彻底改变了外国人的偏见。为此，王华生经常对子女说，在追求个人兴趣爱好的时候不能放弃学习，多接触外面的世界，学为所用，才能跟上时代发展的潮流，用努力和实力为自己赢得尊敬。

王敏馨16岁就被父亲送到英国留学。在英国学习的那些年，王敏馨对这

王敏馨 ｜ 精进赢得百福来

个陌生的国度充满了好奇，从语言到生活方式，从学习到社交处处都充满着新颖的感觉，同时也让她感觉到自己的渺小和不足。

远离家乡在外留学，王敏馨内心的孤苦可想而知，然而当她在英国伦敦唐人街上，看到很多同胞们为了生计漂洋过海讨生活的艰难场景时，心情再也不能平静。那个时候，王敏馨就感受到，只有通过更加勤奋的学习，保持谦虚谨慎的心态，才能像父亲当年一样闯出一片天地。

在王敏馨的人生哲学中，就是要"做到老、学到老。知识是别人拿不走的，所以我很赞成读多点书，看多点书，多元化地学习"。至于为何选择工商管理，王敏馨早就有了自己的打算，一方面是掌握西方先进的管理理念，学成之后留在父亲身边，帮助年迈的父亲分担压力，另一方面也希望能够实现经商报国的目标，用商业的力量推动国家走向强盛。只有国家更强大，同胞们才能扬眉吐气！

挑战自我，为家族担起重任

1973年，王敏馨回到香港，开始帮助父亲打理公司业务。王华生也没有把女儿当成"掌上明珠"，而是把她当成男孩子一样"穷养"，工地上缺人，就直接派过去跟进项目，人事管理上人手不够，又随即让她去做人事……各种各样繁忙的工作，并没有让王敏馨感到疲倦和辛苦，反而视为接受新事物，挑战自我的机会。

为了给在香港青衣岛上从事中电公司电站安装工程的4000余名工人发工资，王敏馨每个星期都会亲自开车押送20万元的现金到工作现场。有一次，在发工资的日子出现了香港罕见的台风天气，交通受了影响，工资无法及时发放，引起工人情绪的波动。除了安抚工人情绪，有时候甚至会让王敏馨陷入危险境地。经常有规律地押送现金容易被有心计的不法分子盯上，她前后三次遭遇过危险，差点被劫匪劫持，幸好都有惊无险。对于这个明显存在弊端的环节，王敏馨劝说父亲一定要给工人开通银行账户转账结算工资，还能避免有人弄虚作假。但是，工人们不同意，对此，王敏馨双管齐下，在告诉工人银行转账好处的同时，每次发放现金，还让专业摄影师在一旁拍照记录避免有人冒领，让工人彻底放心。最终工人们接受了，王敏馨也结束了这种每周一次的提心吊胆的工作模式。

致敬

在生意场上最具有挑战性的就是和各种人打交道，尤其是解决遇到的矛盾和冲突，是非常考验人的。当时，王华生在元朗曾与其他公司合伙人收购了一块大约 300 万平方英尺（1 平方英尺 ≈ 0.0929 平方米）的鱼塘，鱼塘的巡视任务就落到了王敏馨头上。有一次，巡视的时候发现当地村民正在鱼塘附近挖地，王敏馨上前交涉。当时，新界乡村还有严重的重男轻女思想，村民对她上下打量一番，怀着质疑的目光询问着她，根本不相信她是公司的负责人。当王敏馨拿出文件和他们理论之后，他们又把村主任搬出来。王敏馨先后多次与村主任交流，用真诚和认真赢得了村主任的信任，并且两人还成为很好的朋友，成功解决了鱼塘与村民之间的争端。一波未平一波又起，当时香港政府明确规定不允许将该土地用作其他用途，王敏馨则亲自写好土地规划发展计划书，尽可能地把方方面面的问题都考虑周全，同时与元朗前后两届相关官员进行沟通协调，最终争取到土地的开发权。

布局地产，让文化得以传承

王敏馨经常说，要做好生意，必须同时具备天时地利人和，锁定一个发展方向，不断坚持下去，在这个过程中并非都是一帆风顺的，你需要有足够的耐心。

结合香港发展迅速但人多地少的现状，王敏馨发现香港的土地有限，但住房将是一个刚性需求。于是在她的建议之下，家族产业开始向房地产行业迈进。

由于祖籍东莞靠近香港，加上公司早期在东莞也有投资发展的项目，因此，从东莞开始布局全国地产版图便是一个最好的选择。当时，中国还处于单位分房居住的阶段，王敏馨以巨大的努力和耐心，先从物业服务和相关租赁事业切入，逐渐完成一系列手续，为后续房地产市场的大规模开发打下了良好的基础，成为较早入驻东莞城区的房地产公司之一。

大力发展房地产行业，绝不仅仅是公司的需求，同时也是王敏馨对传统文化的执着。"我就是喜欢砖头，喜欢古典的东西。"王敏馨对自己的爱好毫不掩饰，而中国的古典建筑本身就是中国古代文化最好的载体之一。从事地产行业 30 多年，王敏馨在香港也有古村落外围的农地、仓地储备，看着这些古村落，一种"复得返自然"的感觉油然而生。在繁忙的工作中，王敏馨

王敏馨 ｜ 精进赢得百福来

一年中大约有 1/4 的时间在北京，并且喜欢在全国各地到处走走，对各地的古建筑产生了无比浓厚的兴趣，尤其是对北京的四合院更是情有独钟。四合院是一种代表着和谐气息的建筑，青色的砖瓦、气派的影壁，雕刻精美的梁柱和垂花门，都透着浓浓的传统东方色彩。为此，王敏馨在北京的地产公司主要业务就是收购四合院，而她认为，借此更好地研究古典文化的魅力，是一件非常值得庆幸的事情。

怀着对传统文化的浓厚兴趣，王敏馨还经常到河南、安徽等地，寻找那些渐渐远去的古代文化遗韵，并与公司项目进行嫁接，让文化得到了很好的传承。比如，安徽宣州承载千年文化的宣纸，泾县因李白《赠汪伦》的诗歌而闻名的桃花潭，都让王敏馨为之神往。

王敏馨认为，随着中国国家实力的提升，传统文化也必然迎来全面开花的繁荣发展，并进一步在全球产生深刻影响。上下五千年，中国历代先贤渊博的哲理、思想及实践也在影响着全世界，作为企业家，则要审时度势，抓住时代机遇，承担起传承中国文化并使之走向世界的重任。

酷爱马术，把兴趣玩出高度

"我希望退休后就在马场和马做伴，那是我最开心的事情。"了解王敏馨的人都知道，她是一个爱马如痴的人。她的办公室里最引人注目的就是办公桌上的一个骏马雕塑，扬蹄飞腾，充满活力，就好像王敏馨一样，总是充满着旺盛的精力。

早在十来岁时，王敏馨就喜欢马，只要聊起马的话题，她顿时来了精神，似乎总有说不完的话。她曾经有一匹体态矫健的马，体形非常优美，于是就命名为"玲珑"。在寄宿学校的日子中，她经常骑着马在大自然中纵横驰骋，感受马的速度和激情，又让身心得到极大的放松。步入职场之后，虽然工作非常繁忙，但她尽量每周骑一次马。至于为何对马如此青睐，王敏馨说：马是很有灵性的动物，是人类的好朋友。在历史上，很多叱咤风云的人物都少不了一匹始终相随的马儿，比如随唐太宗征战而赫赫有名的昭陵六骏。关云长与赤兔马的故事，更让人感受到马与人之间的亲密感情。

王敏馨对马的脾性非常了解，你越是训斥它、打骂它，它就越不受你管教，如果你温和待它，它也会把你当成好朋友。驯马的过程中，王敏馨也感

致敬

悟到与人的相处之道，交朋友重在交心，最紧要的是以诚待人，做到这两点，很多看似复杂的事情都能得到圆满的结果。在多年的工作中，王敏馨正是依靠着你敬我一尺，我敬你一丈，以诚相待的态度赢得了客户的认可。

王敏馨还把对马的热爱上升到事业高度，在香港她一手创建了国际乡村俱乐部及骑术学校。1992 年，王敏馨向政府申请在新界成立骑术中心，但是香港的地皮价格实在太高，又因区域发展限制，王敏馨不得不放弃，转而在东莞开设东莞马会，并很快打出名声，饲养的马匹数量过百。

对马的痴迷和驯马事业的成功让王敏馨声名鹊起，2003 年，中国马术协会邀请她参加国际马联马术赛事监管及马术裁判培训，她认真学习英国、德国、意大利等国家的资深专家及马术顾问的课程，并以优异的成绩通过考试。2008 年北京奥运会的马术比赛在香港举行，王敏馨也成为一名马术体育志愿者和奥运马术裁判赛事监管，现在还是北京马术裁判。奥运会举办前后的那段时间里，王敏馨必须每天凌晨两点起床，才能保证在四点钟赶到比赛场地。看着当年的培训证书和工作证，王敏馨说，那段时间虽然很辛苦，但能为国家举办奥运会贡献一点力量，这才是最开心的。

善行天下，以仁爱惠及众生

当年，香港政务官员邀请王敏馨加入博爱医院，为慈善事业助力，王敏馨当即答应。虽然不参与具体的管理，但在慈善事业的扶持和推动上，王敏馨从不缺席。

王敏馨在事业取得成就的同时，一直把惠己及人的理念铭刻于心。她有天生的悲悯之心，每当看到弱势群体尤其是老年人因各种原因而饱受生活的艰辛，都会备感难过。作为一名女性，王敏馨对妇女慈善事业倾注了极大的心血。在她看来，在这个以男性为主的社会中，女性要不怕吃苦、不断充实自己、不与社会脱节，才能赢得平等的机会。另外，女性还要面临结婚生子、照顾家庭的重任，牺牲非常多，因此也需要社会对女性给予更多的照顾和关爱。在博爱医院，她虽然是董事局总理，但也经常深入到工作一线做义工，竭尽所能奉献自己一份力量。1981 年，她成为香港九龙崇德社的社长，并且还是社团的创建者之一。崇德社是一个国际性质的女性团体，1911 年在美国纽约成立，全球共有 7 万多名会员。当时，香港每天都会有很多新移民涌入，

王敏馨 | 精进赢得百福来

其中很多女性朋友文化程度有限，只能从事低端的工作。对此，王敏馨带领崇德社针对女性多次进行各种职业培训，提升她们的文化素养，帮助她们缓解心理压力，并取得了显著的成效。

随着王敏馨事业的扩大，慈善事业也随之不断扩展。2008年，王敏馨受邀成为安徽省妇联执委会成员，同年还加入了东莞市海外联谊会并担任理事，也是刚成立的港区妇联代表联谊会的会员之一。王敏馨表示，无论是在香港，还是东莞和安徽，能够加入妇联组织，为广大女性做一些事情就是最开心的。在这些组织中，她也从主席团和委员们身上学到了很多。"老吾老以及人之老，幼吾幼以及人之幼"，大家共同参与慈善，为弱势群体尽绵薄之力，还有比这更让满足的事情吗？

王敏馨还努力通过发展产业带动当地经济的发展，从而改变当地民众的生活状况。安徽宣州有宣纸的文化积淀，水土资源也不错，她准备在宣州从事药材种植，带动产业发展。2015年7月，中国马术协会在新疆伊犁昭苏县举办天山天马论坛，王敏馨借此机会与股东们在伊犁收购了2000多亩（1亩≈666.67平方米）的土地种植苹果、苜蓿草、向日葵等农产品，帮助农民致富。新疆伊犁地处丝绸之路的交通要道，在国家大力实施"一带一路"倡议的大好形势下，整合当地优质农业资源，将大有作为。

作为一个融汇中西文化的爱国人士，王敏馨经常说，中国人永远不可忘本。从小时候留学英国到回中国香港协助父亲管理企业，再到利用内地市场崛起的机会，布置新的商业版图，在磨砺中王敏馨成就了自己。作为一名具有强烈社会责任感的企业家，王敏馨一直投身慈善事业，用女性的温和与爱心给更多人带来温暖。回顾所走过的历程，王敏馨经历了中国走向富强的历史进程，也见证了香港回归以来日新月异的发展。这更让她坚定地认为，祖国强大是企业家走向成功的坚强后盾，有强大的国家做靠山，中国人才能更有尊严，才能以自信的姿态走向世界。

THE CHINESE FO ON FOR MILITARY
FAMILIES SUPPORT
中国拥 属基金会
对外 委员会

毕兆凤
BI ZHAOFENG

温润有度
—— 记云南宝琳堂珠宝集团董事长毕兆凤

点石成玉独一品 ▸▸
千磨万击还坚劲 ▸▸
玉凤扶摇动九霄 ▸▸
玉汝于成创业心 ▸▸

致敬

"黄金有价玉无价",中国人对玉有一种近乎痴迷的喜欢。东汉许慎在《说文解字》中说:"玉,石之美者有五德。"也就是说,玉本身就是仁义礼智信的象征。从古到今,玉早已经脱离了其物理属性,成为中国精神表达、国人气质流露的一种重要的文化载体。

民间都说,凤凰不落无宝之地。云南宝琳堂珠宝集团董事长毕兆凤女士,名字之中带有一个"凤"字,从事的又是被国人奉为精神图腾之一的玉石行业,这似乎冥冥之中注定了毕兆凤和玉石的不解之缘。从1987年退伍之后,她走上创业之路,30年沉浸在玉石行业之中,用诚信、坚持和感恩书写了一段令人惊奇的"玉凤传奇",将宝琳堂打造成云南省唯一一家进入国际市场的珠宝企业。

点石成玉独一品

品行优雅,言谈举止透露着温润气质的毕兆凤,曾经也是军营里成长起来的铿锵玫瑰。在创业之前,毕兆凤就是一个资深的玉石爱好者。1987年退伍之后,毕兆凤因一个偶然的机会走上了玉石创业之路。

1988年,机缘巧合之下,毕兆凤结识了让她一生受益的恩师,正是在恩师的教导之下,她从一个玉石爱好者慢慢地成长为玉石行业的专家。德艺双馨的恩师让本来就有着极高天赋的毕兆凤,很快掌握了玉石行业的基本知识,达到了玉石从业者的标准,当年就在云南省德宏傣族景颇族自治州首府芒市开始经营珠宝玉石批发、零售行业。

在赌石圈中流传着一句俗语:"一刀穷,一刀富,一刀穿麻布。"这个充满刺激的冒险游戏,会让参与者乐此不疲,同时也在考验着他们的眼光和专业能力。初出茅庐的毕兆凤怀着跃跃欲试的心情,小心谨慎地拿出1万元在市场上买下一块别人并不看好的石头。对于这种疯狂的举动,家人非常不理解,在当时1万元的确不是一笔小钱,更何况赌石本来就充满着风险。玉石深埋地下就充满了神秘,没有仪器能够精准地探测出来,加上外面岩石重重包裹,判断石头的价值,只能通过"察言观色",这是需要有非常专业的

毕兆凤 | 温润有度

玉石学问的。有时资深的行家都可能看走眼,"初生牛犊不怕虎"的毕兆凤凭什么认定这块别人看不上的石头就是一个宝贝?然而,事实证明毕兆凤的眼光还是非常独到的,这块原石很快就被人以38万元的价格接手,这对于毕兆凤来说无疑是一个巨大的鼓励。毕兆凤学到的专业知识和在部队中锤炼而成的大胆心细的性格,让她在创业初期风生水起、收获颇多,她的创业开始走上快车道。

回顾创业初期的经历,毕兆凤总是对恩师心怀感激,对那些曾经帮助过她的贵人也始终不忘。毕兆凤经常说,玉能养人,常年沉浸在玉石中,会让人不知不觉中学会从容淡雅,心灵得到净化,自身的磁场也会越来越好。在创业道路上,毕兆凤始终坚持诚信经营、心怀感恩。她认为这既是一名企业家应有的基本素养,也是对玉石及中国玉文化的尊重。

到了2009年,毕兆凤更是以实际行动证明着自己的专业能力。有一次,她在朋友那里看到一块表皮灰白且很薄的原石。在她看来这块不起眼的石头蕴含着巨大的价值,她当即以48万元的价格买下。这一次她没有转手卖掉,自己要亲眼看到奇迹诞生的过程。她怀着忐忑的心情,目不转睛地看着石头一点点地被切开,结局是令人惊喜的,这块石头2/3是剔透的上好玉种,她最终以120万元的价格出售。这一次"赌石"经历更是让毕兆凤声名鹊起,"点石成玉"的奇女子,这个称号在当地的玉石圈内迅速传开。

毕兆凤以饱满的热情和不懈的努力,在玉石圈内创造了一个又一个奇迹。但是,毕兆凤始终没有把玉石当成发财的工具。在她看来,从事玉石行业的人各有各的想法,一块石头在不同的人手中也有着不同的价值,但是如何发掘玉石的最大潜力、发挥它最大的价值才是最重要的。

千磨万击还坚劲

创业就像是千军万马过独木桥,在市场大潮的冲刷之下,能够坚持到最后并持续做大做强的人寥寥无几。作为一名女性,又投入本来就充满着各种风险的玉石行业,毕兆凤虽然在险象环生的赌石界创造了奇迹,但是她的玉石创业之路也绝非一帆风顺。

"这个世界,从来没有不可能!"在创业的道路上,毕兆凤始终把这十一个字铭记心中。正因为如此,她能在玉石生意中创造奇迹,也能平和地

致敬

面对创业过程中突如其来的打击。1996年，正当毕兆凤的事业蒸蒸日上之际，她在昆明李家湾300多万元的货物遭遇抢劫，直到现在依旧没有抓住犯罪嫌疑人。祸不单行，一个更大的挫折接踵而至。1998年，毕兆凤因为轻信一个商业合作伙伴的许诺，导致400万元的货物被骗走。尽管不久之后涉案人被抓捕归案，但是被骗走的货物已经不知所踪。短短两年时间，高达700多万元的巨大损失，让毕兆凤的事业遭遇了创业以来最大的打击，事业的发展也从以往的高歌猛进开始急转直下。

然而，面对重大的波折，毕兆凤没有被困难吓倒，也没有因为受骗而失去对朋友们的信任，甚至以常人难以企及的胸怀面对曾经欺骗自己的商业伙伴。当时，法院已经宣判用嫌犯的一处住房作为补偿，当得知嫌犯入狱之后，这处住房是其妻儿唯一的住所时，毕兆凤虽然觉得他可恨，自己也正为事业低谷揪心，但如果为了补偿自己的损失而让无辜的妻儿居无定所、四处漂泊，自己无法接受这样的结果，于是，她放弃索要赔偿，默默地承担了这一切。

手握一块上等玉石，尤其是赌石过程中获得了一块精品，顿时让人豪气冲天，不觉之中便开始膨胀，以为手握玉石便可以扭转乾坤。如果真的有了这种心态，那人岂不成了玉石的奴隶？当一个人的心智被金钱和暴利所占据的时候，是不可能做出正确判断的。在风云变幻的玉石行业打拼多年，毕兆凤对此深有体会。她见过不少因赌石一夜暴富的案例，但更多的则是一败涂地的教训。

对于创业之路的跌跌撞撞，毕兆凤云淡风轻地说道："一块美玉都可能在阴冷的地下埋没千年、万年，甚至亿万年，相比之下，人类的寿命只有短短几十年，遇到一些挫折又算什么呢？爱玉就是爱自己，不因为其他人的过错来伤害自己，更要学会感恩和付出。"不能因为受骗而放弃信任，不能因为自己的损失就伤害无辜，这是毕兆凤真实经历之后得到的感悟。从这个意义上来说，毕兆凤创业，不仅是在创造商业价值、成就自我，也是在自我修炼和磨砺。

"小胜靠智，大胜靠德。"对于创业路上的波折，毕兆凤早就看开了，"一朝被蛇咬，十年怕井绳"的人是无法做好事业的，因一次受骗而杯弓蛇影，失去的不光是做事的勇气还有更广阔事业前景。为此，毕兆凤说："在玉石行业，低端产品靠的是走流量，高端产品则靠人气，朋友间的扶持和互信很重要。"

毕兆凤 | 温润有度

玉凤扶摇动九霄

玉是大自然经过上亿年的孕育而形成的，集天地之精华，作为"玉中之王"的翡翠更是受到上至达官贵人下到平民百姓的喜欢。进入21世纪以来，随着中国人均收入的提升，翡翠的需求量大幅增长，价格更是一路水涨船高，尤其是特级翡翠从20世纪80年代开始更是屡创新高，价格暴涨上千倍，堪称最为"疯狂的石头"。然而，毕兆凤并没有沉浸在行业一片大好的盲目乐观中，在对行业进行深度研究的基础上，毕兆凤将目光聚焦于高端翡翠、宝石首饰的加工与销售业务。

在玉石行业摸爬滚打多年，毕兆凤利用身处云南的地缘优势，整合中缅翡翠资源，拥有天然翡翠矿石开采权，直接开采并加工高品质的翡翠玉石，相比同行业的批发贸易形式，宝琳堂以价格优势赢得了客户的青睐。2011年底，翡翠价格开始出现波动，中低端市场受到了一定程度的冲击，但高端翡翠原石和产品的价格依然稳定。由于毕兆凤一直都关注产品品质，公司发展并没有受到市场下滑的影响，反而趁此抓住机遇，在高端翡翠领域不断扩展，公司也进入了快速发展的新时期，员工从最初的十几个人，逐步发展壮大成集专业生产、设计、加工、经营为一体，主营高档翡翠、宝石首饰批发零售的综合珠宝运营商。

在谈到如何在瞬息万变的市场中站稳脚跟时，毕兆凤说，这并没有什么秘籍，在经营上始终保持"诚信立世、服务至上"就已经赢在了起跑线。不管是经营翡翠还是创业，一定不要心存侥幸和过度贪婪，禁受不住诱惑、贸然跟进早晚要吃大亏，因此一定要保持心态平和，结合自身实力，量力而行。

在毕兆凤的带领下，云南宝琳堂珠宝有限公司以翡翠源头为基地，牢牢把控一手优质资源，以网络技术为桥梁、以翡翠为媒、以玉石为友，紧跟国家政策，推动跨界合作，积极做大做强品牌，让中国玉文化走出国门，影响世界。

2016年全国两会上，全国政协委员、中国侨联副主席朱奕龙带来了"一带一路"建设提案，建议把宣传玉文化与"一带一路"倡议相结合，让中华玉文化走向世界，传递"化干戈为玉帛"、以和为贵的理念。同时，他还提出，珠宝产业可以乘着"一带一路"的东风，拉动经济，带动消费，传播珠宝玉石文化以增强我国文化软实力。这对毕兆凤等一大批玉石行业的优秀企业家来说是一个巨大的激励，同时也为玉石产业走向国际，承担中国文化传播重

致敬

任起到了非常重要的推动作用。

在首个"中国品牌日"之后,《领导者说》栏目组与宝琳堂集团达成战略合作。权威媒体的影响力与毕兆凤打造品牌的号召力相互结合,在竞争激励、鱼龙混杂的珠宝市场上,树立起了一面正能量的旗帜。

在资本市场上,2017年毕兆凤带领企业在前海股权交易中心挂牌上市,同年5月在云南举行赴澳大利亚上市股权解析众筹。2018年,宝琳堂与国内最大赴澳大利亚上市的投资企业展腾投资集团联袂,在澳大利亚澳交所主板ASX上市,成为云南省唯一一家进入国际市场的珠宝企业。

2018年,毕兆凤在昆明成功主办了"云南宝琳堂'互联网+'珠宝千人峰会",以推动珠宝行业与互联网技术深度融合。缅甸驻昆明总领事吴梭佰先生、农工民主党中央联络委员会委员聂振强、云南珠宝科学研究所所长施加辛、云南民营企业家协会会长花泽飞及国学大师瞿鸿燊、著名影视演员《三国演义》中吕布的扮演者张光北及青年赵云的扮演者张山等社会各界知名人士共千余人参加了峰会。

2019年,毕兆凤开始了翡翠与红酒跨界合作的尝试,与高端红酒品牌构建稳固的战略合作伙伴关系。毕兆凤认为,中国是世界上经济增速最快的国家,市场潜力巨大,珠宝与红酒在高端人群中有着广泛的认知度,两种奢侈品本身就有着天然的关联,这次跨界合作将是对奢侈品消费领域的一次提前布局,并因此将传统珠宝文化与时尚高端文化更进一步完美融合。

玉汝于成创业心

"身处商海多沉浮,心系玉石更致远。"30年的磨砺,并没有消磨掉毕兆凤的锐气和灵气,她为人处世温润有方,从内到外都散发着一种温婉优雅的气质,被业内朋友亲切地称为"玉美人"。

如今,毕兆凤在国内外珠宝行业享有很高的信誉知名度,还担任了中国企业国际联合协会副会长、云南省珠宝玉石文化促进会副会长等职务。2013年,中国商务部国际贸易经济合作研究院《信用中国企业联盟》将宝琳堂集团评为AAA诚信单位,宝琳堂同时还荣登中国百名优秀企业名录,当选中国企业国际联合协会副会长单位、云南省珠宝玉石文化促进会副会长单位。

近年来,在做大做强玉石产业之外,宝琳堂集团公司还开始多元化谋篇

毕兆凤 | 温润有度

布局，为云南省社会经济的发展贡献力量。当前，毕兆凤加大力度收购云南省内外多个优质项目，涉及产业包括酒店、餐饮、康养、红酒庄、旅游文化等方面，并设计规划了投资建设云南珠宝玉石收藏博物馆、东川小草坝康养小镇深度合作开发等项目。

截至目前，宝琳堂旗下在全球已有企业店面超过 2500 家，在北京、上海、内蒙古、深圳、吉林、四川、江苏等省市均建立了销售公司，同时与国内外多家知名机构进行深度跨界合作，强强联合，推动珠宝行业与多个产业融合发展，为企业创新升级进行多角度的探索和尝试。

"藏玉显真情，佩玉升情操。"玉石成就了毕兆凤的事业，也塑造着她的性情，如今的成就并没有让毕兆凤停下探索的脚步。她认为当前国家实力不断提升，奢侈品市场潜力巨大，这是天时；传统玉文化的深远影响以及中产阶级群体的崛起是难得的地利；企业内部上下一心众志成城，则是人和。她坚信玉石行业能大有作为，但必须要在产品品种、研发上不断创新，才能在市场竞争中稳坐钓鱼台。

在未来的发展规划中，毕兆凤表示将积极响应"文化强国"的国家战略，让"以玉比德"的传统美德与当前的社会主义核心价值观相结合，坚持以玉文化为导引，并以此来提升中国文化软实力的国际影响力。

毕兆凤董事长携"宝琳堂"公益致敬退役军人创业军民联欢活动

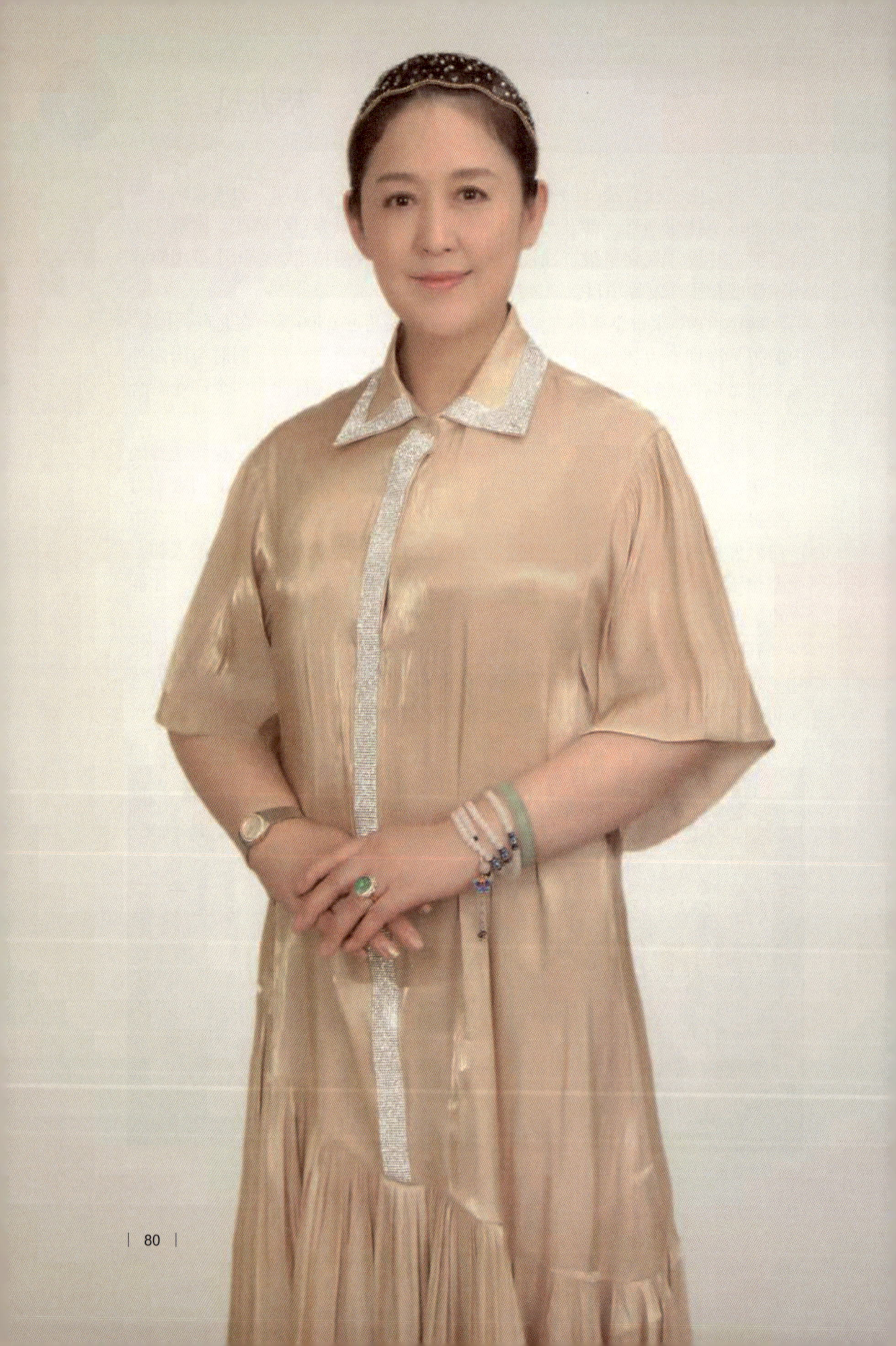

王冬菊
WANG DONGJU

智能网络助力中国教育产业高质量发展
——记中国教育产业网创始人王冬菊

- 为传统教育插上翅膀 »
- 以特色服务促产业发展 »
- 高标准助力新时代教育产业 »

致敬

2021年全国教育工作会议指出，教育立足新发展阶段，贯彻新发展理念，构建新发展格局，为建设高质量教育体系立柱架梁，推进教育治理体系和治理能力现代化。

由黑龙江东方大局商贸有限公司和东方大局文化艺术学校积极打造的中国教育产业网在负责人王冬菊的带领下，打破权威对知识的垄断，让教育从封闭走向开放，从人人都能够创造知识、共享知识、获取知识和使用知识的目标愿景出发，走出了一条以互联网技术助推中国教育产业高质量发展的创新之路。

为传统教育插上翅膀

互联网作为信息技术的产物，不仅改变了信息的传播方式，同时也重新定义了一个又一个传统的行业。当传统的教育体系已经不能适应互联网时代的社会需求时，那么一种全新的体系，全新的知识分享和学习的方式，自然而然成为行业趋势。

在传统商业经营领域小有成就的王冬菊，凭着女性企业家特有的敏锐洞察力，做出了向教育产业互联网进军的决策。

中国人自古以来就重视教育。当前的中国社会快速进步、经济飞速发展，民众对教育的投入程度与日俱增。中国人均可支配收入的增长及中产家庭的崛起带动了优质教育的支出。随着经济水平的提高，人们对教育的需求越来越高，使得教育行业越来越优化，进而推动优质教育高质量发展。

随着科学技术的不断发展，互联网科技与教育领域相结合的一种新的教育形式——信息化技术已经渗透到社会的各个方面。在教育领域，一场信息化的颠覆性变革正悄悄地发生着。在现代信息社会，互联网具有高效、快捷、方便传播的特点，在学生们的学习和生活中发挥着不可替代的重要作用，并成为学生们学习的好帮手。这不但有利于提高学生们上网学习和交流的能力，帮助他们增长知识、开阔视野、启迪智慧，而且还能更有效地刺激他们的求知欲和好奇心，更能有效地促使学生们养成独立思考、勇于探索的良好习惯。

近年来，互联网技术迅猛发展，各类传统行业面临机遇与挑战并存的新

王冬菊 | 智能网络助力中国教育产业高质量发展

变局，在网络技术的冲击下要么日渐衰微，要么乘此东风扶摇直上。如何抓住机遇，直面挑战是各行各业亟待思考和解决的问题。在此背景下，"互联网+"应运而生，"互联网+"即"互联网+传统行业"，其实质意义并非两者的简单相加，而是传统行业借助互联网通信技术这一"媒介"进一步释放生产活力，形成新型的产业体系。

在开放的大背景下，全球性的知识库正在加速形成，优质教育资源正得到极大程度的充实和丰富，这些资源通过互联网链接在一起，使得人们随时、随地都可以获取他们想要的学习资源。知识获取的效率大幅提高，获取成本大幅降低，这也为创建终身学习的学习型社会奠定了坚实的基础。

王冬菊着手打造中国教育产业网的初衷，就是以"互联网+"的形式把更好的教育资源带到每个孩子的身边，改变现有教育资源调配的不平等，她说："教育是一个国家、一个民族的灵魂，是民族振兴、社会进步的基石，如果教育方向错了，那么这个国家、这个民族就会迷失，继而衰落。所以世界上无论哪个国家、哪个民族、哪个集体，都会有自己的教育和服务于教育的各种产业及相关政策。各个领域都需要教育。"

所以作为中国教育产业网的开发者，王冬菊也发自内心地想在教育事业的发展上奉献出自己的一份力量，她凭借对教育的热爱通过不断努力倾心打造中国教育产业网，她希望这个平台能够为更多人提供受教育的机会和为教育服务的厂家提供销售和展示机会，让其需求和被需求、供应和被供应达到更好的融合。

王冬菊认为，"互联网+"必然推动学校在课堂形式、课程教材、培养模式、教师角色、学校管理等方面发生变革，势必出现教育流程再造的趋势，重新

83

致敬

塑造未来学校的格局。因此，她致力于发展"互联网+教育"，为教育插上互联网的翅膀，缩小区域差距、校际差距，让优质教育资源、先进教育理念打破时空限制，在各地落地生根。

以特色服务促产业发展

刚刚过去的2020年，是极不平凡的一年，它给教育系统带来了一场大考、连环考、压茬考。教育系统坚持以习近平新时代中国特色社会主义思想为指导，在党中央、国务院的坚强领导下，迎难而上、砥砺奋进，统筹疫情防控和教育改革发展，推进教育"十三五"规划圆满收官，疫情防控取得重大战果，教育脱贫攻坚取得重大胜利，进一步增强了教育自信，推动中国教育站在了新的历史起点上。

教育是民族复兴、社会进步的基石。伴随着经济高速发展与产业转型，对人才的需求越加旺盛，教育的投入也逐年呈增长态势，教育市场将成为21世纪的朝阳产业。

作为中国教育产业网的运营机构，东方大局文化艺术学校是国家指定的实验教学基地。学校本着"局之大爱，以善育人"的教学理念，采取了国内外先进的教学模式，针对学前儿童、育龄儿童和小初高孩子的身心发展，进行了全方位的综合智慧开发及艺术熏陶和培养。学校前期开办了学前教育智慧体验班，艺术修养班，小学各年级各科、初中高中各年级各科看护补习班。在学前教育、小学各科辅导和艺术教育、科普知识和日常生活习惯教育中，学校都融入国学教育、善行教育，让孩子的大脑在黄金时期得到开发，让孩子在体能上得到训练，在艺术上得到引导，在修养上得到熏陶，来发掘可开发的兴趣、爱好，从而进行更好的长期性培养，让一些因工作繁忙、疏于管理而愧对孩子的家长得到心灵的释怀，从而让孩子更好地得到全方位的培养，也让家长更充分地从事事业和享受生活。

中国教育产业网平台的主页内容包括教育培训、文具用品、教学仪器、科教设备、电子仪器、图书资源、教育装备、教育机构和网络视频教学、线上教育等项目。所有的教学机构都经国家审批，服务于教育的企业都是国家备案审批合格的，并且都是实体运营的企业。服务于教育的企业产品都是国家品牌和企业品牌产品。目前，以王冬菊为团队舵手的中国教育产业网已经

| 王冬菊 | 智能网络助力中国教育产业高质量发展

王冬菊在同根同梦中秋晚会接受采访

搭建成功，并诚邀各类教育机构进行合作，共同推动中国教育产业网的发展。

中国教育产业网等多款在线教育产品为用户提供网课、智能练习、难题解析等多元化的智能教育服务，帮助用户系统性、高效率地完成学习闭环，始终致力于运用科技手段提升学习体验感，激发学习兴趣，培养科学的学习习惯，让人人都能更便捷地获取优质的教育资源。

由于各行各业都有众多希望接受教育的群体，各个领域都需要教育，所以整个社会都迫切需要用教育来带动产业，让产业能更精准、更贴心地服务于教育。中国教育产业网平台能更好地锁定人群，让人们在生活中得心应手；能助力国家通过现代科技手段，实现优质教育资源的共享，从而实现教育公平；能大力发展智慧教育，充分发挥网络的积极影响，增强人们驾驭网络和通过网络进行学习和交流的能力，使他们逐步掌握通过网络获取、传递、加工和处理各种有益信息的技能。

今天的中国教育产业网，可以说是当代中国互联网行业振兴发展的一面旗帜。王冬菊以她富于前瞻性的思维与实践，通过高超的市场营销运作，使这面旗帜猎猎飘扬于中国企业界。

高标准助力新时代教育产业

我们今天所处的时代，是一个科学技术突飞猛进、知识经济高速发展、

致敬

新一轮产业革命蓬勃兴起的时代，知识更新、技术更新和产品更新速度越来越快。小到一个人、一个企业，大到一个经济体的发展和贫富、一个国家的强盛和衰弱，从来没有像今天这样依赖于自主创新能力、依赖于对经济发展和生产过程中关键知识和关键技术的掌握程度。

知识创新、科技创新和体制创新的根本在于创新型人才。创新驱动就是人才驱动，而教育则是创新人才培养的主要机制。因此，一个国家的自主创新能力在很大程度上取决于其教育体系，尤其是教育质量。

改革开放以来，特别是党的十八大以来，我国教育发展迅速，已经建成世界上最大的教育体系。新时代我国教育发展的战略重点应放在培养学生的创新精神和创新能力上，造就一大批拔尖创新型人才，增强国家自主创新能力。这就要求我们深化教育改革，把创新人才培养作为战略重点之一，以完成立德树人的根本任务。

当前，在全球范围内，教育已从小众的投资对象转变为主流的投资对象，且中国教育行业的发展最具活力。随着素质教育继续推进以及《国家中长期教育改革与发展规划纲要》等相关政策陆续出台，教育领域投入的持续高速增长，带来的是教育事业的快速发展。目前中国教育产业已进入高度消费化，这一转变对在教育领域寻求机会的投资者和运营者具有深远意义。

新冠肺炎疫情期间，教育部创造性地在其云平台上提供丰富多样的优质专题教育资源，包含防疫教育、品德教育、生命与安全教育、心理健康教育、家庭教育、经典阅读、研学教育、影视教育、电子教材等，同时，通过组织

王冬菊与百杰女性创业服务中心理事长陶莹合影

王冬菊
智能网络助力中国教育产业高质量发展

开展专题交流、新闻传播、信息交流等多种方式，帮助师生深化资源应用，保障学习效果。

中国教育产业网紧跟国家产业政策，全面升级网站服务内容，主要体现在三个方面：一是精心设计，落实"三个坚持"，即坚持育人为本，遵循教育规律和学生身心发展规律；坚持质量至上，充分体现"国家工程、服务全国、质量至上"宗旨；坚持统筹规划，充分调动各方力量系统谋划。二是体现高标准要求与特色。三是加强流程管理，"双审"保证质量，资源审查实行资质审查和政治审查双线管理，保证资源质量。

通过以上方式，王冬菊全方位了解学习者的学情数据，并加以分析和指导，让企业培训负责人更加了解自己的教学内容、掌握情况，有的放矢地调整教学方向，让学习者更清楚自己的学习状况、查漏补缺，提高学习效率。在疫情期间，坚持面向国内所有学校、医院、政府部门提供相应的免费服务。

中国教育产业网不仅是一家技术过硬、服务用心的互联网企业，更是一家具有家国情怀的企业。它所提供的面向企事业单位的服务，在多方面打破常规，以更加亲民的价格让越来越多的小微企业用得起，短短的三年内，拥有了许多机构及企业培训负责人以及数十余万学习者。其中，不乏像北京大学、清华大学、猿辅导等企事业、专业机构用户。

2021年是具有特殊重要性的一年，教育系统要不忘初心、牢记使命，扎实工作、开拓进取，为"十四五"时期教育高质量发展开好局、起好步。深入实施"百年行动"，全面提升教育系统党的建设质量，为教育改革发展的外部环境和宏观政策环境提供发展基础。

沧海横流，浩荡前行。王冬菊表示，站在新发展阶段的路口与时代并行，中国教育产业网将继续着眼于未来社会创新型人才培养的需要，汇集更多科学、文化、艺术等领域的权威学者和专家，结合AI交互、虚拟视觉等前沿科技，为中国教育产业定制能力、素养全面提升的启蒙性、普及性学习内容，不断推出在线课程，让知识和智慧的传递维度无限延伸，为努力实现中华民族伟大复兴中国梦做出应有的贡献。

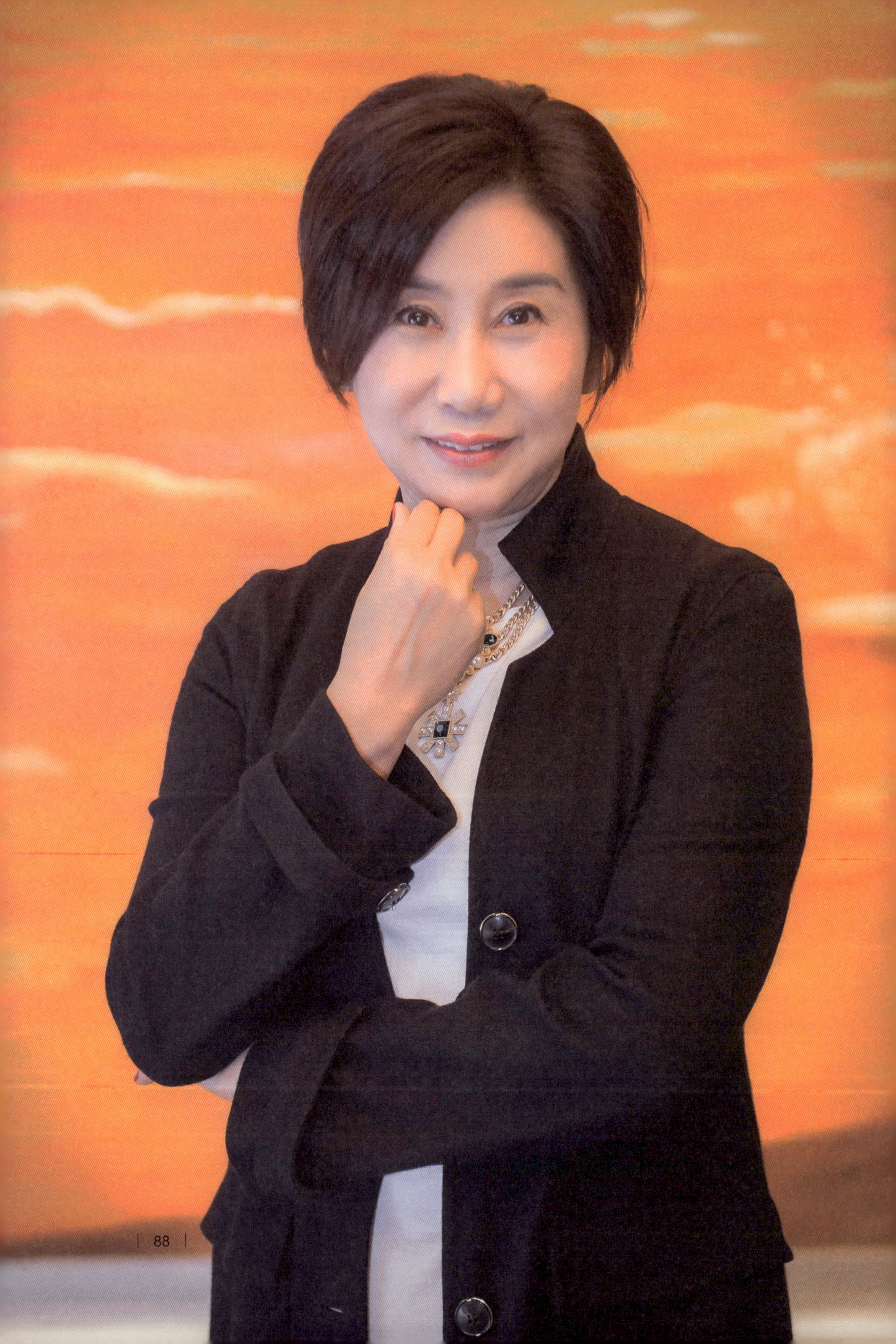

黄丽泰
HUANG LITAI

丽质泰然创伟业
巾帼奋进谱华章

—— 记江苏利安达集团董事局主席黄丽泰

巾帼报国立潮头

义不容辞尽责任

领航奋进新时代

致敬

改革开放以来，社会经济迅速发展，新思维、新理念、新模式应运而生，越来越多的女性企业家走上创业舞台中心，传统以男性为主导的创业领域正在悄然发生一场"玫瑰"革命，成为推动经济社会增长的"她力量"。

作为众多杰出女性企业家中的一员，江苏利安达集团董事局主席黄丽泰以巾帼不让须眉的创业意志和豪情，坚持"诚信、创优、奉献、共赢"的核心价值观，奉行"做优自我、创享价值"的企业使命，带领利安达人披荆斩棘、勇于创新，从无到有、从小到大，确立了集团集纺织服装、城市能源、酒店地产、金融投资四大板块于一体、多元并进的产业发展格局，实现了一次次自我挑战和超越，完成了人生和企业的一次次蝶变，展现了新时代女性企业家的英姿和风采。

巾帼报国立潮头

江苏利安达集团董事局主席黄丽泰，一位在中国商界赫赫有名的杰出女企业家，有着温婉明媚的笑容、优雅贤淑的气质、智慧知性的内涵，以及曲折传奇的经历。

生于20世纪50年代末的黄丽泰，插过队，也做过医生，机缘巧合踏入茫茫商海，勇立时代潮头。

20世纪90年代初，黄丽泰临危受命、弃医从商，来到了濒临倒闭的亏损企业。尽管屡遭挫折，她依然靠坚韧、执着、诚信的品质和优质的产品赢得日商的信任，使企业突破困境、绝处逢生。

从第一张10万美元的订单开始，黄丽泰把服装生意做得风生水起，产品远销日本、欧美市场，不到十年年营业额就高达5000万美元。

2001年，引进外资开发房地产，是利安达跨行业发展走出的第一步。历时三年，占地约530亩，整体为意大利托斯卡纳建筑风格的名豪山庄建成，成为江阴城东地区的建设亮点。

2002年，具有强烈创新意识和敏锐眼光的黄丽泰，抓住国家能源政策调整、放宽民企准入门槛的机会，凭借实力和信誉，跨入天然气行业。在多年

黄丽泰 | 丽质泰然创伟业 巾帼奋进谱华章

的经营中，管网覆盖全市，业务范围至靖江市等区域，供气量跃居国内同级城市前列，纳税额在全市服务业中名列前茅。

2007年，黄丽泰又以过人的胆识，进军现代服务业，斥巨资建造了极富现代气息，被誉为江阴标志性建筑之一的黄嘉喜来登酒店，使江阴成为中国县级市中世界品牌"喜来登"的第一个引入者。

近三十年来，黄丽泰带领利安达集团经历了打基础、促转型、谋发展三个阶段，坚持"诚信、创优、奉献、共赢"的核心价值观，始终以"做优自我、创享价值"为使命，现已形成集纺织服装、城市能源、酒店地产、金融投资四大板块于一体多元并进的产业格局。凭着百折不挠的奋斗精神，黄丽泰和利安达人一起奇迹般地使利安达集团不断发展壮大，并以做好实业、产业报国为己任，在跨界经营上实现了华丽转身，走出了一条多元化创业创新发展的成功之路。

义不容辞尽责任

作为企业的第一代创业者，黄丽泰凭借吃苦耐劳的精神和聪明才智取得

江苏利安达集团办公楼

致敬

了事业的成功。功成名就的她并没有贪图享乐,而是把精力投向了公益慈善、积极回馈社会的责任担当之中。

一家成功的企业,必定能够正确处理企业营利和社会责任的关系:企业的财富得之于社会,理应回报社会。面对重大的社会责任,作为企业家和社会责任的践行者,黄丽泰饮水思源,不但展现了一个企业家应有的家国情怀,而且比别人更高瞻远瞩。

从2001年起,黄丽泰连续三届当选江苏省人大代表、无锡市工商联副主席、江阴市政协副主席、江阴市工商联主席等社会职务。她十分珍惜和重视组织给予的安排和荣誉,任职期间,履职尽责,恪尽职守,正确处理好企业与社会兼职的关系,科学妥善安排好工作的同时,积极参加各类活动会议,正确处理好政商关系。她认为,政府的工作岗位与企业不同,但目标是一致的,企业和政府做事就应有"游戏"规则,不搞权钱交易;企业家就是要遵纪守法办企业、光明正大做经营。

作为横跨政商两界的女性企业家,十五年来,黄丽泰始终恪守"五不"原则,即不该说的话不说,不该做的事不做,不该交的朋友不交,不该去的地方不去,不该办的事不办。履职尽责,即到位而不越位,帮忙而不添乱。

一个企业家的最高境界就是慈善家。黄丽泰始终认为企业植根于社会、发展于社会。每一个企业、每一位企业家都担负着积极参与慈善事业、回馈社会的重要责任。她是这样认为的,也是这样做的。

2003年,黄丽泰在甘肃省天水市捐资创建了"文泰华光彩小学",后又出资建成了设施齐全的大操场和电脑室、文体室。至今,黄丽泰已向文泰华光彩小学捐资近百万元。2007年,她向江阴慈善总会发起的冠名基金捐款500万元;2008四川汶川地震,她第一时间捐款100万元。2008年起,为母校江阴城南小学捐资设立奖学金20多万元;资助本公司困难职工,扶助贫困大学生共计30人完成大学学业。2011年始,为公司每位工龄满20年的老员工颁发一台笔记本电脑。2015年,向市工商联捐款20万元,以救助贫困职工。2016年,向江南大学商学院捐赠200万元,设立"利安达奖学(教)金"和产学研教学基金,用于奖励江南大学商学院贫困励志的优秀学生及教学科研优秀教师。

疫情无情人有情,疫情面前显担当。在2020年年初抗击新冠肺炎疫情的战役中,黄丽泰身先士卒带领企业倾力防控,最终走出疫情影响,充分体现

黄丽泰

**丽质泰然创伟业
巾帼奋进谱华章**

了一位优秀企业家的责任与担当。2020年2月，在江阴市慈善总会"新冠肺炎疫情防控资金捐赠"仪式上，黄丽泰第一时间捐赠50万元。

对江阴市城乡最低生活保障家庭、特困职工家庭、新冠肺炎患者家庭、散居特困供养家庭、散居孤儿家庭等天然气用户，每户每月免费提供民用天然气9立方米。为助力江阴企业复工复产，共为其降低用气成本约5500万元，得到了社会各界的一致称赞。多年来，她已为公益事业捐资捐物累计价值达数千万元。

领航奋进新时代

当前，中国特色社会主义进入新时代，中华民族从此开启了实现伟大复兴的新征程，实现了从赶上时代到引领时代的伟大跨越。

从一名普通女性到一位成功的企业家，黄丽泰实现华丽转身，凭借的除了那份让人赞叹的智慧外，更多的还是她善于学习、奋发向上、不甘落后、勇于捕捉机会的创新能力。

从政治学、经济学、文学、历史学到行政学、领导科学、管理学、营销学，她无一不涉猎；为充实提升自我，她不停地穿梭于各类学习培训场所。她从书中汲取丰厚的营养，在培训中提升智慧和能力，用知识铺就了成功之路。

错过最佳读书时期的黄丽泰，通过自己的毅力与勤奋，拥有了高级经济师职称、同济大学工商管理硕士学位。之后，她把主要精力从公司的具体事务转移到中长期发展和战略规划上，她对公司未来的发展有了一个越来越清晰的思路，就是要打造百年基业。

为了实现这一追求，为了更好地提升自己的战略眼光、自身修养，以及驾驭企业、防控风险、研判形势和预见未来的能力，也为了在企业新一轮转型升级中，更好、更坚实地走好企业健康发展之路，黄丽泰毅然投入到清华大学五道口金融学院全球金融GSFD博士课程的学习中。在处理繁重企业事务的同时，完成紧迫的博士课程，对她来说是新的考验。但她认为，人生就是一个不断学习的过程，一个企业家的认知边界决定了企业发展的边界。为此，她锲而不舍，靠刻苦、拼搏、努力，收获了来之不易的学习成果。2021年3月，黄丽泰从中外合作办学的清华大学—日内瓦大学，获得应用金融学双博士学位。

致敬

　　读书学习并进行研究思考，是黄丽泰一直以来的兴趣所在。资本市场、金融政策、财富管理、产融结合是与目前工作相关的学科，她有兴趣，同时对家族传承、现代化的企业管理等新领域，人工智能、大数据等新技术、新业态、新模式也同样很感兴趣。学海无涯，她把学习作为自己毕生的追求。在不断的学习和实践中，形成了她特有的人格魅力：独特的理念、深远的眼光、踏实干练的作风、充满正能量的气场。虽已过花甲之年，但她身上所散发出的活力、激情与气场，深深地感染和激励着身边的每一个人。

　　利安达集团的稳健发展离不开全体员工的齐心拼搏，离不开客户的长期信任，更离不开各界朋友的鼎力支持。时代机遇面前，黄丽泰领导下的利安达人用勤勉和付出赢得了市场，用产品和服务打动了客户，逐步在纺织服装、城市能源和现代服务业等领域深耕，为社会发展贡献了绵薄之力。

　　黄丽泰说，利安达人扎根于江阴，和祖辈杰出的江阴人一样，崇尚产业务实的精神，做到"一步一个脚印"；不安于现状，"敢攀登、创一流"。在困难和挫折面前，千方百计寻求解决和突破；在顺境和安逸中，不放松学习，努力创新创优，探索可持续发展的新动力。利安达人始终保持正直和真诚，守住底线，敢想敢干，不断磨砺，会更加成熟自信并拥有无限能量。

利安达集团旗下江阴天力燃气有限公司实景

| 黄丽泰 | 丽质泰然创伟业
巾帼奋进谱华章

面对全球化、科技化、信息化深度发展的今天,利安达集团正在接受新的挑战。不断"做优自我、创享价值"是每个利安达人的责任。集团正在步入更宽广、更富竞争性的国际舞台,需要更多能人志士的加入和帮助。集团将一直倡导忠诚企业、尊崇专业、拼搏奉献、敢于担当的人文理念,努力与时俱进,把自身打造成每个员工成就自我和推动社会进步的大舞台,和广大员工一起共创、共建、共享集团的美好明天,绘制"百年长青利安达"的梦想蓝图。

一分耕耘,一分收获。由于集团的突出成就与表现,黄丽泰先后荣获"全国'三八'红旗手""中国杰出创业女性""中国百名杰出女企业家""中国十大创新能力民营女企业家""中国巾帼建功标兵""全国助西爱心大使""江苏省十大优秀民营企业家""江苏省'三八'红旗手""希望工程突出贡献奖""江苏省巾帼创业女性排头兵""江苏省十大诚信标兵"、无锡市"锡商人物"等近百项荣誉。近十年来,集团连续实现年入库税金超亿元,先后荣获"无锡市百佳企业""江阴市明星企业""全国外商投资双优企业""江苏省明星侨资企业"等荣誉称号,受到社会各界人士的广泛关注与称颂。

长风破浪会有时,直挂云帆济沧海。展望未来,黄丽泰信心满满地表示,集团将在国家"十四五"规划开局之年,继续坚持"诚信、创优、奉献、共赢"的核心价值观,发扬企业家精神,创新思维模式,积极探索"产业+金融"的发展模式,在全球范围内实现项目合作、创业投资和新兴产业布局,在不断提升企业产品和服务品质的同时,积极承担企业社会责任,为努力实现"成为受人尊敬的百年企业"梦想不懈奋斗。

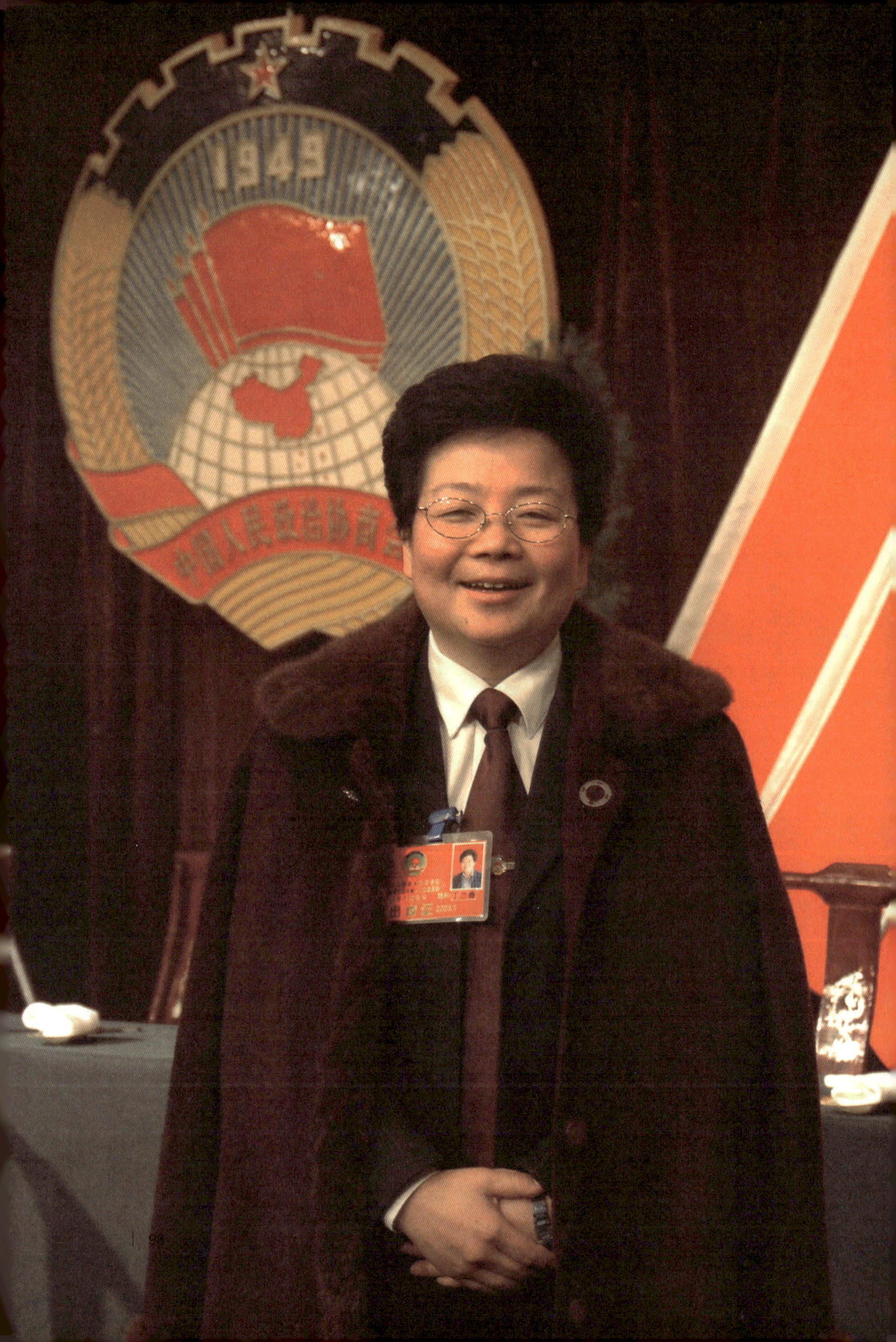
1949

丁兰香
DING LANXIANG

清怡针纺新时代
兰花馨香中国梦

——记全国"三八"红旗手、
安庆市清怡针纺织品有限责任公司董事长丁兰香

自强不息创伟业 ➤

科技创新促发展 ➤

倾力倾情尽责任 ➤

致敬

党的十九大报告指出，加快建设制造强国，加快发展先进制造业，推动互联网、大数据、人工智能和实体经济深度融合……进一步激发制造业活力、潜力和动力，助推中国制造业迈向中高端。

安庆市清怡针纺织品有限责任公司在全国"三八"红旗手、董事长丁兰香的带领下，积极响应国家号召，以巾帼不让须眉之势坚持创业创新，秉承"人本、厚德、自强、鼎新"的企业理念，凭借务实坚韧和自强不息的拼搏精神，磨炼出一支敢打硬仗、勇挑重担的清怡"钢铁"队伍，为中国纺织制造业转型升级发展做出了富有成效的探索与尝试，走出了一条打造自主民族品牌的特色发展之路。

自强不息创伟业

安庆市清怡针纺织品有限责任公司在中国纺织行业可谓声名鹊起。

打开丁兰香的创业创新数据库，我们便可以清晰地发现她自强不息的人生轨迹。

20世纪80年代，初中毕业的丁兰香进入国营印染色织总厂，成为一名合同制工人。1992年，该厂陷入低谷，大批职工面临失业，丁兰香毅然决然选择了辞职下海，她掏空当时自己仅有的3000元积蓄，租了一个仅有7平方米的店面，一个人开始做布料批发生意。

年轻的丁兰香可是位文艺青年，没事的时候还会写文章投稿，她思来想去为自己的小店取名"清怡"，"怡"来自《红楼梦》的"怡红快绿"，"清怡"的意思说来有趣，"即便赚不到钱也要落个清爽快活"是丁兰香当时的想法。

人生的第一步总是很艰难，一捆布大概有一百四五十斤，她要独自扛到车上，每天没日没夜，白天在店里卖布，晚上跟着顺风车去进货，一车布十几捆，也就赚个几十块钱，利润微薄。有一次跟着车子出去进货，因为冷得受不了，就找了个2元钱的"宾馆"住下，其实2元钱就给了一个麻袋和一个能坐的地方，她和几十个人挤在一起在大厅坐了一夜。

经过五年的辛酸劳苦和不断打拼，丁兰香挣到了她人生的第一桶金，经济状况大大改善，她的批发部也已经发展成为拥有200万元资本的大批发部。

丁兰香 清怡针纺新时代 兰花馨香中国梦

事业心极强的她，来不及享受成功的喜悦，又开始了第二次创业。

说起第二次创业，还有一个小插曲：一次到菜市场买菜，丁兰香偶然碰到了原来印染厂里的同事，两人互相说起了近况，那位昔日同事说："现在，我和我丈夫都下岗了，家里的儿子在念书，我们夫妻一个月只拿360元的生活费。为了能保证儿子读书，只好一个月存100元，剩下260元还要拿一部分用作小孩买笔、买纸和其他开支，一个月用于生活的不过100来元。我和丈夫约定，每天只买点白菜吃，但一星期必须买一次肉给儿子吃，除这之外，最大的奢侈就是买点酱油了。"

丁兰香的心被昔日同事的话深深刺痛，她把口袋里仅有的100多元钱全给了这位昔日同事，并对昔日同事说："你们在家等着，我会找你们的。"她想，像这位昔日同事一样的下岗女工一定还有很多，一定要帮她们一把。

时代在变，人们的消费习惯也在变化，丁兰香发现大家更喜欢买成品服装，加之房租年年递增、市场管理不规范，竞争越来越激烈，布匹生意难有大发展。不转型可能还能活一阵子，但注定没有前景。恰逢一次聚会，她得知原先工作的厂子倒闭了，不少姐妹都下岗在家，生活捉襟见肘，她总觉得自己该做点什么。经过慎重考虑，她结合女工实际，决定办织布厂，于是安庆市清怡针纺织品有限责任公司就诞生了。

说起来容易做起来难！建设厂房时，丁兰香已经怀有身孕，可是她依然坚持和工人一起施工，搅拌混凝土、盖厂房、挑石子修路，带头安装机械设备，带头学技术，等等，凡是办厂初期的工作，能做的她都做了。经过三个月的苦干，70台织机、140锭络纬车、一台高速整经车终于安装成功。坚强的她，听到马达的轰鸣声，也情不自禁地流下了激动的泪水。

厂子刚建起不久，丁兰香的孩子也出世了，可是为了厂子的发展，她顾不上母子亲情，狠下心将刚满月的孩子托付给姐姐照顾，自己依然每天坚守在第一线。清怡针纺织品有限责任公司在她的努力下，逐渐红火起来。看到工人们工资高了、生活好了，她感到格外欣慰。清怡的员工都被她务实、坚韧、自强不息的精神所感染。

如今，公司已发展成为拥有四个具有独立法人资格的子公司、8亿多元资产、500余员工，占地260多亩、年产值超亿元的安庆市民营百强企业，是新时代中国纺织行业的知名品牌。

致敬

科技创新促发展

创新是引领发展的第一动力，科技是战胜困难的有力武器。科技兴则民族兴，科技强则国家强。综观人类社会的发展史，国家、民族之间的竞争，本质上是生产力之争，其核心是科技创新能力之争。

近年来，作为安庆市三大传统产业之一的纺织服装产业正在掀起新一轮的智能化革命。人们脑海中千人纱、万人布的景象早已成为过去时，取而代之的是成排的机器，随处可见的监控设备实时显示产量、质量、设备运转、能耗等信息。

包括清怡针纺织品有限公司在内的安庆知名纺织企业纷纷进行智能化改造，推动安庆市纺织服装产业朝高质量发展方向不断迈进。

对于丁兰香而言，纺织行业又到了新的发展阶段，智能化改造势在必行。人们生活中离不开纺织品，这个行业是不会被淘汰的，但是做得不好的企业最终会消失。所以丁兰香在摸索医药辅料——医用棉纱市场的同时，也将更多精力放在了具有高科技含量的纺织产品之上。

"这个产品目前全球只有四家企业可以生产，全国也只有两家企业能够生产出来，我会拼尽全力让清怡的名字写在这个产品之上。"丁兰香没有具体透露产品名称，但显然势在必得。新的突破可以让清怡站得更高，也会给清怡未来的发展留下足够的空间，让公司在未来的市场竞争中保有优势。

丁兰香的新梦想就是新建项目——10万锭国产设备生产线。丁兰香想打

丁兰香 | 清怡针纺新时代
兰花馨香中国梦

造纺织行业属于自己的民族品牌！她要为我国纺织技术水平的提高做更大的贡献！2006年，她在安庆大桥经济开发区征地203亩，上马新建10万锭紧密纺国内设备生产线，该项目被列入安徽省"861"计划。目前一期工程5万锭2号主厂房已经竣工，相关配套设施已进入安装调试阶段，项目完工后，年产各种精梳纺纱10482吨，年销售收入41288万元，上缴利税4270万元。该项目的建成投产，不仅对安庆市的经济发展发挥了积极的作用，还对推动安徽省由纺织资源大省向纺织强省的跨越起到了积极的作用。

创业之路上丁兰香也碰到过许多难题，资金短缺也曾让她彻夜难眠。好在政府总在紧要关头为企业对接金融机构，搭建融资平台，给予资金引导和支持。她说："创业是很苦的事，政府总是在重要的时候给我们指引，给我们加油打气，这也坚定了企业升级转型发展的决心。"

在清怡公司发展历程中，丁兰香高度重视少数民族需求的服饰面料，先后投入几千万元进行技改，研发出十几种不同规格、不同面料的新产品投放市场，满足了少数民族群众和市场对服饰面料的需求。2017年3月8日，在全国妇联主办的"三八"国际劳动妇女节纪念暨表彰大会上，丁兰香荣获"全国'三八'红旗手"称号，这也是对她多年来坚守产业发展的一种认可。

倾力倾情尽责任

丁兰香创业伊始就始终秉承"用感恩的心做人，用爱心做事业"的慈善文化理念，不忘积极回报社会。

企业发展壮大的同时，丁兰香也在努力回馈社会。丁兰香在公益方面做了很多，她总是率先响应政府的号召，比如技术扶贫、电商扶贫等。在云南、贵州、四川等地完成了多项扶贫指标，她希望能通过技术、通过平台帮助更多的人。

她积极参与慈善活动，关注弱势群体，每年的春节，她都带着现金、慰问品去看望孤寡老人和贫困户。每次她到敬老院，80多岁无儿无女的王大妈，总是拉着她的手说："你真好，我一辈子没儿没女，你真比我亲女儿还要好呀！"

1994年，一位邻居家的女主人突然去世，丢下一个八岁的小男孩，男主人又下岗失业在家，家中还有一个80多岁的老妈妈和一个半呆半痴的小姑。丁兰香伸出了援助之手，为男孩交付每年的学费，逢年过节，她都给这家送

致敬

去一笔生活费,十多年如一日,从没有间断过。

丁兰香是教育事业的热心支持者,她特别同情失学女童,每年她都要认领七八个女孩,供她们上高中、上大学。2004 年,她去大别山区岳西黄岗村,看到破旧的教舍,当场就拿出 4000 元递到了村干部手中,给学校更换桌椅;在潜山罗塘,她又捐了 1 万元给学校改善办学条件。2005 年的"六一"儿童节,她捐给宜秀区永安小学 1.5 万元。

走进清怡公司,无论你的目光聚集在哪一个员工的身上,你都会从他们的身上感到一种轻松与快乐。这是一种愿意为企业奉献的快乐,这是良好工作环境带来的轻松。清怡公司在科学管理的基础上制订了严格的培训计划和奖惩制度,为公司每一位职工提供了一个充分发挥自己潜能、实现个人价值的平台。公司经常组织一些团体活动,从中发现员工的特长、应变能力、协作精神、为人处世风格、性格特点等,为以后提拔一些德才兼备的管理人才作准备。

选择德才兼备的复合型人才,其实是清怡公司对国家、对民族、对集体交出的一份答卷。加强社会主义荣辱观的教育,一直是丁兰香在对公司科学化、人性化管理的同时最为强调的头等大事。对于一家民营企业来说,能在当今市场经济环境下坚持正确的舆论导向、肩负时代赋予的责任,可谓难能可贵。

2020 年年初,在抗击新冠肺炎疫情中,丁兰香勇于担当,第一时间组织援助。春节假期是疫情的严峻期,丁兰香想起厂仓库还有从下游企业那里购来作生产防护用的一次性医用口罩,大年初二,她第一时间赶到厂里组织员工将仅余的 2 万只口罩搬运出来装上车,并亲自驾车送到了应急指挥部,她跟指挥部工作人员说:"我就是想把这批口罩用到现在最迫切需要的地方,让这批口罩发挥更大的作用,相信在这个时候,我们手牵手,共克时艰,一定能够战胜疫情。"

公司车间一角

此后，丁兰香又多方联系购买口罩用于捐赠，截至疫情好转时，共捐赠一次性医用口罩 8 万余只。与此同时，鉴于清怡公司还是国内不少口罩生产商的上游供应商，丁兰香一方面积极和下游口罩生产厂家联系，承诺在不加价且企业没有复工前提下随时供应棉纱，若厂里库存的棉纱不够就提前开工，抓紧生产，保证供应；另一方面通知员工做好复工准备，不到十天时间，清怡公司累计向下游口罩生产厂发运棉纱 236 吨，销售价格和节前一致。2020 年年中，在支援南方的防汛抗洪工作中，她又亲自购买防汛物资送到防汛前线。据不完全统计，清怡公司累计在支持教育事业、扶贫、灾区重建、关爱老人、扶持少数民族群体等一系列社会活动中捐赠金额近 1400 万元。

此外，丁兰香在担任安徽省第十二届人大代表以及安庆市政协第十一、十二、十三、十四届政协常委等职务期间，积极关注产业发展、民生工程，建言献策，提出了近百条极富建设性的建议和提案，促进了很多问题的解决，为安庆市的平安稳定、社会发展进步做出了重要贡献。

一分耕耘，一分收获。尽管丁兰香对荣誉看得不是太重，但一项项桂冠还是戴在了她的头上。她先后获得全国"巾帼建功"标兵、"安徽省十大创业女明星"、安徽省"五一劳动奖章"、安徽省"优秀女民营企业家"、安徽省下岗职工自主创业带头人、安徽省"创业女标兵"、安徽省"三八"红旗手、安庆市劳动模范、安徽省第二届民营企业优秀创新人物、安庆市十大感恩人物、安徽省"劳动模范"、全国"三八"红旗手、全国"五一劳动奖章"、和田地区 2017 年度民族团结进步模范个人等荣誉，还担任了安徽省女企业家协会副会长、安徽省棉花协会副会长、安徽省新疆商会副会长、安徽省工商联执委等多项社会职务。

谈及未来发展，丁兰香满怀豪情地表示，清怡公司将在国家"十四五"开局之年，不断弘扬科技创新精神，以推动中国制造业转型发展为使命，将清怡做成真正国际化的自主民族品牌，为满足人民美好生活提供强劲的发展动力，为建党一百周年献上一份厚礼，为实现中华民族伟大复兴的中国梦做出企业应有的贡献。

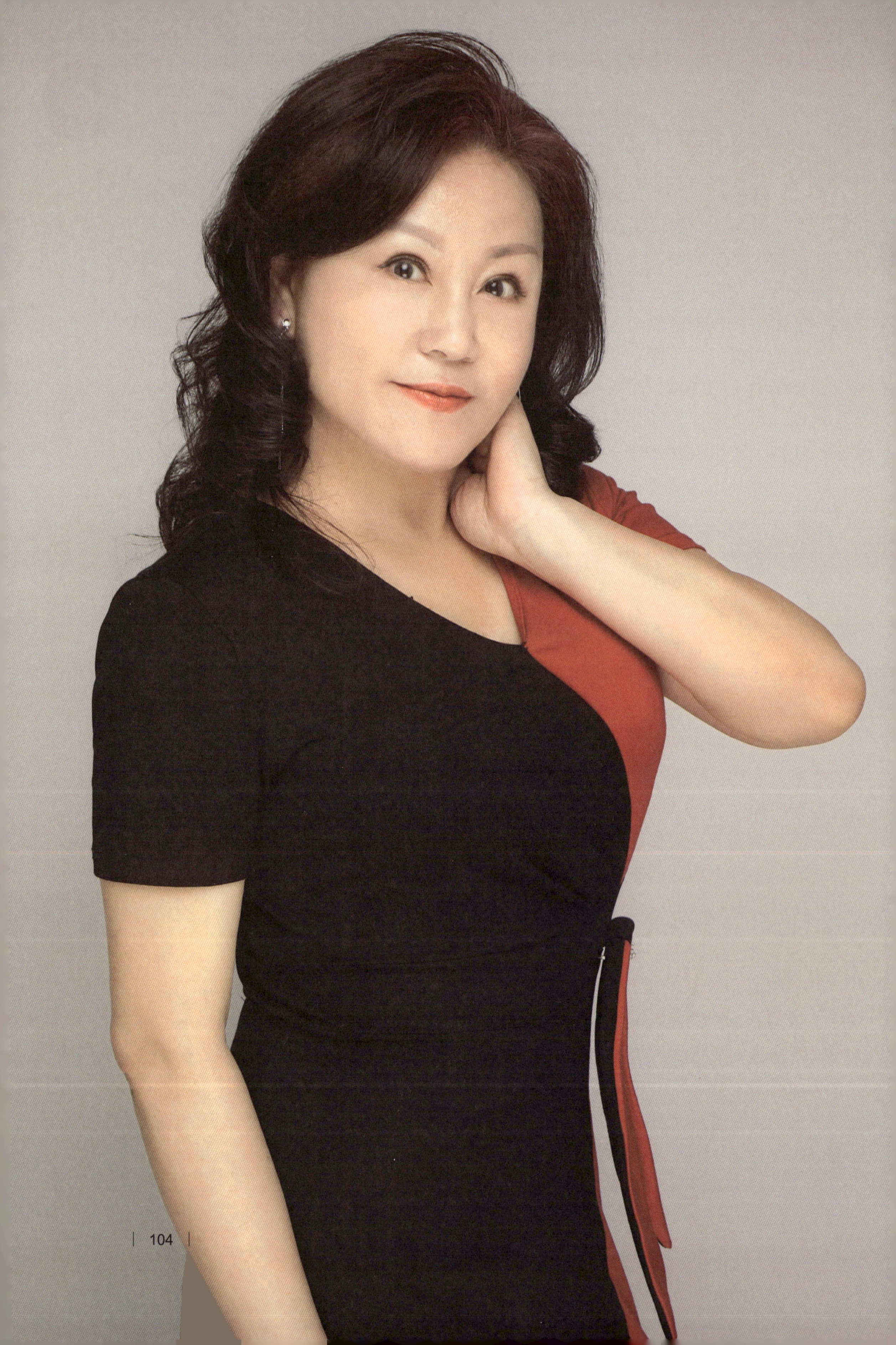

张馨誉
ZHANG XINYU

经络艺海馨誉情
美丽健康新时代

——记宁波经络艺海健康管理有限公司
　　董事长张馨誉

巾帼馨誉创业情 ➡

勤于钻研促发展 ➡

不忘初心铸品牌 ➡

致敬

2016年10月，全国卫生健康工作会议启动实施健康中国行动计划，发布《"健康中国2030"规划纲要》，将健康中国上升为战略。此举标志着全方位、全周期维护人民健康的中国特色卫生健康制度基本形成，并为全面建成小康社会打下了坚实的健康根基。

宁波经络艺海健康管理有限公司（以下简称经络艺海）在创始人、董事长张馨誉的带领下，以传统中医智慧为根基，秉承"以经络通百病消为悦，因健康美丽长寿而来"的宗旨，通过疏通人体经络和正骨等自然理疗修复手段，致力于促进中国人的健康长寿、美丽自信，让客户"战胜"亚健康，为回归健康美丽做出了富有成效的探索与尝试。

巾帼馨誉创业情

东海之滨，重镇甬城。

坐落在甬城一隅的宁波经络艺海健康管理有限公司成立于1985年，公司36年的奋斗历程，自然就绕不开为其倾注了所有心血的巾帼女杰张馨誉。

从美容行业从业者，到精通中医经络的"编外医生"，再到经络艺海公司的创始人，这每一步转变，似乎都要跨越一道深不可测的鸿沟。张馨誉，这位把保证国人健康视为己任的女强人，巾帼不让须眉，不但扛起了家庭的重担，更是在改善国民健康状况领域做出了不同凡响的成绩。

20世纪60年代，张馨誉出生于宁波一个普通家庭。成年后，她一直都肩负着家庭的重担，巨大的压力虽然没能压垮她的意志，却几乎毁了她的皮肤。

那时候的她脸上长满了粉刺和痤疮，爱美的她找遍了宁波最好的医生，却仍旧不见改观。抱着死马当活马医的想法，张馨誉走进了一家美容院，而这迈进美容院的一步，也成为她走进美容行业的第一步。年轻时的张馨誉，其实并没有现在这么好的气色。

在经过一个疗程30次的治疗以后，她的皮肤状况居然有了很大的改观，不仅痘痘没了，连痘印也没了，脸上光滑细腻、白里透红，而且整个人看起来既年轻漂亮又充满活力，这令她欣喜不已。而且，在欣喜的同时，她也从中发现了一个创业的机会：做美容健康行业！

张馨誉
经络艺海馨誉情
美丽健康新时代

此时宁波基本没有很大很正规的美容院，已有美容院多数是街道边租下的非常不起眼的小店面，服务质量也是参差不齐的，美容行业刚刚起步还有很大的发展空间。刚刚体会到了美丽带来的快乐，她也想把这份快乐带给更多的人，张馨誉下定决心从事美容健康行业。

有了想法，当然就要付诸行动，她一门心思想要拜师学手艺。然而，刚刚迈出第一步的张馨誉就碰到了她创业路上的第一个困难：老板不同意收她为徒。不过这个困难并没有能拦住她，坚持不懈的张馨誉很快就用自己的真诚打动了老板，成为店中的一名学徒，即便没有工资，她也坚持下来，迈出了她梦想的第一步。

1985年，张馨誉带着学成的手艺和一腔热血，在宁波租下一间10平方米的小店面，开起了一家属于自己的美容院。而这个小店面，就是经络艺海的前身。为了保证顾客满意，她选用的都是市面上最好的美容产品。再加上她过硬的技术和周到的服务，小小的店面很快有了一票"铁杆粉丝"。用张馨誉的话说，那段时间虽然累，但是看到顾客脸上的欣喜，她觉得再累也是值得的。但是长期的操劳和创业初期的巨大压力，让她的身体亮起了红灯，劳累过度的她两侧腹股沟竟然出现11个淋巴结节，其中一个最大的已经化脓肿痛，一度到了连迈步走路都困难的地步。为了省下住院费用和时间，张馨誉强忍着剧痛，自己用学到的医学知识处理掉了那个已经化脓的淋巴结节。而即便是这样，第二天她也没有停下工作的脚步，她明白，自己的肩膀上不但扛着自己的梦想，更是担着家庭生活的重担，她绝不能倒下。

就是靠着坚强意志和一颗不服输的心，张馨誉让事业渐渐地有了起色，未来似乎也逐渐光明起来。

勤于钻研促发展

1990年，张馨誉诞下一女。之前事业上的过度操劳使她的身体状况每况愈下。雪上加霜的是，她产后感染败血症，这彻底击垮了她的身体防线。经抢救脱险，此后10年间，张馨誉做了6次大大小小的手术，其中最危险的一次是1997年6月，张馨誉被确诊得了蛛网膜囊肿，病变已经压迫到半边神经导致手脚不听使唤，需要进行开颅手术，当时情况十分危险。

她回忆道："我记得做开颅手术的时候，只有我一个人，医生问我的家

致敬

属在哪,我说我母亲年事已高,女儿在上幼儿园,只有我自己能够签字。"她靠顽强的意志,再一次扳倒了死神。

　　10年病床经历以及亲人之间的生离死别,让张馨誉深刻体会到了健康的重要性,身体健康是革命的本钱。一直病魔缠身的张馨誉觉得依赖医院和药物并非长久之计,一来凡是药都有三分毒,二来需要很多的医疗费用,倒不如自己学习中医好好地调理一下身体,一劳永逸。这个想法,也就在她的脑海里扎下了根。

　　病愈之后,张馨誉便师从中国美容大师罗红英,系统地学习专业美容知识。1999年,她成功通过了国家高级美容师的职业资格考核,并获得高端美容护肤品牌法国艾丽素和美国芳妮在中国宁波江东区的特许经营权。

　　机缘巧合之下,张馨誉了解了传统中医的自然疗法,并被其深深吸引,这与她心中那个用不吃药不打针的自然理疗方法调理自己和客户亚健康身体的想法不谋而合。于是,在2000年,她进入南京医科大学进修,并获得了中医经络调理师职业资格证。2005—2006年,她参加第一届洪光经络精英班学习深造,成为中国经络养生专家蔡洪光老师的首批弟子。2007年她又进修于海棠中医学院,获得了高级中医美容师职业资格证。

　　7年间,张馨誉带领公司成功地完成了从专业美容到以修复和调理身体亚健康为主的养生的服务转型。从美容到自然理疗机构,在这期间,她一边打理公司,一边去各处深造学习,不断进取,在习得知识的基础上开发出了一套独特的"五位一体经络排瘀疗法",临床调理了无数亚健康案例,广受好评。她的事业,已然步入正轨。不过,就在这不久之后,她的公司又一次迎来了转折。

　　2010年,公司接待了一位特殊的病人,病人的经络在经过调理之后已经全部打通,但是病人的身体状况却并未见好转,从业25年的张馨誉还是头一回碰到这种情况。在一番深究之后,她终于找到了原因:病人因为生活行为习惯不好引起盆骨与脊柱移位,左右高度不一,这才导致这一系列症状。但是公司的业务范围以及现有人员的能力并不能处理这一情况,这也再一次激励她继续钻研。

　　那年,张馨誉拜到整脊专家谢庆良教授门下,学习整脊技术。在学习期间,她把学到的知识运用到实际中,治好了这个病人的疑难杂症。在调理修复许多病人的脊柱后,她又在此基础上加以创新,治愈了众多患者的颈椎、胸椎、

张馨誉 | 经络艺海馨誉情
美丽健康新时代

腰椎间盘突出、腰肌劳损、盆骨高低、长短脚、高低肩、胸刺痛、心烦胸闷、前列腺、妇科、肥胖、食不胖、身体伸不直、手脚冰冷、气血不足、迈步腿刺痛等疾病，同时告知患者引起疾痛的原因，叮嘱避免复发的注意事项，纠正了许多患者生活中的不良饮食及行为习惯。从根源入手，治愈了患者气血不足、疲劳乏力、手脚冰凉、行动不便等依靠疏通经络得以解决的病症。

此后，张馨誉仍旧锐意进取，2011年进修于南方医科大学，获得了由国际美容医学教育学会颁发的高级医学美容师证书；2016年获得了由中国医药学会职业教育中心颁发的高级整形医师证书，并成为高级私人定制护肤品"滑三渡"的调配专家。在不断的学习中，公司也是一步一步发展壮大，达到了一个前所未有的高度。有了丰富的知识储备和工作经验做基础，她重新理顺了经络艺海健康品牌管理标准，使自己的美容事业走上品牌化经营之路。

不忘初心铸品牌

为社会提供最优质最有效的产品、最新型最实用的科技仪器，为更多客户调理好亚健康，减少疾病的发生率，为社会大众服务，防"病"于未然，为中国大健康事业做出力所能及的贡献，这是张馨誉创办经络艺海健康管理实业的精神追求。

而践行这个理念的动力源于经络艺海健康管理公司员工的浓浓爱意。对产品的爱，造就了企业产品的卓越质量；对企业的爱，打造了一个业界知名的一流品牌；对消费者的爱，则最终成就了企业的绿色康养品牌。

如今的经络艺海公司作为浙江省"3·15"诚信质量服务示范单位，全国5A级信用企业，把中医经络养生美容团队的丰富经验和创新的美容技术相结合，辅以国际先进的医疗养生设备，针对不同人群的各种亚健康问题、皮肤问题提供私人定制调理保养方案。

质量第一，用过硬的服务技术保证好的康复效果。不忘创业服务的初心，秉承"没有什么比健康更重要的，让每一位有缘进入经络艺海5A养生品牌公司理疗的顾客都健康美丽"的企业经营理念，公司凭借优质的服务和专业的技术赢得了消费者一致的认可和赞许。

宁波经络艺海5A养生品牌企业一路走来获得的赞誉太多太多。"这36年间，先后两次接受宁波电视台采访，2017年接受中央电视台CCTV栏目新

致敬

"经络艺海"入选肩颈整脊经络养生行业中国优选品牌

闻采访，2020年11月接受浙江卫视新闻采访，获得过68个荣誉奖牌，公司展示架都放不下了，锦旗更是不计其数。"张馨誉这样说道。但是在她看来，这些东西远不及每一个走出去的顾客脸上的笑脸来得实在。人生的酸甜苦辣让她明白一切来之不易，她会感恩追随了她二三十年的老顾客，感恩老母亲和女儿带给她的动力，感恩那些尽职尽责的员工，没有他们，就没有今天的经络艺海，更没有今天的张馨誉。

　　事业发展到了现在这个阶段，张馨誉更希望自己可以把这些年健康理疗的经验传承下去，让越来越多的人能够不依赖药物和手术来解决健康美丽的问题。她不但要把"经络艺海"5A养生品牌做大、做精，更要改变人们心中根深蒂固的不健康的养生观念，养成科学的生活规律和生活习惯，照顾身边人的健康的同时，关注更多人的健康，让更多人受益，为中国大健康事业助力。

　　一分辛勤，一分收获。自创业时期起，企业先后获得全国质量稳定信誉保证单位、浙江省诚信示范单位、中国中医药美容文化节中医经脉调理示范店、浙江省绿色环保重点推广企业、浙江省创品牌讲信誉优秀企业、美容行业最受欢迎100强美容院、浙江省消费者满意单位、首批"3·15"质量诚信重点品牌企业、浙江省优秀示范美容院、浙江省美容整形行业先进单位、"3·15"重点品牌推广单位、浙江省美容行业质量信得过单位、浙江省"3·15"优

张馨誉 | 经络艺海馨誉情 美丽健康新时代

秀诚信企业、华山奖·中华美业最具影响力知名度品牌、中国"3·15"诚信企业、第八届世界健康产业大会世界健康产业品牌影响力500强企业、金典奖·健康管理行业公众满意十佳典范品牌、中国品牌影响力100强企业、肩颈整脊经络养生行业优选品牌、中国商界年度领军品牌30强、健康中国·千鹤奖2019康养产业示范单位、中国健康管理行业十大领先品牌、最具影响力健康养生行业领军企业、中医经络自然科技健康养生脊椎肩颈康复创新品牌、大健康产业中国民族品牌、经络艺海品牌价值人民币9.05亿元证书、浙江省美容行业十佳诚信典范、品牌强国医学美容养生行业最具价值民族匠心品牌、中国最具影响力民族品牌、全国健康管理行业AAA级单位、中国自主品牌十大创新品牌、AAAAA级中国健康管理行业领军企业、AAAAA级全国重点推广扶持示范企业、全国综合实力百强优秀企业、中国最具投资价值品牌、中国健康管理行业资质等级证书行业一级、全国诚信无投诉示范单位、健康管理行业评比优秀企业、全国AAAAA级诚信企业、浙江省健康管理行业创新创优企业等百余项大奖。张馨誉本人也先后荣获中国商界健康管理行业诚信企业家、2019年中国品牌影响力（行业）十大新锐人物、健康中国·千鹤奖——2019健康管理行业领军人物、引领健康产业发展十大领军人物、中国大健康产业最具创新杰出贡献人物、中国民族品牌杰出魅力女性、品牌强国推动医学美容健康养生行业创新发展功勋模范人物等荣誉。她还受邀担任CCTV定位栏目特约嘉宾、2019信用中国大健康美容养生行业十佳诚信魅力巾帼（聘期三年）、大国品牌智库专家委员会主任委员、中国管理科学研究院商学院的客座教授等社会职务。

谈及未来发展，张馨誉信心满满地表示，新时代下公司将不断提高业务水平和专业技能，不断扩大经络艺海5A养生品牌的客户群体，以中医自然理疗专业技术连锁加盟经营的模式，让中医经络科技自然疗法走进千家万户，让经络艺海5A养生优选品牌早日成为民族口碑品牌，服务更多更广的客户群体，并把中医经络科技自然疗法传播到世界各地，把养生意识传至大江南北，把健康和美丽带到华夏大地的每个角落，为中国大健康事业不懈努力。

深耕细作篇

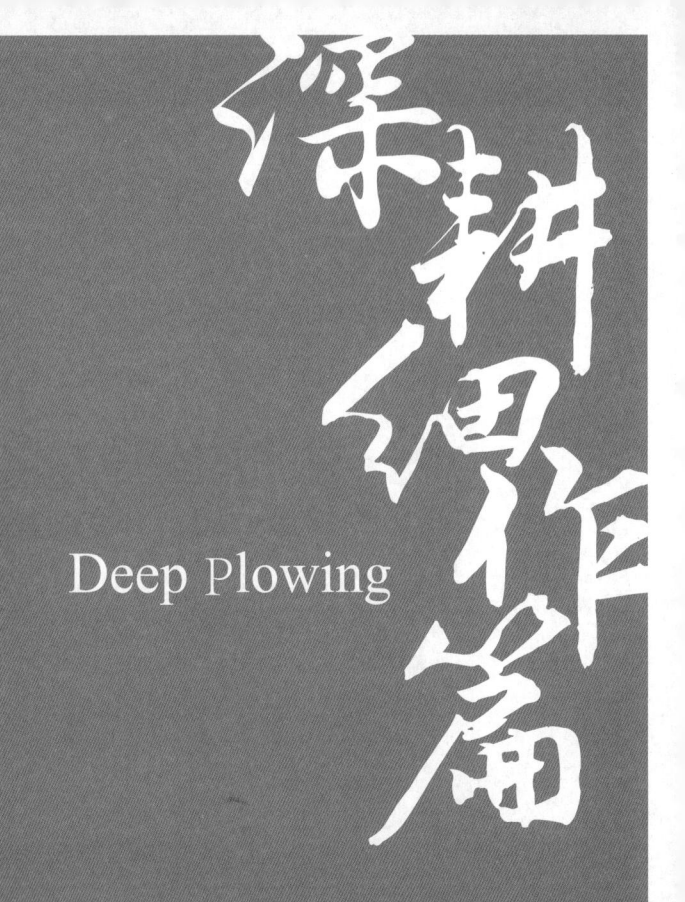

Deep Plowing

马化腾	周希潭	聂家福	樊　凯	李臣忠	蔡淳治
王　磊	李　政	窦建荣	彭万泽	金竹林	陈永胜
牟秀峰	钱功林	邬寿法	蔺东顺	周建荣	朱玉中
马　骏	黄会龙	廖中标			

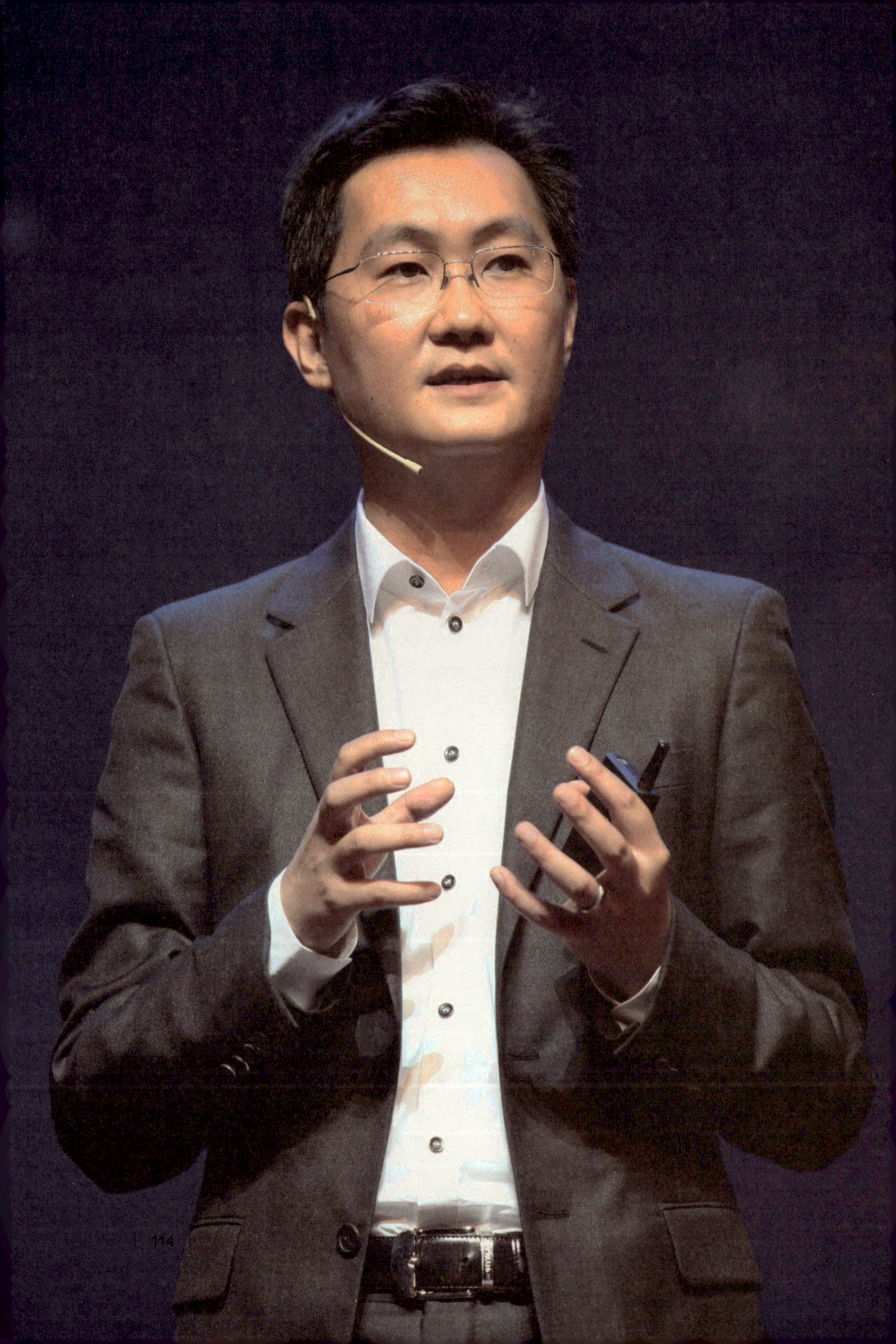

马化腾
MA HUATENG

心怀敬畏　布局未来
—— 记全国人大代表、腾讯科技（深圳）有限公司董事会主席、首席执行官马化腾

靓丽画卷初绘就　➡

创新发展铸伟业　➡

倾心倾情尽责任　➡

时代潮头敢争先　➡

致敬

受益于改革开放大环境,马化腾创立并带领腾讯创业团队,从一个仅有5人的小企业成长为拥有4万余人的颇具影响力的互联网公司。他提出"互联网+"概念,大力推动微信、QQ、在线支付等互联网应用,从民生政务、生活消费、生产服务、生命健康、生态环保等方面推动数字化转型升级,搭建腾讯基金会平台,倡导全民公益理念。通过信息技术打造广泛参与、透明可信的公益新格局,在实体经济和数字经济、传统行业和科技创新融合发展等方面发挥了重要作用。

靓丽画卷初绘就

1971年10月,马化腾出生在海南省东方市八所港。1984年,东方风来满眼春,深圳经济特区成立的第四个年头,13岁的马化腾随父母定居深圳。也是在这一年,改革开放总设计师邓小平首次视察深圳,随后题词:"深圳的发展和经验证明,我们建立经济特区的政策是正确的。"这一结论,结束了"是否办特区"的争论,也加快了特区对外开放的步伐。

深圳国贸大厦建筑工地离马化腾的家不远,他时常仰头看着这栋拔地而起的大楼不断增高,这栋大楼成为当时我国的第一高楼。1989年,他以739分的优异高考成绩考入深圳大学电子工程系计算机专业。"那时候,在校园里最流行的一个词语是'时不我待'。老师们经常教导我们说,如今是百年一遇的大时代。"马化腾深有感触,正是改革开放、深圳务实创新的氛围,促进他们这代人不断成长。

1993年大学毕业后,他进入深圳润迅通讯发展有限公司(以下简称润讯),开始做编程工程师,专注于寻呼机软件的开发,最后升任开发部主管。该段经历使马化腾明确了开发软件的意义就在于实用,而不是编程者的自娱自乐。润讯的经历开阔了马化腾的视野,为他以后创办腾讯科技提供了必要的管理

马化腾 心怀敬畏 布局未来

经验。

1998年，实用软件概念的出现不仅培养了马化腾敏锐的软件市场感觉，也使他获利不菲。马化腾是风靡一时的股霸卡的作者之一，他和朋友合作开发的股霸卡在赛格电子市场一直卖得不错。他还不断为朋友的公司解决软件问题，这使他不仅在圈内小有名气，而且也有了相当多的原始资金积累，但他真正意义上的第一桶金是来自股市。他最精彩的一单是将10万元炒到70万元，这为他独立创业打下了基础。

随着改革开放的深入推进、社会经济迅速发展，中国互联网产业应运而生。20年前，互联网企业腾讯诞生于改革开放的热土——深圳。1998年马化腾与他的同学张志东"合资"注册了深圳腾讯计算机系统有限公司，之后又吸纳了曾李青、许晨晔、陈一丹三位股东。作为一家没有风险资金介入就成立的软件公司，初期的每一笔支出都让马化腾和他的同伴们心惊。

在决定做OICQ的时候，当时国内已经有两家公司在做，产品比腾讯更有名气。马化腾没有想更多，除了因为这个产品可以和公司的主项发展业务移动局、寻呼台、无线寻呼方案和项目相互促进外，也因为当时飞华、中华网等许多公司都有意向做即时通信项目，市场显得很有发展前景。

初期发展过程中，腾讯还经历过一个很重要的赔偿官司。在1999—2000年，马化腾仿照ICQ开发的OICQ抢了很多ICQ的用户群，尤其是中国大陆用户，后来ICQ公司通过法律途径，最终判定腾讯败诉，停止使用OICQ这个名称，并归还OICQ域名给ICQ公司，同时赔偿了一定金额的费用，自此腾讯便使用了QQ这个名称。

创新发展铸伟业

要真正成就一番开天辟地的事业，从来就没有一步登天的捷径可走。历经千番苦，唯有创新是坦途——这是以马化腾为掌舵人的腾讯科技创新研发团队用事实证明了的真理。事实证明，创新从全局上"激活"了腾讯，为企业在日后激烈的市场竞争中脱颖而出、实现持续稳定快速发展奠定了基础。

创业之初，马化腾率领自己的团队做网页、做系统集成、做程序设计，但由于不懂市场和市场运作，拿腾讯的产品向运营商推销时，却经常被拒之门外。跟其他刚开始创业的互联网公司一样，资金和技术是腾讯最大的问题。

致敬

　　1999 年 2 月，腾讯开发出第一个"中国风味"的 ICQ，注册人数疯长，很短时间内就增加到几万人。人数增加就要不断扩充服务器，而那时一两千的服务器托管费对公司来说都不堪重负。2000 年，第一次网络泡沫席卷整个中国互联网，腾讯进入了最困难的时期。在资金困难时，他曾险些把开发出的 ICQ 软件以 60 万元的价格卖给深圳电信数据局，但终因价格原因告吹。

　　软件卖不掉，但用户增长却很快，运营 QQ 所需的投入越来越大，马化腾只好四处去筹钱。马化腾拿着改了 6 个版本、20 多页的商业计划书开始寻找国外风险投资，最后碰到了 IDG 和盈科数码，获得了第一笔投资，腾讯的发展逐渐步入正轨。2004 年 6 月 16 日，马化腾带领腾讯在香港交易所主板挂牌上市。

　　腾讯的战略目标是"连接一切"，长期致力于社交平台与数字内容两大核心业务：一方面通过微信与 QQ 等社交平台，实现人与人、服务及设备的智慧连接；另一方面为数以亿计的用户提供优质的新闻、视频、游戏、音乐、文学、动漫、影业等数字内容产品及相关服务。此外，还积极推动金融科技的发展，通过普及移动支付等技术能力，为智慧交通、智慧零售、智慧城市等领域提供有力支持。

　　秉持数字工匠精神，希望用数字创新提升每个人的生活品质，为此腾讯希望成为各行各业的数字化助手，助力数字中国的建设。在工业、医疗、零售、教育等各个领域，腾讯为传统行业的数字化转型升级提供"数字接口"和"数字工具箱"。随着"互联网+"战略实施和数字经济的发展，通过战略合作与开放平台，与合作伙伴共建数字生态共同体，推进云计算、大数据、人工智能等前沿科技与各行各业的融合发展，实现创新共赢。多年来，腾讯的开放生态带动社会创业就业人次达数千万，相关创业企业估值已达数千亿元。2018 年 5 月，福布斯十大最具影响力 CEO，马化腾排名第十。福布斯实时富豪榜排行榜，马化腾身家达到 417 亿美元。

　　一分辛劳，多分硕果。公司自创建以来，马化腾先后荣获 "CCTV 中国经济年度人物""改革开放四十年百名杰出民营企业家""改革先锋"等百余项来自国内外的荣誉；2018 年 4 月 28 日，马化腾出版专著《指尖上的中国》一书，讲述了中国作为移动互联网大国整个社会变迁的过程，在书里有各个领域非常鲜活、生动的案例。他还先后当选为第十二届全国青联副主席、第十二、第十三届全国人大代表（广东省）等。

马化腾 | 心怀敬畏 布局未来

倾心倾情尽责任

俗话说："无利不言商。"在社会主义市场经济条件下，企业总是要谋求最大的效益，但是，对马化腾乃至腾讯人而言，效益却有双重内涵——经济效益与社会效益。而在很多时候，他们追求的是经济效益与社会效益的双赢。

腾讯公司自成立以来，一直对员工的培训与发展非常重视，除了提供专业的学习平台外，还制定有相对完善的培训机制。2007年8月，腾讯学院正式成立，标志着腾讯员工培训工作进入新的纪元。2007年，腾讯倡导并发起了中国互联网第一家在民政部注册的全国性非公募基金会——腾讯公益慈善基金会。腾讯公益致力于成为"人人可公益的创连者"，以互联网核心能力推动公益行业的长远发展，并联合多方发起了中国首个互联网公益日——99公益日，力促公益组织和广大有爱心的网友、企业之间形成良好的公益生态，让透明化的"指尖公益"融入亿万网民的生活。

2013年1月，马化腾当选第十二届全国人大代表。全国两会期间在审议政府工作报告时，时任深圳市市长的许勤提出，在创造深圳速度的同时，应更多融入创新发展理念。时任广东省省长的朱小丹接过话，扭头看着马化腾说："马化腾靠的是什么？就是创新驱动，他的微信靠的是什么？就是创新、创造，而且他是以企业为主体的自主创新。"许勤接着说："目前，腾讯是全球互联网提交专利数最多的企业。"

履职全国人大代表的第一年，马化腾面对媒体时尽管有些低调，但他为履职所做的准备可谓充分、专业。当年，他提了3份建议，分别是《关于营造良好自主创新环境促进科技创新企业发展的建议》《关于实施互联网发展战略加快经济社会创新发展的建议》《关于将互联网企业"走出去"提升为国家战略的建议》。

到2018年，马化腾已参政议政6年。他提出《关于"互联网+"的建议》，同年的政府工作报告把"互联网+"作为国家产业战略；2017年、2018年，他连续提出《关于设立粤港澳科技湾区、粤港澳大湾区建设的建议》。如今，粤港澳大湾区建设已经写入党的十九大报告和政府工作报告，提升到了国家战略层面。

在马化腾担任全国人大代表这6年，他先后提交了33份书面建议，关注

致敬

的领域也从互联网扩展至诸多社会领域，涉及科技、民生、区域、文化、安全、环保等方面。议案受到全国人大、国务院、最高人民法院及国家各部委的广泛认同，并受到社会的广泛关注，产生了积极的社会影响，较好地履行了一位人大代表的使命。

在腾讯二十周年庆典的内部员工交流大会上，有员工问马化腾："抛开收入、市值等不谈，你希望腾讯成为一家什么样的公司？"马化腾略做沉思后回答："希望腾讯成为最受尊敬的互联网企业，改善人们的生活品质。如果进一步阐述的话，一是和时代、国家的利益方向更加一致；二是和民众生活的方方面面更加融合；三是要能和业界的合作伙伴共同发展。"

时代潮头敢争先

2018年12月18日，在人民大会堂举行的庆祝改革开放40周年大会上，国家相关部门授予马化腾等100名同志"改革先锋"称号，国家领导人为他们颁授了"改革先锋"奖章。

作为互联网行业的代表人物之一，马化腾创立腾讯在中国互联网的发展史上写下了浓墨重彩的一笔，成为当之无愧的"改革先锋"。马化腾留给外界的印象一直都是一个低调、温文尔雅的"白面书生"。对待产品他一直务实、专注、永葆激情。像"小白"用户那样思考，并每天高频使用产品，不断发现不足，一天发现一个、解决一个，就会引发口碑效应。在马化腾的带领下，腾讯推出了一系列经久不衰的产品，从几乎人人必备的QQ到火爆的王者荣耀、使命召唤等，微信已成为互联网社交产品的头部，至今无人撼动其地位。时至今日，每天大约有3.3亿人进行了视频通话、7.8亿人进入朋友圈、1.2亿人在朋友圈发布信息……对此，财经作家吴晓波认为，张小龙虽然被誉为"微信教父"，但微信的成功，仍然是马化腾式的胜利，如同QQ秀、QQ空间以及应用宝、王者荣耀一样。

马化腾低调温和的背后，是对腾讯商业帝国版图扩张的雄心。在技术日新月异的今天，互联网的竞争环境更加残酷，马化腾一直在思考腾讯的核心能力到底是什么。在与内部高管的沟通后，最终形成了"资本+流量"的共识，让腾讯积累的巨大流量资源在资本的加持下获得更彻底的释放，打破过去封闭生长的模式，打造了一个资本开放、流量开放、投资开放的平台。于

马化腾 | 心怀敬畏 布局未来

是，腾讯开始了一系列攻势凌厉的投资行为：2013年4月，以1500万美元投资滴滴出行，当年9月，以4.48亿美元持有搜狗36.5%股份；2014年2月，以4亿美元取得大众点评网20%的股份，同年3月又把京东纳入其中，收购15%的股份，到了6月，又以7.36亿美元成为58同城第一大股东，持股19.9%……

如今，腾讯最新总市值突破7万亿港元大关，超过了农业银行、中国银行、工商银行、建设银行、邮政储蓄银行、交通银行市值的总和，再创腾讯历史新高。马化腾的身家也跟着暴涨53亿美元。作为起家深圳的企业，腾讯的市值超过了深圳2020年生产总值的2倍多！

一飞冲天报国，达则惠济天下。马化腾这位腾讯创始人，凭着满腔的信息产业报国情愫，将他为之奋斗的时代责任和繁荣社会主义市场经济发展的创新旋律完美地结合到一起，把激情融入"正直+进取+合作+创新"的现代企业文化中，更赋予了腾讯人真正的精神原动力。这也许是马化腾和腾讯科技带给中国企业改革创新的启示。

马化腾在接受央视采访时，发表了一封《致未来》的信："站在现在看未来，腾讯要长期投入基础研究，鼓励科学探索，布局前沿科技。腾讯有信心和决心，在信息革命的浪潮中奋勇搏击，在全球竞争中力争走在前列。站在现在看未来，数字经济必将成为中国领先全球，率先打开第四次工业革命之门的钥匙，这事关民族复兴的伟业，事关深化改革的大业，这也是我的中国梦。"

面对未来，马化腾一直保持着敬畏，从少年时代的天文爱好经历，他感悟到不管已经出现了多少大公司，人类依然处在互联网时代的黎明时分，微微的晨光还照不亮太远的路。互联网真是个神奇的东西，在它的推动下，整个人类社会都变成一个妙趣无穷的实验室。我们每个人都是这个伟大实验的设计师和参与者，这个实验值得我们屏气凝神、心怀敬畏、全情投入。

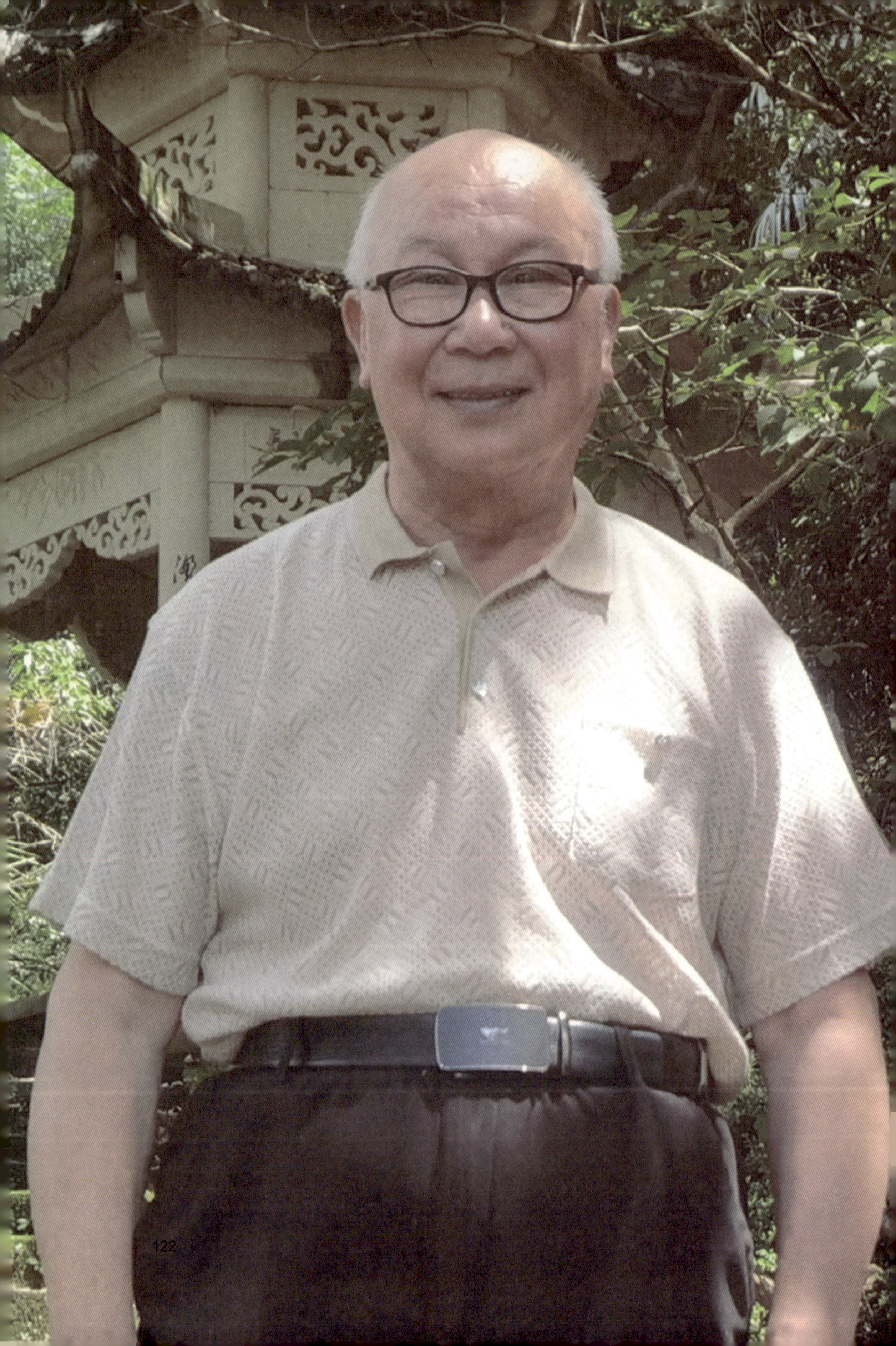

周希潭
ZHOU XITAN

老当益壮志在千里
—— 记民建会员、浙江八味保健食品有限公司董事长周希潭

赤胆忠心　热忱为民

献身公益　回报党恩

妙手回春　造福社会

致敬

年逾古稀的浙江八味保健食品有限公司董事长周希潭一生致力于用传统中药技术应对各种疑难杂症的研究和晚期癌症治疗，以不服老的精神和专业技能，加强对健康长寿的管理，调整产品结构，为促进我国健康产业的转型升级开创出一条稳健发展的阳光大道。唐朝著名文学家王勃在《滕王阁序》中写道："老当益壮，宁移白首之心？穷且益坚，不坠青云之志。"这可恰当概括周希潭老先生的拼搏奋斗精神。

周希潭老先生凭借深厚的中医养生理论，大力开发适合现代人需求的各种养生产品，尤其是在预防疾病肿瘤细胞生长，提高放化疗肿瘤病人免疫力和减少放化疗副作用等方面做出了卓有成效的探索与尝试，从而使人民享有更多的幸福感、获得感与健康保障。

赤胆忠心　热忱为民

1943年9月29日，周希潭出生于浙江东阳一个中医世家，祖上七代行医，远近闻名，因为代代乐善好施，所以没有给他留下什么家产。周希潭从小也过惯了苦日子，看着共产党带领人民取得了全国解放，老百姓生活日渐改善，他是真心地拥护。

青年时期的周希潭一颗红心向着共产党，他参加过新安江水库工程建设，国家三年困难时期主动要求下放基层，后来他还迷上了化工行业。1977年，他自费到上海华东化工学院学习，获得大专学历，毕业后分配到金华化工厂，之后又主动申请支援江西上饶化工厂。

周希潭 | 老当益壮志在千里

  1984 年，周希潭应东阳市劳动人事部门邀请回到东阳，创办东阳市劳动服务公司。1987 年到东阳化学工贸公司任科研所所长，其间加入民建组织。1996 年从企业退休后他又重续祖业，专心研究中医中药，为百姓解除病痛。

  多次目睹肿瘤危重病人和各种疑难杂症病人的痛苦之后，爱钻研的周希潭专心研究起中医中药，为的是寻求解除痛苦的济世良方。

  来找周希潭看病的，基本上都是被大医院"判"了死刑的病人，家属只抱着"死马当活马医"的一线希望来找他医治，有不少绝症患者居然被周先生妙手回春治好了。

周希潭代表公司参加助残扶贫决胜小康活动

致敬

他对上门的危重病人总有一股温情，甚至将其看成是亲人，耐心听病人倾诉，开导病人情绪，仔细斟酌药方，介绍护理保健知识，循循善诱，使病人如沐春风，无形中搬开了压在心里的石头，增强了抗病信心。

根据多年的实践和祖上医方分析加减，周希潭总结出了治癌要诀：无论什么疑难病症，都应化痰散结、解毒祛湿、消肿化瘀、理气活血，一般病人都是本虚标实，应先补虚以养阴清热，益气补血为要，按标本不同适当用药，等等。由于成果突出，2003 年，周希潭获得了"全国首届新世纪华佗医圣杯"金奖荣誉。

献身公益 回报党恩

"共产党好，改革开放好。"周希潭总将这句话挂在嘴边。

一直以来，无论国际风云如何变幻，社会上有什么风吹草动，周希潭总坚信一个道理：代表最广大人民群众根本利益的先进的中国共产党，是值得信赖的，忠诚跟着共产党走，没错。

加入民建组织，源于周希潭先生对中国特色社会主义事业的热爱。他以自己联系广泛的优势，以民建经济界别角色参与共产党领导下开展的多党合作社会政治事务，积极为社会作贡献。

作为民建的积极分子，周希潭谢绝了组织的多次提拔，一直乐做普通会员。在民建近 20 年的履职过程中，无论风霜雨雪还是家里有事，他总是一次不落地积极参加组织活动。

了解周希潭的人都知道，他是个爱钻研的人，是小有名气的发明家，他迄今共获得国家发明专利和实用新型专利 30 多项，还担任过东阳市发明协会会长职务。东阳市科委的同志说，周希潭的发明专利在东阳是最多的，虽然他的发明没有惊天动地，但都与老百姓的生活息息相关。

1988 年，周希潭发明的玻璃彩色涂料，由于具有良好的隔热和防透视功能，得到大范围推广，创造了良好的社会效益和经济效益。

1993 年，周希潭发明的家用液化气净化节能装置，在全国科技成果大评选中获得了银奖。

1992 年，周希潭发明的新型液化气装置节能安全减压阀，获得了金华市

周希潭 | 老当益壮志在千里

政府特别奖。同时,他还运用家传的中医药结合现代科技,开发出系列健康保健食品和用品,如多功能保健床垫、多功能穴位治疗器、中药保健婴儿被、手术创可贴、带加热装置药帽等技术,近年参茸玛卡丸、参杞归术丸、山菇健胃颗粒、参芪猴菇颗粒等都获得了国家发明专利。

  为使民建活动更有声色,2010年,周希潭主动捐款5000元(相当于他当时3个月的退休工资),2011年至2017年每年都捐出1万元。领导考虑到他的家境并不宽裕,劝他少捐点,他硬是不肯。周希潭说:"我的这点捐款算不了什么,我只是想为搞好民建活动尽自己的一份力。"他的表率作用受到东阳统战部领导的充分肯定,得到了全体会员的称颂。

  2014年,周希潭发明的多功能隔水灭菌消毒反应器,因对瓜果蔬菜去除农药残留有特效,获得了国家实用新型专利。2015年,他用祖传中医秘方研制的参杞归术丸和参茸玛卡丸,获得了国家专利。他的许多专利转化为生产力后都产生了积极的社会影响。

致敬

周希潭搞发明的事迹上了中央电视台和省电视台，使他成了金华市和东阳市有名气的发明家。同济大学、中国科技大学等高校多次邀请他去做科普发明讲座，他总是愉快地接受邀请，毫无保留地将发明创造经验传授给下一代，并一再勉励学生开动脑筋、热爱发明、勇于创新、报效祖国。

妙手回春 造福社会

俗话说："不为良相，当为良医。"

党的十九大报告明确提出，实施健康中国战略，实施食品安全战略；坚持中西医并重，传承发展中医药事业；支持社会办医，发展健康产业。

随着社会经济的飞速发展，人们开始越来越关注健康，注重高品质生活，构建"健康中国梦"已成为当下重要战略使命。"健康中国"，已上升为国家重要战略，是时代的呼唤，也是百姓共同的期盼。

为了更好地服务社会、造福他人，周希潭自觉与有利于国家、促进全民健康的战略思想保持高度一致，在创办浙江八味保健食品等多家实体企业的同时，周希潭还不断研究各种疑难杂症和肿瘤癌症的晚期治疗，并在实践中取得成功发明专利10多项，现已授权发布6项，还有5项专利在审查中。周希潭说："作为一个过来人，一个民建老会员，自己做人的心得是，好事多做，快活自在。"他秉承"不忘初心，为了心中的健康中国梦创新发展"的理念，为促进全民身体健康而不懈努力。这是一种心态，也是一种状态，更是一种境界。

"搞发明既辛劳又费神。" 周希潭在聊到自己的发明专利之路时，说了这句话。如今，已过古稀之年的他一直没有停下脚步，现在他又在着手研发两个新的医药专利配方，寓预防与治疗于一体。他在中医方面，现拥有7个发明专利、8个实用新型专利。

浙江八味保健食品有限公司是一家充满了优良传统文化气息的企业，一直秉承"用感恩的心做人，用爱心做事业"的原则，在发展壮大的同时，不忘回报社会，举行了大大小小数十次慈善活动。这为健康行业树立了标杆，引领了行业前进的潮流。

周希潭除了对病人关爱，对社会上的弱势困难群体也是热心帮助。东阳

周希潭　老当益壮志在千里

民建组织的赈灾活动，他总是率先响应。他自己生活俭朴，但近几年来为弱势困难群体和灾区人民捐款捐物就达 10 万元。由于名气在外，上门看病的人很多，无论多忙，无论病人病情如何凶险，周希潭总是不厌其烦笑眯眯地接待，仔细开方，尽心尽力医治。虽然中医药治病总体不贵，但他还是要千方百计替病人省钱。对家境特别困难的，他不但不收开方费，连中药也免费赠送，每年赠送的药费就达几十万元。2018 年，两次通过残联和东阳市福利院关爱老人捐赠活动捐助 9 万多元。截止 2019 年 12 月，周希潭和他的创业团队已累计捐款捐物上百万元。

2020 年，新冠肺炎疫情给人们的生活带来了极大的不便，周希潭第一时间研究出"退热抗病毒中药方"，产生了很好的疗效。他非常关心老年人与残疾人等弱势群体的生活。同年 4 月他组织敬老活动，把重 400 斤价值 2.4 万元的 40 箱山药蛋卷送到东阳市福利院，又为山口残疾敬老院送去 20 箱山

周希潭在新冠肺炎疫情期间捐赠物资

致敬

药蛋卷。5月，赠送给东阳市残疾人联合会160箱山药蛋卷，残联将这些爱心礼品送给各乡镇的残疾人。6月，又把60箱同样的礼品赠送给东阳市三单华阳镇老年协会，前后赠送物品价值超过15万元。在疫情期间，有些生活困难的患者前来就医，周希潭经常为他们免费治疗，甚至还赠送中药，连续几个月每月赠送医药价值至少两万元，甚至个别月份高达4万元。对此，周希潭说："农村的患者很多来自困难家庭，尤其受疫情影响，家境更是困难。病人和家属满脸愁容，甚至都忍不住哭起来，看到这种场面我心里很不是滋味，能减免的就减免了，治病救人也是医生的天职啊。"

多年来，靠创新激情、坚强意志和强烈的社会责任感，凭借敏锐的社会洞察力和把握机遇的能力，周希潭带领创业团队实现了一次次的跨越，使所创立的企业成为业界耳熟能详的强势品牌。

市场是企业的生命线，良好的品牌是企业参与竞争的基石，市场就是企业竞争的终端战场。"不满足现状"的周希潭是一个比较保守的人，做事求稳的唯一办法便是始终以市场为导向，每一步都从最基本最简单的市场需求做起，再根据新的市场机会谨慎而大胆地继续实施下一步战略，以保证企业的健康发展。同时，还要在市场中学会如何规避"多元化"的经营风险。在健康中国的产业布局中，周希潭为发展健康经济储备了足够的现金流，以保证企业的稳定发展。

在公司的发展历程中，周希潭始终坚持以党建思想、政治工作引领企业文化建设，形成了特色鲜明、积极向上的优秀企业文化，而优秀的企业文化又为树立企业形象和企业健康发展起了积极的引领和支撑作用。

公司自成立以来始终保持着良好的企业声誉，众多员工热心助人、见义勇为的善行义举，先后被各大新闻媒体报道，企业关注社会公益、履行社会责任的做法为企业树立了良好的社会形象。所有这一切都说明，企业文化这一形象载体，成为民营企业的一种宝贵资源和独特的管理要素，并已成为公司核心竞争力的重要组成部分。

"有梦想，有机遇，有奋斗，一切美好的东西都可以创造出来。"周希潭强调，公司始终以创建国际知名企业、打造民族工业品牌、实现"百人创业、万家幸福"为己任，这既是企业发展的初衷，更是对"国家富强、民族振兴、人民幸福"中国梦的最好践行。

在企业发展的过程中，周希潭领导的浙江八味保健食品有限公司以实现

周希潭 — 老当益壮志在千里

健康中国、服务社会为己任，始终坚持自主研发、生产高科技健康产品，为社会和百姓健康服务，为实现全民健康和健康中国梦贡献力量，同时也受到了其他医药行业、大健康产业企业的热烈追捧。公司主营研发保健食品，传承生产药食同源八仙糕、山药蛋卷及多种维生素矿物质元素等10多项保健食品，其中参茸玛咖丸、参杞归术丸、山菇健胃颗粒、参芪猴菇颗粒4项获得了国家发明专利，为社会、人民的健康事业做出了杰出贡献，并在2018年获得"央视网商城优选品牌""浙江省'3·15'金承诺优秀单位""浙江省行业优秀示范单位"等多项荣誉。他还担任国家省市级多家社会组织的社会职务，获得了社会各界的高度认可和一致好评！

"莫道桑榆晚，为霞尚满天。"新时代是奋斗者的时代，但本该过着含饴弄孙生活的周希潭却认为，奋斗不是年轻人的专属，拼搏不分年龄，作为一个老中医更应该站在时代发展的前列，为中国传统养生理念的发扬光大贡献所有的力量。

谈及未来发展，周希潭满怀豪情地表示，在新时代中国特色社会主义思想的指引下，浙江八味公司将在各级政府的正确领导下以咬定青山不放松的决心与韧劲，为"健康中国"矢志不渝，把实现百年浙江八味健康梦融入国家梦、民族梦之中，以新时代主人翁的精神，为满足人民美好生活提供强劲的健康动力，为努力实现中华民族伟大复兴的中国梦做出新的更大的贡献。

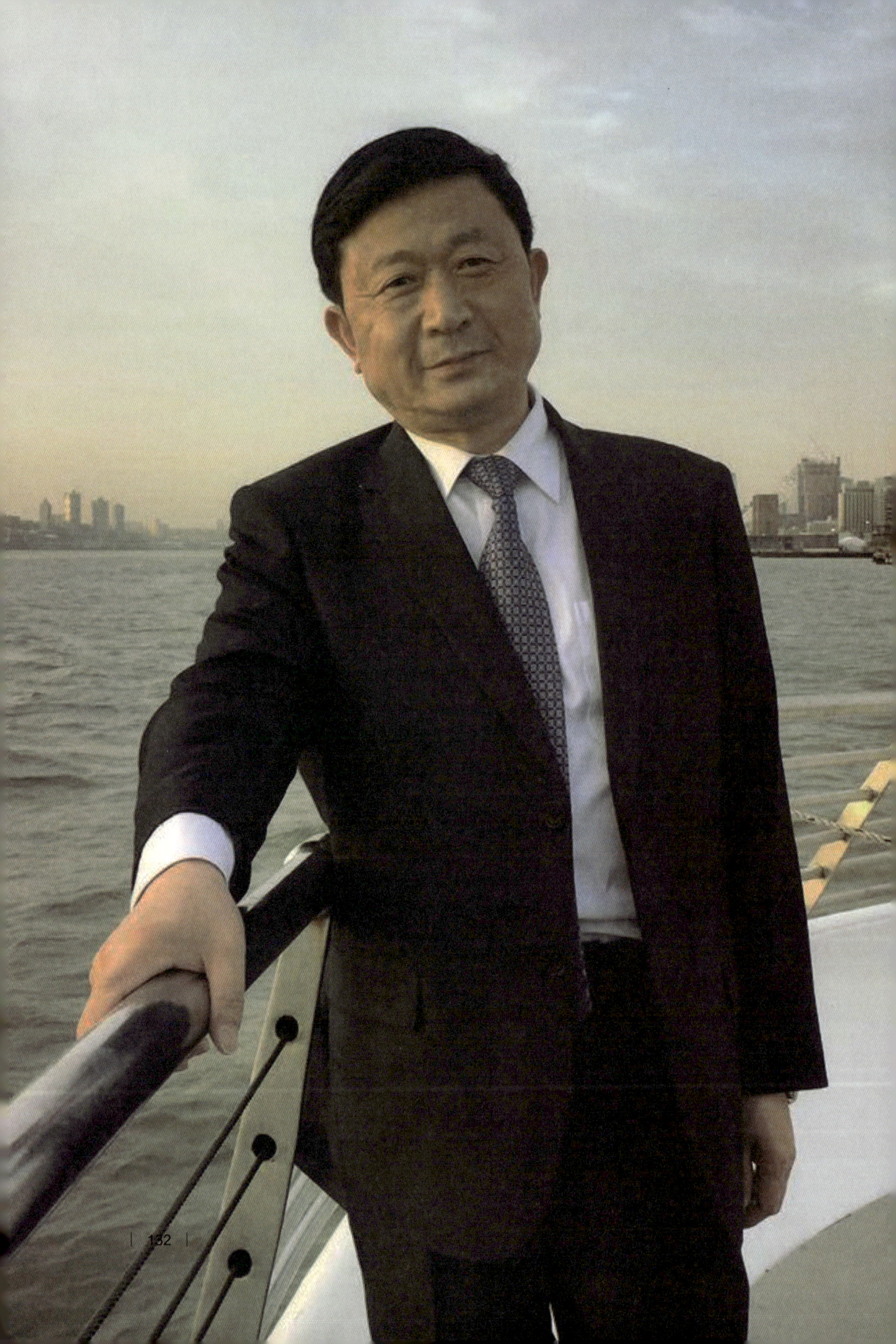

聂家福
NIE JIAFU

铸楚商辉煌　与祖国同行
—— 记中商华贸集团有限公司董事长聂家福

敢做弄潮追梦人　➤

风物长宜放眼量　➤

鲲鹏展翅九万里　➤

全球布局开新篇　➤

致敬

"野无遗贤，万邦咸宁。"湖北咸宁，一座历史悠久的城市。这里山清水秀、人杰地灵，赤壁之战的硝烟早已散去，但面对困难敢于挑战的魄力永远根植在人们的心中，汀泗桥战斗的枪声已经远去，但不屈不挠向着梦想冲锋的精神依旧激发着人们的斗志。1953年，聂家福就出生在这里，耳濡目染咸宁这片土地上留下的传奇，梦想的种子在年幼的心中早就开始生根发芽。今天，历经四十多年的拼搏，一次次的自我突破，聂家福终于打造出一个横跨多个领域的商业帝国。

如今，聂家福是中商华贸集团有限公司董事长，联合国华人友好协会友好使者，欧中研究与发展中心副主席，美国国际商会中国区主席，中国中小商业企业协会美办副主任，第十八、第十九届世界亚裔小姐选美大赛主席。他所创立的中商华贸集团是一个投资于商业综合体、酒店、写字楼，提供资产管理服务、货款服务、新三板上市服务、儿童教育服务，开发建筑相关各类工程以及从事收藏品销售等的综合性集团，总部位于北京市朝阳区杨闸环岛西北角。

从咸宁到北京，从拿"铁饭碗"到下海创业再到成为如今庞大商业集团的掌门人，新时代京华楚商聂家福不忘初心、牢记使命，在立足京华、回馈乡梓的具体实践中叫响楚商品牌，使"楚商"在中国、在世界更有影响力。

敢做弄潮追梦人

聂家福经常说："只要有梦想，就会有动力去追求，有了梦想，就可能飞翔在理想的天空。"这句话既是口头禅也是座右铭，他书写下来挂在办公室里与团队共勉。其实，这何尝不是聂家福自我成长，蝶变升华的一种写照呢？

20世纪80年代初期，不到30岁的聂家福已经成为湖北省阳新县煤化系统的一名基层干部。阳新县靠近武汉，地理位置优越，素有"荆楚门户"之称，

聂家福 | 铸楚商辉煌 与祖国同行

更重要的是这里的金、铜、煤炭等矿产资源储量位居湖北省前列，其中煤探明储量8140万吨，使其成为中国百个重点产煤县之一。聂家福身在当时发展前景一片大好的煤化系统，而且还是一名基层干部，不仅仅有着人们羡慕不已的"铁饭碗"，更有着光明远大的前途，但是聂家福仅仅在这个岗位上工作一年多，就离开了。

此时，手捧"铁饭碗"的聂家福敏锐地感觉到改革开放的春风正在吹过大江南北，各行各业在漫长寒冬之后终于迎来了春风浩荡、万物复苏的时刻。这是一个从事商业活动抢占时代先机的好机会，远比在煤炭系统更有发展空间，当然也更有挑战。机遇都是留给有准备的人的，恰巧此时阳新县文联服务中心缺一个总经理，虽然这个职位比基层干部要高，但很多人认为文联系统没有多大的发展前途，与如日中天的煤矿产业根本没法比，属于一个清水衙门。聂家福是一个有梦想有抱负，绝不甘于现状的人，他不顾家人和朋友的劝说，义无反顾地把手里的"铁饭碗"扔到一边，投身到充满未知的文联系统中，这一干就是十多年。

谈及当年做出这个决定的原因时，聂家福说："虽然早在1978年中国就开始改革开放，尤其是'实践是检验真理的唯一标准'如同一声春雷，极大地解放了人们的思想，但当时人们的普遍观念还是'捧铁饭碗、拿死工资'。一些敢于打破禁锢的企业开始思考时代赋予的机遇，并且开始小心翼翼但义无反顾地迈出第一步，成为这个时代的先行者，这极大地启发了我。时代的机遇已经来临，用智慧和勇气改变自己的境况，同时又能改变家乡，推动社会进步，一举多得何乐而不为？"

为此，从1981年到2000年这20年间，中国改革开放逐步深入，当今很多知名的企业家和联想、万科、格力、海尔等品牌都是在这20年间横空出世，并且走向成功的。这个时候，聂家福虽然还没有创立自己的企业，但他深受时代的熏陶，并且被柳传志、王石、张瑞敏的创业故事和改革创新的魄力所吸引。他深刻认识到，实现梦想的机遇已经来临，但梦想实现的关键是梦想者要有足够的决心和勇气，敢于行动，向前跨出一步。1981年到1995年聂家福以文联系统总经理的身份开始商业化运营，随后又在湖北省中南百纺站任总经理，在摸爬滚打的十年摸索中，练就了一身遨游商海的本领。在经营的过程中，他经常和公司团队说，只有顺势而为才能在时代的大潮中有所作为。

致敬

风物长宜放眼量

  在新旧世纪交替的时刻，已过不惑之年的聂家福，经过十多年的努力拼搏，凭借着多年积累的丰富经验，在市场中站稳了脚跟。他在管理物资贸易公司期间经历了起起落落，能有今天的成就实属不易。但是，聂家福从来不是一个自我满足的人，更不愿意就此小富即安。

  1999年，聂家福又一次走到了命运的十字路口，这一次，他将目光放到了更远的北京。离开经营多年的湖北，走进完全陌生的城市，在常人看来聂家福的行为是一种"赌徒式"的冒险，但聂家福却有着自己深远的打算。

  到了北京之后，聂家福并没有遵循以往商贸公司的模式马上创建新的公司。作为中国的政治经济和文化中心，北京始终站在时代发展的前沿，因此

聂家福董事长参加"一带一路"中非合作发展论坛

聂家福 | 铸楚商辉煌
与祖国同行

决不能用在地方经营的思路来经营北京市场。聂家福花费了好几个月的时间对北京市场进行深入走访调查，感到购物中心正处于方兴未艾的时期。从20世纪90年代开始，改革开放让人们的生活水平逐渐提升，城市的建设进程也不断加快，来自西方国家的购物中心也开始在国内迅速兴起。进入21世纪，中国经济发展和基础设施建设正在以日新月异的速度发展着，加上房地产市场的火爆，购物中心在北上广等大城市将迎来迅猛发展的新时期。

聂家福将目光锁定在这个领域，创建了北京美中天地购物中心，将销售日用品、针纺织品、电子产品、服装、五金家电等作为经营范畴，一站式满足人们的购物需求。面对这个全新的领域，一方面聂家福时刻准备迎接市场挑战，甚至做好了失败的打算，另一方面通过积极探索经营之道使自己在市场搏击中逐渐成为复合型的人才，具备现代企业家应该具有的智慧和素养。仅仅数年，聂家福就在北京站稳了脚跟，公司整体业务完全按照当初设定的模式发展。

在谈起这一段经历时，聂家福颇多感慨："做大事需要大勇气，但勇气不是蛮干，不是头脑发热。毛主席说，没有调查就没有发言权，对于企业的转型升级同样也是如此。企业家是企业的灵魂和掌舵人，一定要有准确的判断力，并保持不断学习的心态，努力接触新事物，决不能把自己封闭在自以为是的小圈子中。"在开拓北京市场的同时，聂家福还经常关注国际经济形势的发展，积极与国际接轨。2003年，聂家福成为美国大成国际投资集团的首席代表，2006年，聂家福被美国国际商会委任为北京代表处首席代表兼中国区主席。任职期间，聂家福成功申办了第十八、第十九届世界亚裔小姐选美大赛。该项赛事是由美国国际商会主办，是世界上最具知名度的选美文化盛典，面向全球征集优秀的亚裔女性，通过形体、知性和心灵塑造展现东方女性之美。作为连续两届赛事的主席，聂家福巧妙地利用这具有国际影响力的赛事，积极推动中国传统文化与亚裔女性之美展示的融合，赢得了主办方的高度认可，同时对于聂家福个人来说，这又是一次新的提升，为他的人生之路掀开了新的一页。

鲲鹏展翅九万里

2008年，随着举世瞩目的北京奥运会的成功举办，《北京欢迎你》这首

致敬

歌传遍大江南北。聂家福对其中的一句歌词"有梦想谁都了不起，有勇气就会有奇迹"深有感触。聂家福这么多年走过来的路，其实也是他的逐梦之路。他让梦想激励自己不断跨越，这也深深地感染着他身边一群志同道合的人。

在和团队骨干开会的时候，聂家福经常说："我是个喜欢做梦的人，我认为有梦的人是最快乐的人，因为我们会为梦想去追求、去拼搏，去做他人不敢做的事情，去走他人不敢走的路，因此我们也会得到他人得不到的东西。人生的快乐来自对一个个梦想的追求。"

经过2008年奥运会的洗礼，消费者需求在2009年又呈现出更多新的变化，原来的北京美中天地购物中心显然已经不能适应新的经济发展形势。于是聂家福就将购物中心再度升级，创建了北京中百世贸百货有限公司，主要业务范围在原基础上增加了机动车公共停车场服务、出租办公用房、货物进出口、技术进出口、技术推广、投资咨询等。

2014年，聂家福又一次开始了大动作，构建了一个规模庞大、结构完善的商业体系。位于北京朝阳区杨闸环岛的中商华贸商厦，是中商华贸集团的总部，这是一家集投资与商业综合体、酒店、写字楼、金融服务、儿童教育服务等业务于一体的综合性商业集团，其中包括服务型商业地产中百世贸商城、中商世贸商业广场、生活超市等，以中商华贸商业地产有限公司为代表，主要从事商业地产投资和运营，还包括中商世贸商业管理有限公司、中商世

中商华贸集团获得的部分荣誉

聂家福 | 铸楚商辉煌与祖国同行

融投资有限公司两家分别以商业地产运营和金融服务为主的专业性公司等。

聂家福认为，提升企业品质、价值才能赢得市场的认可，实现企业价值、员工价值、产品价值和社会价值的同步提升，才能得到整个社会对企业品牌的信赖。在集团的运营中，一方面要积极依托国内资本市场，充分利用当前的政策利好，实现集团跨越式发展；另一方面随着集团规模的不断扩张，对内要恪守诚信，坚持不断学习和创新的集团核心精神，对外要积极引入战略投资，与志同道合的企业搭成战略合作伙伴，实现强强联合。在引进和培养具有国际化专业人才的同时，要努力构建科学化、人性化的管理制度，最大限度地创造客户价值，以此来实现个人和企业的共同发展。

在聂家福的带领下，集团的凝聚力和向心力得到了极大的提升，经过几年的发展，中商华贸大力整合城市商业坐标，在全国多个城市成功布局具有标杆性的商业项目，以品质带来客户，以品牌赢得尊重，以专业开拓市场，形成规模效应，努力引领城市消费新潮流，大力推动城市商业革命，并始终胸怀成为商业贸易领域持续领跑者的梦想砥砺前行。

全球布局开新篇

2019年，中华人民共和国成立70周年，70年筚路蓝缕，40年改革开放，在中国共产党的领导下，全国人民众志成城，以坚忍不拔的毅力，吃苦耐劳的干劲和开拓创新的勇气，让中国以全新的姿态屹立于东方。

新时代赋予新使命，企业家不仅仅要把企业做好，更要有胸怀天下、放眼世界的气度，将中华民族的伟大复兴作为一项重要的使命。2019年，年近七旬的聂家福已经不再管理集团的具体事务，而是把更多的精力放在企业战略规划与中国传统文化弘扬上。2019年8月8日，聂家福受国际行动理事会访华代表团组委会、世界领袖基金会的特别邀请，出席在北京举行的世界领袖峰会及国际行动理事会访华代表团欢迎晚宴。

国际行动理事会是一个聚集了全球顶级政治家的精英组织，其成员均系发达国家和发展中国家的前国家领导人，其宗旨是利用一些前国家主要领导人的经验和智慧，以集体形式就当前人类面临的政治和经济等问题向世界主要国家的领导人提出意见和建议，以便促进国际合作，真正做到共商、共建、共享。在中华人民共和国成立70周年这样一个重大时刻，国际行动理事会组

致敬

成阵容强大的代表团访华，这是一件具有重大意义的盛事。应邀出席的代表都是各个行业的精英和做出突出贡献的各界代表，并且他们能够承担起推动各国之间商贸往来、文化交流、重大合作等的重要使命。

在欢迎晚宴上，聂家福与十个国家的前元首同桌共进晚餐，针对当前世界局势和中国与上述国家之间的经贸往来进行交流，并提出解决方案。同时，还与世界各国的精英代表进行了洽谈。

聂家福认为，2013年，习近平总书记提出共建"丝绸之路经济带"和"21世纪海上丝绸之路"的倡议，倡导共商、共建、共享理念，得到国际社会广泛关注和积极响应，在当前全球经济一体化的时代，"一带一路"倡议对各国而言都是一个非常利好的消息。在过去的8年中，中国企业走向海外、投资海外的进程大大提速，中商华贸集团也正借时代发展的机遇主动出击，积极开展海外业务，为"一带一路"倡议做出贡献。

除了经贸上的探讨之外，聂家福更希望各个国家能够在文化领域进行更加深入的碰撞与交流。中国有五千年的历史，积淀了辉煌的文化传统，

聂家福董事长出席新时代中国经济发展论坛

聂家福　铸楚商辉煌　与祖国同行

如果仔细品味和研究，就会发现其中很多理念，包括诚信、仁义、大同、天人合一等，与当前的国际交往准则，构建人类命运共同体，推动人与自然和谐发展等全球所关心的热点问题都是一脉相承的。聂家福的论述得到了与会各国代表的高度认可，希望通过高层对接、定期交流等方式，加强双方之间的文化交流，相互学习，与国际行动理事会一道为世界和平发展和美好生活贡献力量。通过本次会谈，中商华贸集团与此行的各个国家有关方面达成多项合作意向。

梦想是空谷幽兰，梦想是波涛的力量，梦想是执着的信念，无论身在偏僻的乡村还是繁华的都市，有梦想的人绝不会满足于现状。不管是处于人生的低谷还是事业的顶峰，梦想如同黑夜的月亮，总会为赶路的人指明方向。回顾大半生的经历，聂家福深有感悟。他践行梦想，不屈从命运安排，最终弹奏出与命运抗争的华丽乐章。

从小山村走来，70年岁月沧桑，为梦想书写传奇，40年奋斗不止。如今即将步入古稀之年的聂家福依然干劲十足。他说，当今时代是千载难逢的好机遇，当前的中国为企业家创造了一个大有作为的广阔天地。虽然他已经取得了一些成就，但当初的梦想不能丢弃，创业的初心不能丢弃，居安思危、放眼未来，才能永远站在时代发展的潮头。作为企业的带头人，聂家福壮心不已，以饱满的激情带领团队不断地向下一个目标冲刺，将集团打造成引领城市发展领跑者，推动自然环境与人文精神有机融合，将企业理念价值与中国传统文化融为一体，用勤劳和智慧向世界展示一个追梦者的中国梦。

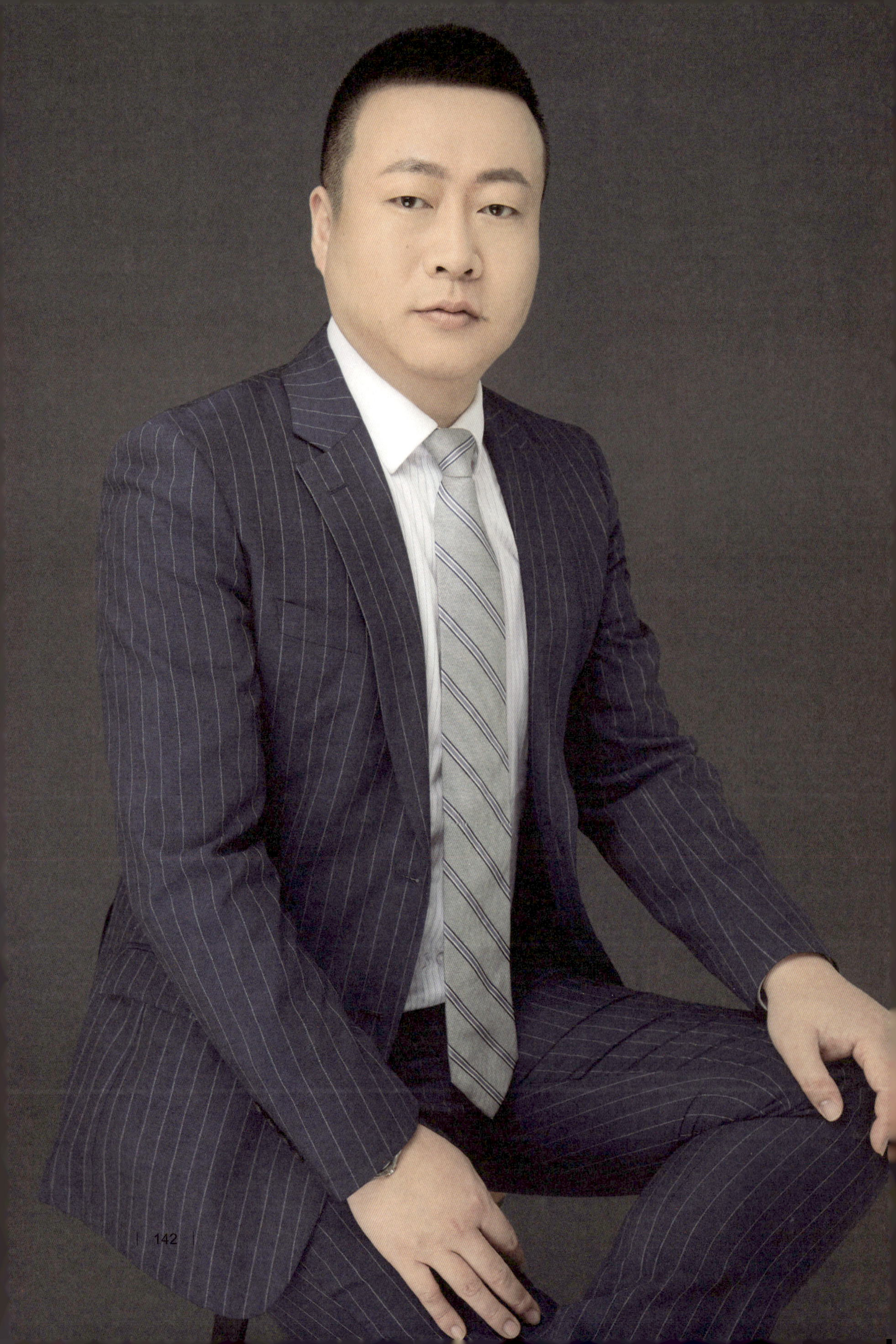

樊凯
FAN KAI

爱上拼团
打造中国专业健康电商领军品牌
—— 记重庆融尚兄弟网络科技有限公司董事长樊凯

青年才俊勇拼搏

创业创新谋发展

引领健康新消费

致敬

党的十九大提出的"实施健康中国战略",是以习近平同志为核心的党中央从长远发展和时代前沿出发,做出的一项重要战略安排。其源于人民对美好生活需求的基本条件,因此要把人民健康放在优先发展的战略地位,整合健康资源与健康产业,全面提高人民健康水平,促进人民健康发展,推动健康中国战略全面实施。

重庆融尚兄弟网络科技有限公司在董事长樊凯的率领下,充分发挥产品供应链和医养资源的多方位优势,以质优价廉的服务深耕健康产业,以共享经济的创新商业模式,为广大消费者提供专业化与人性化的健康服务,打造让老百姓人人消费得起的功能性健康类产品商城,搭建起一个消费增值、合作共赢的合伙制企业平台,致力于打造中国专业健康电商行业领军品牌爱上拼团,为中国网络电商经济高质量发展树起了一面旗帜。

青年才俊勇拼搏

重庆融尚兄弟网络科技有限公司,在中国专业健康电商品牌领域可谓声名鹊起。

一年多来,这个以敢为人先拓市场而闻名的骁勇团队在樊凯的带领下,通过奋勇拼搏,创造出一个又一个的卓越业绩。国内外市场开发取得突破性进展,经济效益显著提高,可持续发展能力不断增强,企业正以超常规速度向人性化、专业化、智能化,共创、共享、共赢方向迈进。

著名诗人艾青在《光的赞歌》之七里曾讲道:每一个人都是一个生命,人是银河星云中的一粒微尘,每一粒微尘都有自己的能量,无数的微尘汇集成一片光明。

樊凯常以此激励自己,并赋予自己无穷尽的超强健康能量。

来自江苏的80后樊凯,不甘平庸地从事了多年的营销工作。由于自身的原因偶然间发现了大健康行业及其前景。他认为,真正的健康不是吃多少保健品,也不是多么金贵的山珍海味,而是真正的健康理念、正确的消费行为习惯。确立了自己的健康观念,樊凯自此一发不可收,打开了健康能量的大门,并将

樊凯 | 爱上拼团
打造中国专业健康电商领军品牌

自身的管理植入大健康产业!

　　樊凯自身的健康能量,每时每刻都辐射影响着身边的每一个人。他以身作则,追求把事业发展中的每件事情都做到尽善尽美。他扛起社会的责任,扛起健康的使命!他经常讲,我们要打造家文化,不论走到哪里,都有一个家,你、我、他是小家,社会是大家,国家是心中神圣的家,家里的人要健康,要全面健康,改变从自己开始,带动影响、辐射身边的每一个人!

　　在实际的营销过程中,樊凯致力于推动专业健康事业的网络科技发展,为健康需求者提供一系列健康、绿色、环保的优质源头产品和综合性健康咨询、管理、服务等,与多家上市企业、高新科技生物企业、国内领先的9家科学研究所合作,发挥产品供应链和医养资源的多方位优势,实现产品高品质与低价格的完美结合,提供专业化与人性化的健康服务,打造让老百姓人人消费得起的功能性健康类产品商城。同时以共享经济的创新商业模式,搭建起消费增值、合作共赢的合伙制企业平台。以质优价廉的服务深耕健康产业,以创新模式助推企业发展,砥砺前行,在产品、技术、研发等全产业链上同步发展,深化专业健康产业服务力度和宽度,为大众美好健康生活提供更加多元、丰富的产品和服务,关注健康,护航生命。

　　樊凯以战略家的气魄,以共创、共建、共享为核心理念,打造开放式共享型企业平台,将消费者的消费所产生的利润以配额的方式分配给消费者,让消费形成持续价值,实现基于平台共享、价值共享、企业共享的新发展模式。为适应市场竞争的需要,他不断招能纳贤,使企业壮大,经济实力日益雄厚。

　　在"健康中国"上升为国家战略,全民健康成为当下热点的背景下,樊凯善于审时度势,将融尚网络科技公司发展为网络电商领域的新兴企业,使其技术成果转化机制逐步成熟,消费市场认知度逐渐提升,产业发展模型构建日益明显。

　　作为公司的营销领袖,樊凯在不断开拓市场的同时,还从行业标准建立、健康知识宣导、技术创新等方面,全力推动中国专业健康电商产业的发展。

　　敢为人先抓机遇。闯市场,如果没有一套人有我精的撒手锏,就不可能在竞争中游刃有余,更不可能在发展中左右逢源。如何拓展和巩固市场,一直是公司领导班子殚精竭虑思考的问题。樊凯说:"没有战略眼光的企业是走不远的,没有敢为人先的闯劲是干不成大事的。" 敢为人先,市场路宽。凭借这股闯劲,公司抓住机遇求发展、超前谋划拓市场,闯出了一片属于自

致敬

己的新天地。

以超凡的远见卓识谋篇布局，樊凯搭建了一个属于全民的健康电商购物天地——爱上拼团尊贵健康电商购物大舞台，开启了新时代专业健康产业发展的新篇章。

创业创新谋发展

思路决定出路，战略决定发展。

像所有知名企业家所走过的道路一样，重庆融尚兄弟网络科技有限公司的拓路先锋樊凯的成长之路也并非一帆风顺。

曾经的辉煌和曾经历的苦难，都是促使樊凯成长的潜动力。无论在做管理，还是在某家公司任职，他都是佼佼者。他曾经让某家公司一个月创造近一个亿的业绩，曾经带出上千个成功者，打造出多名优秀的企业管理人才和职业经理人，也锻造出多名成功的企业人士。

樊凯也曾受过磨难，校园那个特殊的学习环境没有消磨他的意志，反而使其迸发出更多的企业创意，成为他打造一个辉煌帝国的开始，因为"我是责任人、我是领头人"，不抛弃不放弃任何一位有梦想有抱负的人，只要你愿意，他将不留余地地把健康幸福送到你身边。

产品的质量与信誉是企业生存之本，保证产品质量是重中之重。樊凯将实现"全民健康"奉为公司发展的最高目标，始终牢固树立和贯彻落实"创新、协调、绿色、开放、共享"的发展理念，以追求健康生态为导向，在多年的探索实践中，不断丰富产业内涵，完善产业布局，逐步摸索出了从计划经济、市场经济、分享经济到共享经济的发展规律，立足大健康产业，为用户提供一系列健康、绿色、环保的优质源头产品和综合性健康咨询、管理、服务等，打造让老百姓家庭买得起、用得放心的健康类产品平台。

众所周知，每个行业的兴盛都需要一条完整的产业链在背后支撑。一般来说，如果哪家企业在产业链的某一环节占据了优势位置，往往就具有了这个行业一定的话语权，而假如有一家企业，能够在产业链上下游的所有要害节点都占据绝对优势，那么，它就可以以企业标准定义行业标准，甚至高于行业标准。

爱生活，拼所爱。随着中国社会的持续发展，老百姓更加重视健康品质

樊凯 | 爱上拼团 打造中国专业健康电商领军品牌

生活，企业发展也从单向竞争走向合作共赢。爱上拼团，作为由重庆融尚兄弟网络科技有限公司重点孵化和打造的一家创新性与共享型的电商品牌，致力于成为中国专业健康产品第一品牌，为巨大的市场打造可提供高品质、高性价比、高价值健康产品的电商品牌商城。权威专家倾情传授系列健康课程，让你懂得更多健康知识，为个性化健康保驾护航；让你真正拥有健康雄厚的自主购物闭环体系。

质量是企业的生命线，产品是衡量企业的第一标准。融尚网络科技在历久弥新的发展历程中，始终将产品质量放在第一位。樊凯带领的营销团队总是不断地强调，必须要严格把控原材料的质量关，绝不能损害消费者的健康，失去消费者的信任，始终把提供自主品牌与核心优质产品放在第一位。与优质的制药厂和生物科技等品牌生产企业合作，根据产品标准进行源头把控，严控质量、严审资质，产品现已销往重庆、四川、山东、贵州、广西、江苏、浙江、上海、广东、新疆、辽宁、吉林、黑龙江、湖南等十几个省市，受到广大消费者的称颂与赞誉。

樊凯深谙"纸上得来终觉浅，绝知此事要躬行"的道理，在规划方案的基础上，对专用原料生产、企业加工技术、各类人才培养、产品营销和打造知名品牌等方面一刻也不松懈，严格把关，并秉持优秀的管理理念，追求生产和销售系统的稳定性，保持公司的采购和生产按计划进行。

樊凯认为，越来越多的消费者有意愿去买产品，相信产品能让他们的身体越来越健康，这是公司最大的收获！一年多来，±7.45多肽活能液、安益乳多肽牡蛎、益生菌抑菌凝胶等核心产品，自主品牌"子春生"系列健康产品及与更多研究院所和企业合作提供的基础营养品、营养食品、健康生活用品等各种健康的生物科技产品的销售增长迅速。

引领健康新消费

2019年7月，国务院印发的《关于实施健康中国行动的意见》，提出提高全民健康水平的具体举措，力促健康中国建设跑出加速度。健康产业的新发展新消费，受到社会各界的高度关注。

这是实现人民对美好生活新期盼的重要支撑。随着人民生活水平从小康向富裕过渡以及健康意识的增强，人们更加追求生活质量、关注健康安全，

致敬

樊凯董事长在2020健康研讨论坛上接受媒体采访

不仅要求看得上病、看得好病，更希望不得病、少得病，看病更舒心、服务更体贴，这必然带来层次更高、覆盖范围更广的全民健康需求。实施健康中国战略，可以更加精准对接和满足群众多层次、多样化、个性化的健康需求。

新时代，人民对美好生活的向往，给健康产业发展提出了更高的要求。在洞察时代潮流和消费者需求基础上，樊凯带领的创业创新营销团队决心打造"专业健康爱上拼团的全面健康解决方案"，提供食、用、乐、养全方位的健康指导，推出个性化、定制化的健康产品和服务，朝着"构建大健康生态圈，成为中国专业健康第一电商品牌"目标迈进。

"创新决定未来。公司始终坚持科技是第一生产力，把科技创新工作作为企业发展的头等大事来抓。"樊凯说，公司借助产学研融合发展之力，全面提升技术水平和科研攻关能力，将创新链、产业链、市场需求有机衔接，形成企业为主体、市场为导向、产学研用相结合的科技创新电商服务体系。

融尚网络科技开发的健康类产品，提取技术先进，产品纯度高，活性强，健康性全面，有多项发明专利。樊凯表示，产品策略是公司应对市场变化的温度计，公司的产品策略必须抓住市场大势，才能步步为"赢"。健康产品，以质为本。品质打造品牌优势，品牌推动品质发展。立足于专业健康的发展基点，公司不断完善品质体系建设，推动大健康产业有序发展，承担健康品牌应有之责任。

为全面贯彻落实国家新发展理念与《"健康中国2030"规划纲要》，2020年12月12日樊凯受邀到北京参加"第四届中国品牌大会暨2020中国诚信企业家年度表彰盛典"，收获了"2020中国企业科技新锐品牌"和"2020品牌中国贡献人物"两个奖项。

"2020中国企业科技新锐品牌"和"2020品牌中国贡献人物"是对在品牌建设、品牌创新以及在推动生物医药领域发展、技术创新、诚信营商等方

樊凯 | 爱上拼团 打造中国专业健康电商领军品牌

面做出特殊贡献的企业或个人颁发的特别奖项,也是企业的最高荣誉奖项。

创业发展至今,融尚网络科技业务得到了稳步的发展,优质的产品为消费者带来了健康和福音。同时,公司的真诚服务与承诺,得到了全国各地广大消费者的认可和信赖。以树立良好的企业形象作为企业发展的原动力,以可靠的质量、优质的服务、合理的价格、严格有序的内部管理机制,赢得广大客户对爱上拼团的信赖。

一分耕耘,一分收获。樊凯先后荣获塔吉克大中华地区亚洲证券交易所战略合作伙伴、2020年百业十佳新锐大健康品牌创新领军人物、2020年品牌中国贡献人物、2020年中国企业家精神金奖诚信人物等多项荣誉。公司与贵州慈济生物中药研究院、重庆万佳生命研究院、重庆市药物种植研究院、重庆市中药研究院、江南大学生物工程学院、重庆康复医学工程研究院、中建研究院、广东省绿色食品营养调控工程技术研究中心、活性物质生物技术教育部工程研究中心等单位缔结为战略合作伙伴关系,《一种具有抗癌作用的生物发酵组合物及其应用》《一种益生菌酵素生态修复组合物》荣获国家发明专利。

产品获得良好生产规范认证、全球互认的食品安全认证、美国食品和药物管理局认证、清真食品认证、世界杰出医师协会的权威认可,得到社会各界的一致夸赞。

为社会提供最优的产品,为企业创造最佳的效益,为消费者谋求最大的健康。而贯穿这个理念始终的就是融尚科技的浓浓爱意。对产品的爱,造就了企业一流的卓越质量;对企业的爱,打造了一个健康中国的爱上拼团品牌;对消费者的爱,则最终成就了企业守护健康、护航生命的生态健康品牌,爱上拼团正成为中国梦的中坚力量,为中国乃至全人类健康事业做着积极的贡献。

谈及未来构想,樊凯信心十足地表示,融尚科技公司将继续秉持"共创、共享、共赢"的企业理念,让大众家庭拥有健康管理和品质生活,致力于成为中国专业健康的第一品牌,为实现100万人一起在一家属于自己的电商平台上消费和推动"健康中国"进程贡献自己的力量。

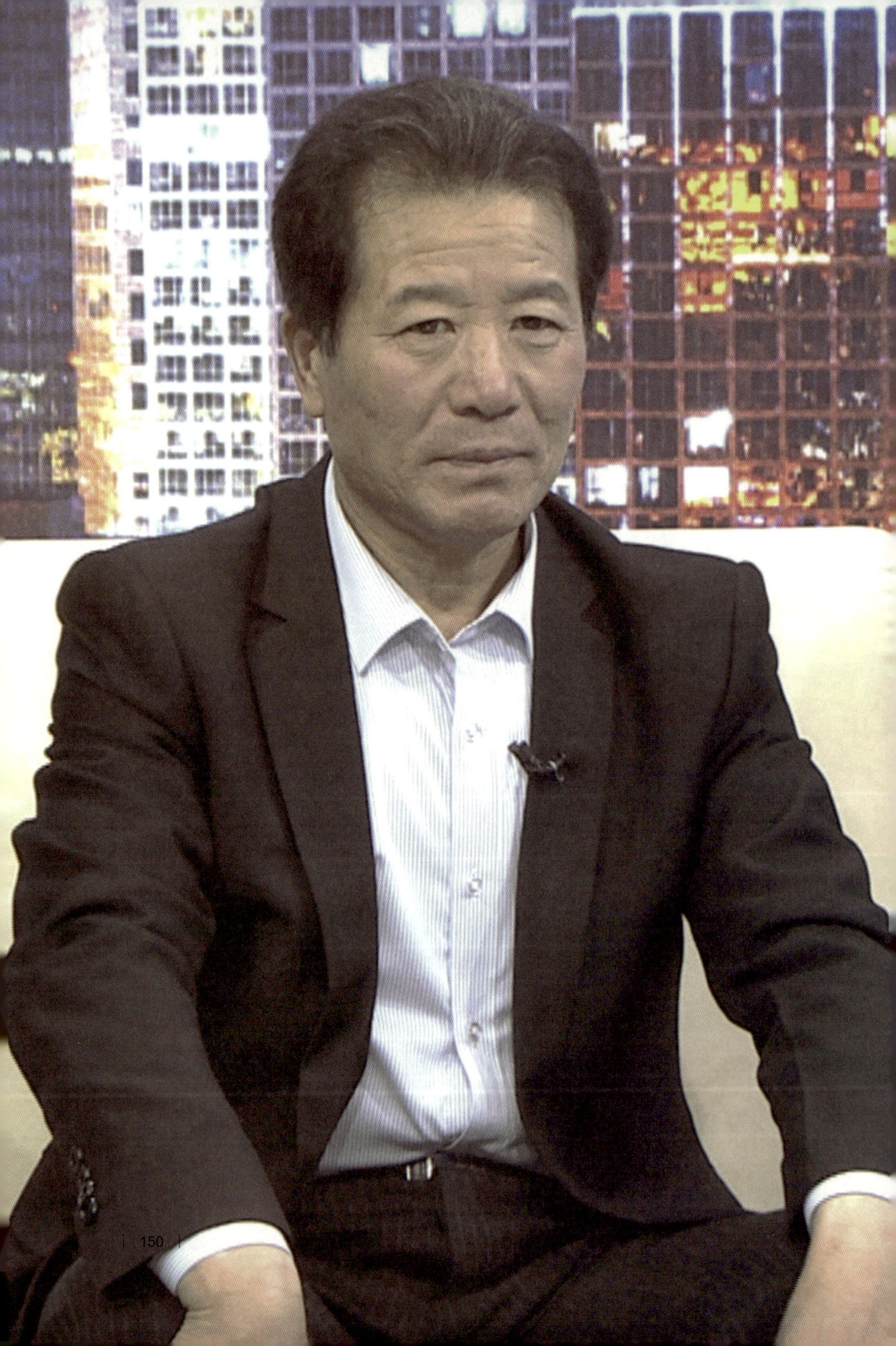

李臣忠
LI CHENZHONG

欲与"雷公"试比高
—— 记山东臣忠瓦斯雷避雷科技有限公司董事长李臣忠

农民走上科研路 ➡
瓦斯雷动四海惊 ➡
创新发展无止境 ➡

致敬

习近平总书记提出："创新是一个民族进步的灵魂,是一个国家兴旺发达的不竭源泉,也是中华民族最鲜明的民族禀赋。"大力弘扬以改革创新为核心的时代精神,是实现中华民族伟大复兴的不竭动力之源,是实现中国梦的必由之路。

在推动民族复兴的道路上,有一大批依靠智慧和勤劳,不断践行创新创业理念的劳动者。其中有些人并没有高等学历,更没有海外镀金的光环,甚至只是土生土长的农民,只因为心中怀有梦想,不甘心于命运的摆布,于是在别人的质疑甚至嘲笑中,以超强的意志和不屈服的魄力,探索出一条科技创新的道路,他们更应该受到时代的关注和社会的尊敬。山东省新泰市走出来的农民科学家李臣忠就是其中的一个典范。

李臣忠是山东臣忠瓦斯雷避雷科技有限公司董事长,自1994年开始从事科学技术研究以来,他二十多年如一日,苦心钻研雷电现象及防雷产品,以一己之力,让"瓦斯雷"为业内所熟知,并因此先后获得了十多项国家专利,其中2项专利填补了行业空白。同时,"瓦斯雷"技术还能广泛应用于防雷防震、农业追肥、杀虫、国防事业等众多领域,为新能源的开发应用开创了全新的领域。

农民走上科研路

1956年出生于山东新泰市的李臣忠,只是一个有着高中文化的普通农民,谁也没有想到,这个看起来朴实和善的山东汉子居然能与遥不可及的科学研究联系到一块。在很多人的眼中,李臣忠是一个不怕苦,能折腾的人。他自幼聪明过人,观察力敏锐,对自然科学有着近乎疯狂的执着。高中毕业之后,他帮人看管过果园、扛过锄头种过地,搬过石头吃过苦,还在化肥厂打零散工养家糊口。后来下过煤窑做过服装生意,把业务拓展到泰山脚下,然而创业以亏损40多万元告终,每天都在登门讨债者的敲门声中煎熬……

李臣忠 | 欲与"雷公"试比高

　　尽管生活充满了波折，但他一直没有放弃对自然科学的钻研与琢磨，在还清债务之后，1994年他自筹资金组织10位农民共同创办了自然科学研究所，从此走上了科研之路。1998年，全国掀起了环保热潮，新泰市是重要的煤炭基地，但在煤炭污染引起全社会关注的情况下，煤炭大量滞销。有多年煤矿工作经验的李臣忠认为，把煤炭合理化开发利用与强化环保有机结合，并探索经济有效、先进实用的脱硫技术，才能有效地促进煤炭工业的可持续发展。到2001年，李臣忠研发的煤炭固硫助燃粉获得山东环境监测中心现场测试，二氧化硫除去率达到54.9%，热效率提升1.3%，而且这项技术生产工艺简单、原料充足，充分利用工业中的废弃料渣，变废为宝。这次成功让李臣忠信心大增。

　　中国是农业大国，化肥使用频率高，当时我国单位面积施肥量已达到世界平均量的1.6倍，既浪费资源又污染土壤，还会使农作物有害物质增加，从而导致癌症多发。推广合理科学的施肥技术，将是一件利国利民的大事。基于此，李臣忠研发出了一款快速压缩方便施肥的工具"追肥器"，因使用简单、高效科学、不伤害农作物，又能使化肥被快速吸收，广受好评。

李臣忠董事长接受CCTV发现之旅《对话中国品牌》栏目组专访

致敬

2004年，由地震引发的印度洋海啸震惊全球，李臣忠认为，提前预知是降低海啸危害的关键一环，为此他参考东汉科学家张衡发明的地动仪原理，仅用3个月就研发出来一款新产品。2008年汶川大地震的惨烈画面让李臣忠久久不能忘怀，于是，他以升级以前产品、提高精密度，将自然灾害降到最低作为重要指标，最终研发出一款更加精巧轻便的多功能地震仪，集预报与震时照明于一身，非常适合家庭、学校、医院、商场使用，为保护生命安全起到了积极的作用。

喜欢思考和探索的性格与多年煤炭行业工作的经历，让他意识到解决瓦斯问题的重要性。瓦斯的巨大危害众所周知，而地下环境的复杂性，让瓦斯的监测很难做到非常精确，提前预防瓦斯爆炸，成为全世界共同面临的难题。李臣忠一直希望攻克这一难题，为煤炭行业的发展贡献一份力量。

2005年7月，一个闷热的傍晚，李臣忠正在做着瓦斯净化模拟实验。突然，一道道闪电划破天空，紧接着一声声沉闷的雷声由远及近，随后在头顶的天空炸裂开来。一个大胆而奇怪的想法涌了出来："天上的雷是如何产生的？和井下的瓦斯气体爆炸是一个道理吗？"正是这种灵光一闪的思考，让李臣忠走上了一条"敢与'雷公'试比高"的研发之路。

煤炭行业多年的工作经验，让他意识到雷电并不是一种简单的放电，很可能是天地间某种气体元素剧烈反应的结果。为此，他经常留意天气、云气的变化，在出差的飞机上更是专门记录下气流的运动轨迹。为了进一步观测，在徐州市农业局局长的协调下，李臣忠先后5次租用农用飞机在高空中采集样本，努力掌握第一手气爆数据。为了研究雷电成因，他做过了上百次雷雨水产生蒸汽通电试验，对雷区植物生长状况进行分析，他还观察雷击树木，多次与遭遇雷电袭击的亲历者交谈，咨询飞机被雷击过的空军飞行员，逐步找出雷暴产生的原因。

经过不断的研究，李臣忠发现，雷电是多种化学气体物不断相互作用的结果，它以积雨云为母体，在不断变化中产生雷胎、雷盘。在积雨云密度不断变化的压力下，雷盘内的胎质化学气体物开始产生各种物理和化学反应，并产生大量的热，当热量积累到一定界限，引爆雷胎，随之出现明亮的火花和巨大的声响，这就是所谓的"雷电"。李臣忠将这一现象重新命名为"瓦斯雷气体爆炸"。

李臣忠 欲与"雷公"试比高

为了进一步验证自己的发现,他还对雨水蒸气、雪水蒸气等做了无数次的通电试验,和团队进行了3次完整的飞机测云试验,记录化学气体测试和浓云通电试验,通过飞机向云层中喷洒了高钙物质和氧气,使云层中的"瓦斯雷气体"成分进行物理和化学反应并达成中合作用,生成碳酸物或氮酸等,随雨水降落到地面上,从而有利保证农作物和森林的茁壮生长,相继得到了有关数据和科学实验的结果。

瓦斯雷动四海惊

从1994年开始,李臣忠坚持科研梦想,资金不够,就向亲朋好友借钱,前后共投入1700多万元。李臣忠的疯狂举动,也遭到了很多人的冷嘲热讽,然而,正是凭借着一往无前的疯狂,李臣忠用事实回击了当初的质疑。

"艰难困苦,玉汝于成。"2012年,李臣忠根据研究成果撰写的《李"瓦斯雷"——挑战传统雷电理论》一文在第九届中国科学家论坛上,得到相关专家的认可,被评为优秀论文一等奖。

2006年,他创立亿源机械研究所,2015年又注册成立山东臣忠瓦斯雷避雷科技有限公司,致力于自然科学技术研究、前沿科学创新研究和相关产品创新研发、生产和销售。到目前,李臣忠和研发团队已经奋战了20多个春秋,他们立足于瓦斯雷的研发,申请了多项发明专利,并相继开发出多种产品。尤其是在国家鼓励"大众创业,万众创新"的新时代,李臣忠先后推出无线避雷器、空气雾霾净化液、海洋台风龙卷风爆破冲散器、防雾气光灯、科技追肥器、压缩颗粒煤、多功能地震仪、煤炭助燃固硫剂、井下空气净化车、安全输液挂钩、森林灭火弹等深受市场欢迎的产品,积极响应着国家对创新事业的鼓励。其中,针对雷暴天气而设计的安全避雷伞广受好评。由于目前的雨伞功能只用来挡雨和遮阳,不具备防雷击、防雷紫外线、防声波的功能,为此,李臣忠设计出这款时尚新颖的产品,借用地力作用来分解从而避免雷震产生的冲击波对人体造成的伤害,并在2019年作为民族品牌的产品在美国展出。

2019年,李臣忠最新发明的拦雷绳在济南市莱城区华山国家森林公园投放安装使用,同年,在中法建交55周年之际,法国前总理多米尼克·德维尔潘接见了李臣忠,对其在雷电研发领域取得的成就予以肯定。在未来,李臣

致敬

忠还希望将瓦斯雷相关技术应用于国防和全球反恐事业中。

多年的付出,最终得到社会的认可。2006年,《泰安日报》首次以"雷到底是怎样形成"一文予以报道,李臣忠的研究成果开始引起社会上的关注,同年,他被新泰市科技局评为全市专利工作先进个人。2007年、2008年、2012年、2013年,李臣忠作为特邀嘉宾参加第六、第七、第九、第十届中国科学家论坛并成为会员。2014年12月,他被评为中国"未来之星"爱心形象大使;2015年7月,他成立的山东洪德瓦斯雷科技发展有限公司被中国质量万里行促进会吸收为常务理事会成员;2017年,他被山东省城市经济学会评为"城市榜样"。

进入2019年,更是喜事连连。春节期间迎来了开门红,山东省政府有关部门领导为中国瓦斯雷项目申报了国家自然科学资金项目,有关国际国内一流科技企业等财团主动与李臣忠合作。在第三季中国博士论坛大会上,李臣忠的瓦斯雷理论引起了极大的关注,与会的中国科学院大气物理研究所所长、研究员以及联合国的专家、相关行业的博士等国内外权威人士赞叹不已,主流媒体对李臣忠的科研成果更是进行了大量的报道。同年5月,他收到参加"第十一届民营企业财富领袖峰会暨新时代追梦人盛典"的邀请函,入选《中国最美诚信人物》和入编《中华人民共和国年鉴》(2019卷)的通知书,同年,还荣登美国纳斯达克大屏,中国瓦斯雷发现者的形象因此走向世界。

"将雷电革命进行到底,中国瓦斯雷造福全人类,让中国瓦斯雷技术走向世界。"这是李臣忠的梦想。在研发过程中,他一直以"中国精神,共赢精神"为支撑,积极倡导"私欲利一时,共赢传千秋"的价值观,致力于用这项新发现造福人民。李臣忠说,雷不仅仅具有危害性,雷资源可造福全人类,是现在和未来可开发利用的宝贵资源。

创新发展无止境

"科技强,则品牌强;品牌强,则国家强。"经过二十多年的研究和努力,李臣忠的瓦斯雷系列产品已经结出了丰硕的果实,得到社会的广泛认可。对此,他一直保持着平和的心态,认为自己始终是一个地地道道的农民,虽然现在小有成就,但做得还远远不够,只想一心为科学研究不断奋斗,为国家和社会能做出点有价值的事情。

李臣忠 | 欲与"雷公"试比高

谈到挑战富兰克林的权威学说,李臣忠提到了牛顿的名言:"如果说我曾经看得更远一些,那是因为我站在了巨人们的肩上。"综观人类的发展史,对前人研究成果提出质疑,将不断促进科学技术的进步。从哥白尼到伽利略再到爱因斯坦的相对论都是如此,人类因质疑才迎来一个又一个的科学高峰。李臣忠认为,富兰克林的风筝试验是一种探索精神,自己对试验结论提出质疑也是一种探索,并希望有更多的专家学者能对"瓦斯雷"理论提出意见和建议。只有不断质疑和再创新,才能共同推动这项理论的完善升级,从而使其更好地服务社会。

对于未来的发展,李臣忠认为科学研究永无止境,创新发展没有止境。作为农民的儿子,要特别感谢这个时代,因此在未来的征途上,更要勇于否定自我、超越自我,始终保持创业创新的赤子之心,让中国的创新技术走向世界,造福人类。

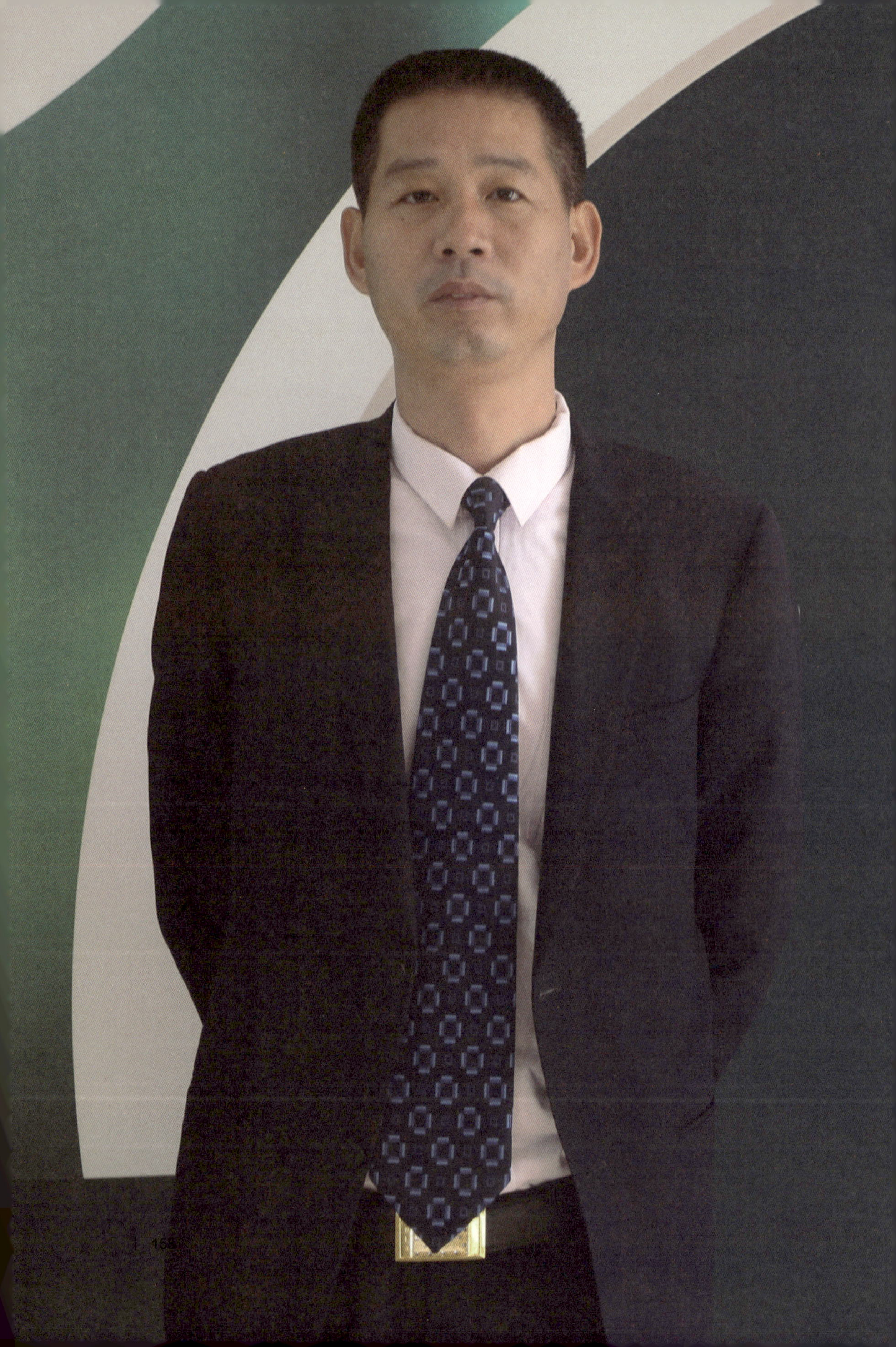

蔡淳治
CAI CHUNZHI

金蛇舞出新天地
—— 记山东菊福堂生物科技股份有限公司
　　董事长蔡淳治

坚韧少年从军行 ➢

金蛇舞出创业路 ➢

创业艰难百战多 ➢

谋篇布局展宏图 ➢

乐善好施真性情 ➢

致敬

明朝著名的医学家李时珍在其名著《本草纲目》中记载："蛇，入肝经，能内走脏腑，外彻皮肤，无处不到也。"五百多年后，在湖北黄冈武穴走出了一位把蛇玩到极致的人，他就是蔡淳治。蔡淳治从捕蛇、养蛇开始一步步地走来，历经二十多年的磨砺，书写出了金蛇舞盛世的新篇章。

如今，蔡淳治已经成为国内无公害蛇类养殖行业带头人、蛇伤治疗专家，还兼任亚洲蛇伤协会蛇毒专业委员会常务副主任委员、中华中医药学会外科蛇伤分会蛇蜂蝎产品开发研究会主任委员、山东省湖北商会常务副会长、黄冈楚商联合会副会长、烟台芝罘区政协委员、烟台市军人促进会监事长、烟台慈善家协会名誉理事，2018年、2019年连续两届获得"优秀青年楚商"称号。2020年，蔡淳治还获得国家退役军人事务部举办的首届退役军人创业创新大赛山东省总冠军；参与主编《中国养蛇学》《中国药用寄生》《中国蛇伤急救学》等著作。

坚韧少年从军行

1974年，蔡淳治出生在湖北黄冈武穴一个小山村中，在大别山南麓的土地上，父母带着四个孩子从事着和祖祖辈辈一样的农耕生活。蔡淳治在家里排行老三，上有哥哥姐姐，下有妹妹，童年时代，像其他村里的孩子一样"野蛮"生长着。小时候，他一个人在家睡觉，差一点被从猪圈跑出来的猪吃掉；上小学之后，经常利用假期和课余时间与堂哥收集废品，上山砍柴、挖野菜。

很多人谈蛇色变，然而小小年纪的蔡淳治和堂哥经常上山抓蛇，因为卖蛇的收入远远比收废品卖破烂要高得多。尽管如此，捕蛇收入对于这个穷困的家庭来说，不过是杯水车薪。最难熬的时候便是交学费的日子，眼看着同学们一个个都交齐，面对老师的不断催促，蔡淳治只能拖延。而家庭的困境、孩子的学费，令父母忍不住长吁短叹，年幼的蔡淳治把这一切都看在眼里。面对生活的压力，蔡淳治只能以优异的成绩来证明自己，感谢老师们对自己境况的理解和宽容，报答父母的养育之恩。

蔡淳治 | 金蛇舞出新天地

蔡淳治从小在大别山的革命故事熏陶中长大，对军队生活充满了无限的向往。1992年，年满18岁的蔡淳治满心欢喜地去报名参加海军。然而，长久以来的贫困生活，使这个个头看似高挑的小伙子体重竟然不到90斤，严重不达标。为了实现自己的参军梦，蔡淳治在家里开始疯狂吃东西，连准备过节吃的三斤罐头都一股脑地灌下去，随后又把一个秤砣偷偷地藏在身上，希望能够借此瞒天过海。然而，部队体检要求脱去外衣称体重，他便露馅了。面临无法逾越的体重规定，这个从来没有被生活困境压倒的小伙子流下了眼泪。不服输的蔡淳治当即向部队表示，自己体质绝对过关，为此还在操场上跑了30多圈！征兵的领导为之感动，就勉强答应，先安排到山东威海刘公岛进行三个月的训练。在体重达标之后，他终于进入了梦寐以求的部队，成为一名光荣的解放军战士。

在四年的部队生涯中，蔡淳治先后做过炊事员、警卫员，多次被评选为优秀士兵。部队是一个大熔炉，将蔡淳治从一块矿石逐渐磨砺成钢铁，而这种磨砺成为蔡淳治一生重要的财富，成为其创业道路上面临艰难险阻时依旧勇往直前的重要精神支柱。

金蛇舞出创业路

1996年11月，蔡淳治退伍回到了家乡，不久喜结良缘。然而如何才能让日子过得红红火火，成为他一直思考的问题。

凭借着满腔热情和闯劲，蔡淳治跑到武汉学习洗衣粉制造技术，然而由于技术落后，对市场不够了解，第一次创业以亏损6万元而告终。不过，这笔在当时看来不小的亏损并没有让蔡淳治停下探索的脚步。

很多人怕蛇，但是绝对不能因此忽略蛇的价值。蛇全身都是宝，蛇肉味道鲜美、营养丰富，蛇蜕、蛇骨、蛇胆、蛇皮乃至蛇毒都是传统中药不可缺少的材料。蔡淳治认为，随着人们生活水平的提升，传统的中药养生市场大有可为，养蛇会是一个很好的突破口。

1997年夏天，蔡淳治筹集了10万元在自家大门口办起了养蛇场。虽然小时候就开始抓蛇，但真正养蛇还是头一遭。于是他通过购买书籍，听收音机自学起来，经过一年的努力，成功赚取了第一桶金。随后他在老家建立了当时最大的蛇类生态养殖基地——鄂东野生动物养殖基地。这是国家林业局

致敬

批准的专业从事无公害养蛇种苗供应、提供养殖技术服务的基地。成立当年，蛇类养殖的成活率就高达85%以上，这对于一个初出茅庐的养蛇新手来说的确是一个了不起的成绩。

1999年夏天，妻子娘家邻居的一个电话，让蔡淳治走上了特种蛇养殖的道路。这位邻居偶然得知一个韩国老板正在高价收购棕黑锦蛇，他立刻想到了蔡淳治。听闻消息，蔡淳治二话不说带着200条蛇来到烟台，以6000元的价格成交，他惊奇地发现与国外做生意利润是国内市场的好几倍！同时也发现了棕黑锦蛇在市场的上巨大需求。

棕黑锦蛇体型较大，性情温和，具有很高的食用、药用价值，也是名贵的皮革制品原料，但是由于大量捕杀，这种蛇也并不常见，到了2000年还被国家定为有益、有科研价值、有经济价值的"三有"动物。为了把握这难得的机会，蔡淳治不断研究相关资料，在全国到处寻找优良的棕黑锦蛇，最终选定了长白山的品种蛇，将其引入烟台，成立烟台业辉野生动物养殖场。从前只有湖北等地少量养殖棕黑锦蛇，现在随着其价值的提升，人工养殖繁殖也取得了新的发展，在这个过程中，以蔡淳治为代表的蛇类养殖创业者功不可没，而养蛇产业也让蔡淳治的事业进入了全面发展的时期。

创业艰难百战多

创业从来都不是一帆风顺的，尤其是养殖行业，不得不面临突如其来的自然灾害和各种病灾的侵袭，一不小心很可能就会造成巨大的损失。

2001年4月，山东半岛规模最大的蛇类养殖场烟台业辉养殖场成立了，蔡淳治希望以此立足山东打开国际市场，然而2002年一场强烈的雷暴大雨把刚刚升腾起来的激情彻底浇灭。由于蛇类是冷血动物，对温度的变化非常敏感，突如其来的狂风暴雨，让蛇受到了惊吓，加上气温、湿度的剧烈变化等多种原因，这些新养殖的蛇类患上了急性肺炎。蔡淳治显然低估了雷暴雨天气的影响力，结果蛇感染急性肺炎并很快形成交叉传染，短时间内大量死亡。这场灾难也让蔡淳治损失了30多万元。

从小养成的坚忍不拔的性格和部队中锻造出来的钢铁意志，让蔡淳治痛惜之余又重新站立起来，他更加重视蛇类养殖的科学管理，掌握了棕黑锦蛇、乌梢蛇、赤练蛇、眼镜蛇及短尾蝮蛇等多种蛇类的孵化与养殖技术，成了远

蔡淳治 | 金蛇舞出新天地

近闻名的养蛇专家，甚至一些业内专家都对他的养殖心得交口称赞。

作为一个养蛇人，被蛇咬是不可避免的，然而 2005 年一次咬伤事件让蔡淳治与死神擦身而过，情况非常凶险。

11 月 7 日，蔡淳治像往常一样从长途货运车上搬箱子，突然一条五步蛇窜出来在他的手上留下了两个深深的印痕。对于养蛇人来说，这都习以为常了，只要注射血清就不会有事。那天似乎注定是一场生死考验，烟台、青岛、威海等山东多家医院均告知没有抵抗五步蛇毒的血清。当得知上海才有血清之后，蔡淳治马上动身前往，不巧的是，当天飞往上海的客机刚刚起飞。时间越久危险就越大。为此，山东航空烟台分公司决定把飞往大连的 SC4883 航班临时改飞上海。抵达上海之后，被咬伤的手指依旧血流不止，创口周围开始出现肿硬并且伴有紫血疱，肿胀瘀斑已过腕关节上方 7 厘米。古人说"毒过三关为不治"，然而，经过上海龙华医院 8 个小时的全力抢救，恶化的势头得到了有效控制。同时，为了防止病情出现反复和恶化，医院多次组织专家会诊，根据病情及时调整用药，避免心、肝、肾等重要器官功能衰竭。经过十多天的治疗，蔡淳治完全康复出院。

这次生死考验并没有吓倒蔡淳治，而社会各界人士的相助，更进一步坚定了他做大产业，造福于民的信念。

谋篇布局展宏图

德国哲学家尼采曾经说过："任何杀不死我的东西，都会使我更强大。"蔡淳治就是如此，曾经的生死考验并没有让他停下探索的脚步，并且带领企业走上了发展的快车道。

从 2001 年到 2009 年，蔡淳治先后投资 3000 万元开始布局商业新版图。怀着感恩的心情，他注册成立了烟台市楚天楼酒店有限公司，这是当地首家楚菜名店，集鄂、湘、鲁三大菜系和荆楚文化于一体，也是烟台唯一蛇宴的特色菜馆。2004 年他与上海新世纪申浦运输公司合作，成功开辟了烟台到上海的第一条豪华长途客运路线。2007 年他注册运营了国内第一家，也是规模最大、信息分类最全的蛇行业网站"中国蛇业网站"。

北京奥运会后，大健康产业也迎来了新的发展机遇。蔡淳治认为，作为一个有社会责任感的企业家，有义务承担起延续中医传统文化，光大中医文

致敬

化精髓的责任,让好产品成为传播中华文化的有力载体。2008年、2009年,蔡淳治先后成立了湖北隆攀生物技术有限公司和烟台菊福堂生物技术有限公司,立足蛇类保健品的研发,利用传统的中医理论,开发出菊福堂中药阿胶膏、菊福堂蛇胆茶等一系列高档养生产品,实现了传统养生文化与现代高科技的融合,远销欧美、东南亚等多个国家。

蛇酒是中国传统的养生保健酒,但过去的蛇酒总有一种腥味。为了攻克这一难题,他带领技术团队和权威专家用3年的时间,深入研究古方,通过对工艺配方改良升级,不断试验和研发,将传统蛇酒的口感大幅提升,并推出了双蛇酒和双鞭酒。该产品结合独家配方,进行二次发酵,酒性更加柔和、功效更加突出,赢得了很多中医老专家的高度评价。

蔡淳治经常说,现代科技突飞猛进,但是中国传统文化的精髓不能丢,尤其是博大精深的传统养生文化。2017年,蔡淳治成立菊福堂中医药博览苑,借助菊福堂的影响力,以弘扬和繁荣中医文化为核心,普及和宣传中医药知识,并且通过菊福堂中医药博览苑,向社会宣传中医药文化的重要价值和影响力。

2010年,他投资330万元在家乡武穴市余川镇创办了湖北隆攀生物技术有限公司,扩展了三个养蛇基地,还依托蛇类养殖向大健康食品方向发展,建成占地3600平方米的蛇胆养生茶、双蛇酒加工厂,年产蛇胆养生茶20万盒,双蛇酒10万公斤,年产值达到7000万元,实现年纳税700万元。

乐善好施真性情

"是社会和大家给了我新的生命,我也要回报社会和大家!"蔡淳治经常这样说。在山村中长大的蔡淳治从小就感受到乡亲们的古道热肠,在部队的几年,更让他深刻感受到"一方有难,八方支援"这句话背后的分量。

2010年4月,蔡淳治成立湖北隆攀生物技术有限公司,采用"农户+基地+公司"的产业模式,形成"风险共担,利益共担"的经济共同体。公司发挥乡亲们对当地自然环境熟悉的优势,结合自身的标准化生产,实现了农户与企业的双赢。得益于工厂的"造血"功能,乡亲们的收入大幅提升,甩掉了贫困的帽子。

不忘初心,无怨无悔担责任。"做企业不只是为了挣钱,更重要的是承担社会责任。"蔡淳治是这样说的,也是这样做的。这些年来,他在烟台市

蔡淳治 | 金蛇舞出新天地

慈善总会设立了慈善基金，每年春节都会为贫困家庭送去粮油米面，并为困难家庭捐款。作为一名退伍军人，他每年八一建军节都会到部队慰问，为战士们送去电脑、液晶电视等。作为一名养蛇人，他深知血清对于伤者的重要意义，无偿捐赠抗毒血清挽救多名被咬伤者的生命。他还出资为老家和烟台南车门村修路架桥，与烟台总工会、报社等合作，送劳模到江苏、上海、浙江等地参观考察，出资出力支持烟台母教中心的母教活动，在企业安置退伍老兵和贫困及伤残人员，减轻社会就业压力，以高尚的人格魅力和强烈的责任感赢得了百姓的尊重与信任。

蔡淳治将救助弱势群体作为一种常态制度化。他明确要求，在企业顺利发展的前提下，每年从利润中拿出一定比例的资金，专门用于帮助遇到困难的群体，为社会发展尽一点微薄之力。

2020年年初，新冠肺炎疫情开始蔓延。湖北等地的重点疫区牵动着全国人民的心。蔡淳治第一时间就发出倡议，号召员工为疫区捐款。1月23日，他将员工的57984元捐款和订购的疫区紧缺物品"沙多谱皮肤手消毒液"1000瓶，发往武汉、黄冈等疫情严重的地区，专项用于新型冠状病毒肺炎疫情的防控工作。2月18日至21日，蔡淳治联合济南黄冈商会等向湖北黄冈市的疫情防疫工作者捐赠烟台苹果4.2万斤，价值20多万元。苹果筹集到位后，他连夜驾车驶向1200多公里外的武穴市防疫指挥部，第一时间把最好的苹果献给奋战在一线的最可爱的人——武穴市人民医院、中医院、公安局、梅川镇医院，以及蕲春县红十字会、黄冈市中心医院、团风县人民医院等单位的医护人员和公安干警。后来，他又为烟台芝罘医院提供抗疫专项资金。同时，为了向所有奋战在疫情防控一线的医务工作者致敬，旗下的国家AAA级景区烟台蛇博园在2020年免费向广大医务工作者开放。

"部队培养出来的没有孬种。"蔡淳治认为正是部队这个大熔炉铸就了他的钢铁意志，部队的历练支撑着他渡过多重难关，走到今天。从一个山村娃成为一名身价千万的"养蛇大王"，蔡淳治深知，中国传统医学的养生价值和魅力还远远没有被开发出来，他还需要不断努力。

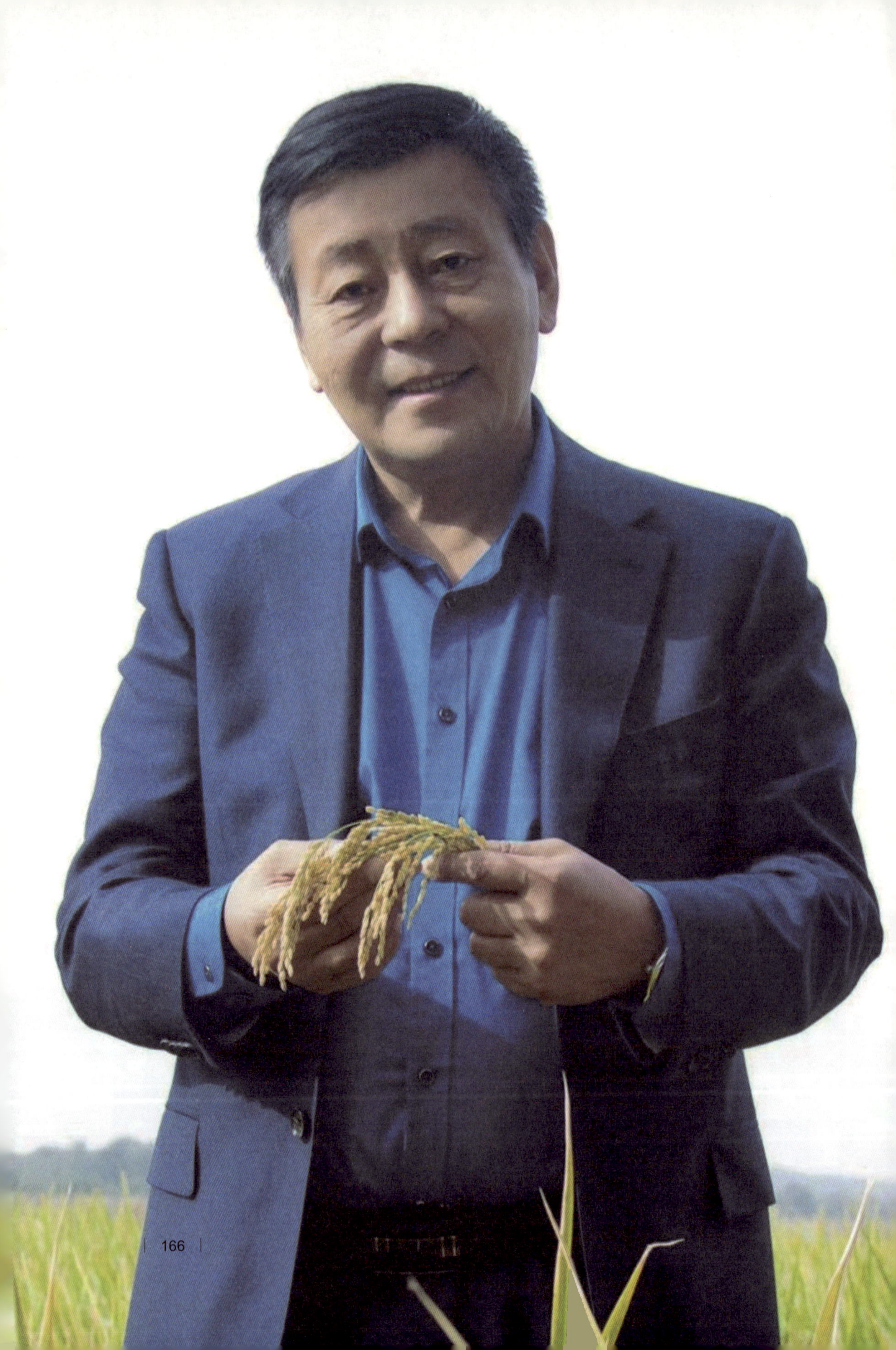

王磊
WANG LEI

华夏神菊惠苍生
—— 记山东未来趋势生物科技发展有限公司
　　董事长王磊

长寿新发现 ➤

食战自由基 ➤

健康中国人 ➤

居功不自傲 ➤

致敬

手里有粮，心中不慌。保障国家粮食安全是一个永恒的课题，任何时候这根弦都不能松。党的十八大以来，习近平总书记高度重视粮食问题，他强调："中国人的饭碗任何时候都要牢牢端在自己手上，我们的饭碗应该主要装中国粮。"

随着人们生活水平的提升，温饱问题早已成为过去式，而如何吃得好、吃得健康才是人们最关心的问题。山东未来趋势生物科技发展有限公司创始人王磊（笔名木犇）始终把国人的饮食健康放在首位，创研"食战自由基"，并将其应用到二十多种作物的改良之中，在食品安全的道路上捍卫人类生态与健康。

目前，王磊是"益微 SOD 果实稻香新营养源水稻"研发带头人，现任华夏神菊产业报国运营团队带头人、中国科学家论坛理事会副会长、国际 SOD 领域院士专家工作站站长、中国管理科学研究院 SOD 生物工程行业发展研究所高级研究员、中央党校《领导科学》（内参）编委会委员、山东调研部副主任调研员、山东锦绣三元朱农业装备有限公司董事长、山东未来趋势生物科技发展有限公司董事长等职务，曾荣获中国资深媒体人、十大品牌策划专家、2020 中国品牌影响力（行业）十大新锐人物等荣誉。

长寿新发现

自古以来，帝王将相都在追求长生不老之术，像秦始皇、汉武帝这样有雄才大略的帝王也不能免俗，但最终不过是镜花水月，一厢情愿。从古到今，人类平均寿命不断提升，这并不是什么灵丹妙药的功效，而是一代又一代的专家学者不断努力，推动了科技水平、医疗水平大幅提升的结果。今天，科技发展日新月异，生物技术突破创新，这对延长人类平均寿命将起到了更加积极的作用。中国管理科学研究院 SOD 生物工程行业发展研究所高级研究员、华夏神菊产业报国运营团队带头人王磊先生就是致力于人类健康长寿研究的探索者之一。经过多年的研究，他在菊科植物中发现了对人类健康有重大价值的 SOD，并将其应用到农产品的种植推广中，为推动人类破解长寿密码做出了贡献。

现代科学认为，"多余自由基"是万病之源，超氧化物歧化酶（Superoxide

dismutase，SOD）是生物体系中抗氧化酶系的重要成员，广泛分布在微生物、植物和动物体内，它可以消除多余自由基。人在 25 岁之前基本无疾病的主要原因就是人体内的 SOD 活跃成分可以直接清除多余自由基，25~30 岁之后人体内的 SOD 随年龄增长而失去了活力，对多余自由基失去控制就会产生包括肿瘤在内的各种疾病。

三次诺贝尔奖获得者欧文·戴维斯说："由于 SOD 的药用及临床应用价值，SOD 类食品已开始被人们广泛食用，美国人的健康水平因而得到进一步的提高。"多位世界知名的专家学者一致认为，SOD 可以全方位地调节人体生理机能，安全有效。

作为中央党校《领导科学》内参编委驻山东调研员，王磊多年来不断发掘新营养源。2017 年，他以《新旧动能转换——寻找新营养源》为研究课题，涉足农业生产领域，以 SOD 为研究目标。为了取得详细的研究资料推广研发成果，他研究了大量的国内外权威期刊，与国内专家教授深度合作，还经常不畏酷暑深入田间地头，足迹遍布高原青海，边远地区内蒙古，沿海山东、海南，内陆北京、河北等地，行程达到 10 万公里，最终从一种叫作"华夏神菊"的菊科常年生植物中找到了突破口。

早在 20 世纪 80 年代，华夏神菊就被从北美引进到我国。数十年来，经过多位院士、专家教授潜心研究，发现了多余自由基清除与"华夏神菊"有非常密切的关系。"华夏神菊"富含 17 种人体所需氨基酸，其中 SOD 与总黄酮的含量都远高于其他植物，是人体所需的好几倍。经过不断的研发改良，"华夏神菊"成为具有很高社会价值和经济价值的优良作物。

从 2017 年开始，王磊采访了 38 位曾经参与过华夏神菊引入改良的院士、教授并开始着手研发，2019 年为了更好地引领"华夏神菊"的推广种植提取 SOD，王磊与"中国 SOD 之父"、国际著名酶专家袁勤生教授进行深度合作，同时与中国农业大学植物生态研究所就益微 SOD 果实稻香新营养源水稻种植进行合作，并获得了"益微 SOD 之父"梅汝鸿教授的高度评价。在此基础上，王磊形成了植物提取 SOD 及其应用的战略思路，并开始进入产业布局。

食战自由基

在一代代新农人的辛勤劳作中，在农业专家的钻研创新中，中国老百姓

致敬

粮食的营养功能日渐完善。2016年王磊开始策划"HNSOD—华夏粮仓振兴工程",四年来对十多种农作物进行SOD植入研究,取得了大量一手数据,为华夏粮仓振兴工程增添了"新营养源"食物保障。2018年,王磊提出了"实战自由基"的生活饮食新理念;2009年正月初五,王磊掌握了植物提取SOD技术,一步步将生物科技从实验室推向产业化。

为了让全国人民通过食用粮食、果蔬,清除多余自由基,增强免疫力,在王磊的规划中,中国食品要以"食战自由基"为纲领,实现"中国水稻由温饱型向营养功能型转变"。

2019年,在吉林省舒兰市,王磊与山东锦绣三元朱农业装备有限公司设立"益微SOD果实稻香新营养源水稻种植基地"。2017年舒兰市就入选"第一批国家农业可持续发展试验示范区"名单,是知名的"中国生态稻米之乡"。2019年之后,在王磊的精心培育之下,经有关检测证明,该水稻数据已达到科学研发标准,被专家誉为"抗氧化果实稻香生命软黄金大米"。在收割的季节,王磊与中国农业大学梅汝鸿教授向合作社及种植户表示慰问,认为"益微SOD果实稻香新营养源水稻"完成了中国水稻由丰产到吃饱再到今天的抗氧化增强体质的重大突破,在中国水稻发展历程中具有重要的意义,同时也为SOD在农业方面规模化应用推广打下了良好的基础。

"食战自由基"的目的就是让民众吃上放心的农产品,减少过度使用农药、化肥、转基因技术带来的不安全、不健康、不环保等危害。为此,王磊还在济南平阴黄河百亩水稻田进行试验,进一步提升水稻的品质。在收割之前,要进行HXSOD黄河水稻HXLC植沃宝制剂植入。植入HXLC植沃宝制剂之后的水稻,颗粒饱满,抗倒伏性强,谷穗比普通水稻要长5厘米,据估算每亩增产可达100公斤,营养指标远高于普通水稻。

2020年10月1日,恰逢国庆中秋,沂源中庄苹果基地迎来了"HXSOD红富士苹果丰收节"。这种苹果香甜可口,因含有丰富的"酶"而成为苹果界的"霸主"。王磊表示,经常食用HXSOD苹果可以实现逐渐清除多余自由基的目的,HXSOD苹果是抗氧化、抗辐射、抗衰老、增强免疫力的首选果品。连续五届党代表、"中国冬暖式蔬菜大棚之父"王乐义品尝之后表示:"SOD—超氧化物歧化酶是好东西,它能让中庄苹果改变口感。你们推广种植'华夏神菊',从中提取SOD又植入农作物和果蔬,是一项伟大壮举。"

王磊还带领团队将SOD领域的应用扩大到酒类、饮料、食用油及护肤品

等产品领域，除了个别品种还处于试验阶段之外，目前推向市场的有十几种之多。同时，王磊团队已成功将 HXSOD 植入大豆、红薯、小麦、小米、花生、新疆和田大枣、灰枣、冬枣、库尔勒香梨、喀什红地球葡萄、大桃、西瓜、白菜、萝卜等近 20 种果蔬农作物，为华复粮仓振兴工程奠定了基础，预计将创造产值 9000 万元。除此之外，公司还正式注册了相关的商标，包括 HXSOD、果实稻香、华夏神菊、木垈果蔬、衾合果、华夏新营养源、琪划珊等，经权威检测机构获得的检测报告近百项。

健康中国人

《"健康中国 2030"规划纲要》指出，实现国民健康长寿，是国家富强、民族振兴的重要标志，也是全国各族人民的共同愿望。该纲要同时要求，深入开展食物（农产品、食品）营养功能评价研究，全面普及膳食营养知识，发布适合不同人群特点的膳食指南，引导居民形成科学的膳食习惯，推进健康饮食文化建设。

王磊表示，提升国民健康的切入点就要提高身体免疫力，免疫力提升了，身体自然会更加健康，"华夏神菊"中所含有的 SOD 正是增强免疫力的关键所在。为此，王磊大力推广"华夏神菊"的种植，就是为了从中提取充足的 SOD。

王磊及其团队的研究发现，"华夏神菊"亩产可达 10 吨~15 吨，一次种植可连续收获 15 年以上，在生长过程中，抗逆性、抗病虫害能力极强，不受病毒侵害，在抗冻和抗高温以及抗涝等方面优势突出，属于无毒无公害无病源的农作物。同时，其实用价值非常广泛，具有极高的经济价值。2020 年初，王磊在全国推出 10 万亩的种植计划，并在上半年就完成了 6 万亩种植。2021 年计划推广种植 100 万亩。在"华夏神菊"的育苗、栽培和管理的各个环节中，王磊坚持绿色无污染的原则，从而保证提取的 SOD 符合绿色生态指标。

为了加快"华夏神菊"的种植，王磊经常深入各地的种植基地，亲自查看生长状况。在山东德州临邑育苗基地，王磊走进现代化温室，看到"华夏神菊"秧苗已出大叶 3 片，随时可以进行移栽，连连称赞。在德州市的乐陵市，1100 亩"华夏神菊"种植基地正在加紧开垄栽苗。在 2020 年，"华夏神菊"

致敬

的育苗、种植、收割正在河南六妮农业发展有限公司、平阴神菊基地、烟台种植基地、陕西汉中种植基地、潍坊 1000 亩育苗基地、石家庄种植基地、开封育苗基地等地如火如荼地进行着。2021 年，王磊应邀出席了湖北仙桃市委、市政府举办的第三次"美丽乡村建设"现场拉练会，并展示了"华夏神菊"种植模式所带来的成效。"华夏神菊"的种植面积不断扩大，与此同时，他还进一步开发与之配套的生物菌肥，建设 SOD 植物提取及应用的全产业链。初步估计，亩产"华夏神菊"叠加增值达到千万元级，产业前景广阔。

长期以来，王磊一直把"华夏神菊"事业当作一项重大的、具有现代化意义的新型农业项目，认为能将农民朋友从传统农业中解放出来。为此，王磊还到宁津县一家现代化、智能化农业设备厂家考察，并亲自驾驶设备进行体验，希望通过智能化、机械化的农业设备，推动传统的农业向新型的农业转型，在加快"华夏神菊"种植的同时，也为新型农村建设和乡村振兴贡献力量。

随着"华夏神菊"在全国各地的大力推广，SOD 植入的农产品种类将会越来越多，在推动农产品从"温饱型转向营养功能型"的道路上又向前迈进了一大步。而对于普通老百姓来说，这种具有高科技含量的农产品成为日常生活的一部分将不再遥远。

居功不自傲

王磊有着众多极具影响力的头衔，但他从来都不居功自傲，始终把国人的饮食健康放在首位。他常说，我不是企业家，更不是商人，我只是一个农业调研员，创研"食战自由基"，倡导生活饮食新理念，让全国人民都能尽快吃上增强免疫力的食品，才是我最大的愿望。

长期以来，王磊一直把国人的健康饮食放在首位，在推广种植"华夏神菊"、提取 SOD 及其技术应用中，他始终认为，坚持对产品品质负责，就是对消费者负责，也是对产品品牌负责。"功夫不负有心人。"王磊的付出也获得了权威农业专家的点赞、社会同行的认可，并因此赢得了诸多荣誉。2020 年，在"行业影响力品牌暨诚信创新企业宣传推介"活动中，王磊所带领的山东未来趋势生物科技发展有限公司，依靠良好的市场信誉和品牌口碑，获得"全国百佳改革创新示范单位""中国 3·15 消费者满意品牌企业"等

王磊 | 华夏神菊惠苍生

荣誉，王磊本人也获得"推动中国大健康产业发展·年度杰出贡献人物"大奖。

在厦门举行的第七届中国品牌影响力评选活动中，"华夏神菊"荣获2020中国品牌影响力（行业）十大投资价值品牌；山东未来趋势生物科技发展有限公司荣获2020中国品牌影响力（行业）社会责任突出典范单位；王磊则荣膺2020中国品牌影响力（行业）十大新锐人物称号。

由于"华夏神菊"新营养源研发、推广和SOD产业助推方面的贡献，王磊还应邀参加了在北京举行的第十七届中国科学家论坛。在会上，他提出的"食战自由基"的学说引起相关院士的热议，有专家预言，SOD有可能成为中国大健康产业的首席代表。

在获得众多荣誉的同时，王磊不忘初心，时刻牢记企业社会责任。在他看来，SOD的提取就是为了提高老百姓的健康水平，将已经培育成功的农产品、果蔬回馈给社会，正是研发的初衷所在。为此，在2020年重阳节期间，王磊带领员工向山东寿光三元朱村的老人赠送了总价值20多万元的植入SOD的农产品，在泰安举行了"2020欢度重阳节暨中国第21个记者节文艺联谊会"，为老领导、老首长、抗美援朝功臣送去1000斤SOD金小麦面粉、40份SOD抗氧化生命软黄金大米、SOD沂源中庄苹果礼盒等礼品。王磊还决定将每年的农历九九重阳节定为爱菊人"袞合果感恩日"，通过公司制度建设加大履行社会责任的力度。

为了武汉抗疫事业，王磊应湖北省卫建委的邀请，经过9个多小时的跋涉，抵达武汉。王磊代表未来趋势生物公司与湖北阳康生物制药集团举行SOD菊酶粉捐赠抗疫药物研发合作签约仪式，让公司的SOD技术助力抗疫药物的研发，并与武汉大学基础医学院合作在菊酶粉基础上研发人类十大重大疾病所需药物。

"民以食为天"，在全社会齐声呼吁食品安全与生态绿色共存的今天，王磊及其团队为了让老百姓吃上放心的新营养源农产品，通过不断研发创新，走出了一条新型农业高附加值生产之路，并逐步打造出一条价值千亿元的产业链，他们的努力将为国人健康饮食带来巨大的变革。

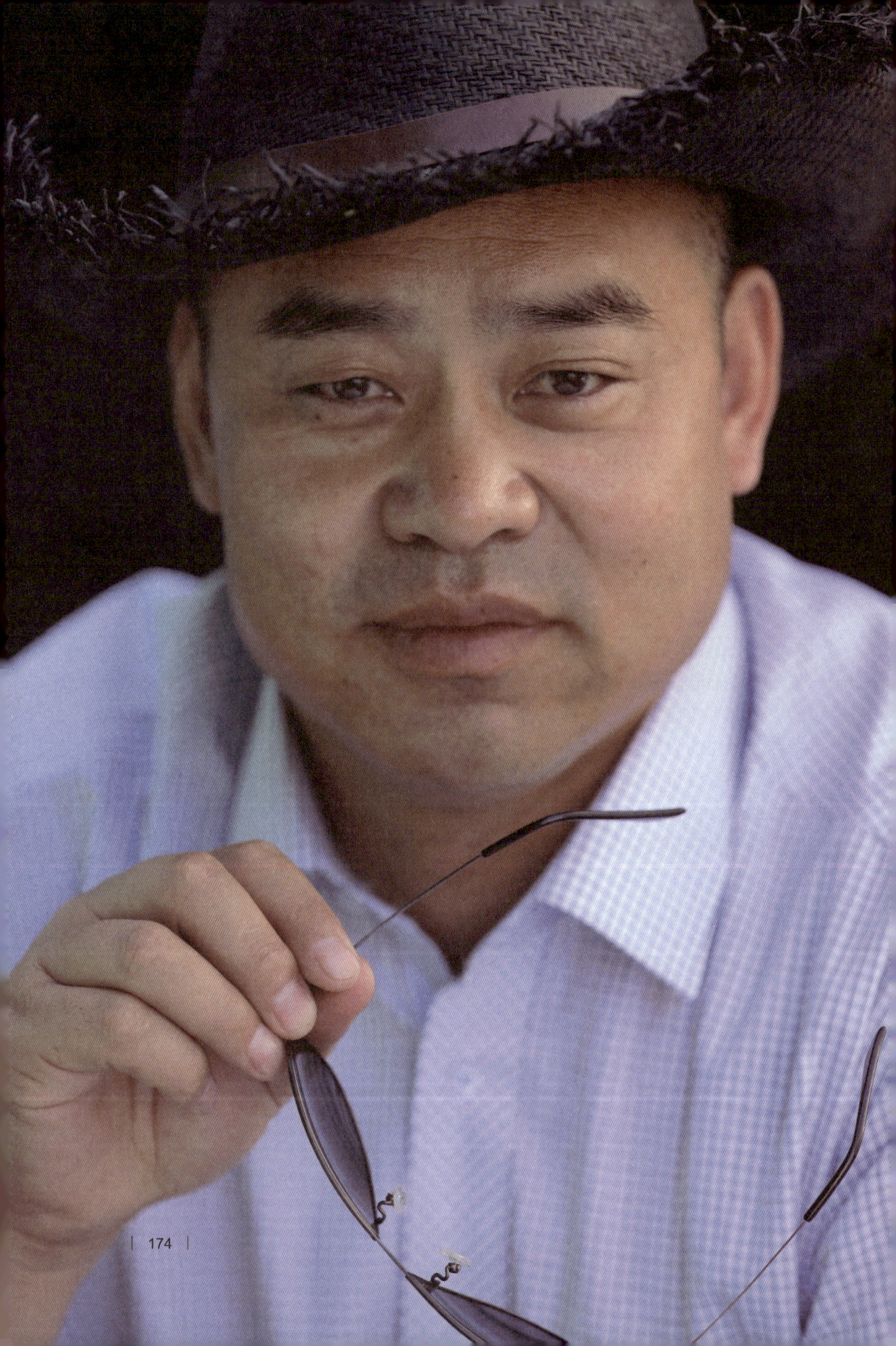

李政
LI ZHENG

文旅路上没有"退伍兵"
—— 记宁夏民间文艺家协会副主席、固原市民间文艺家协会主席李政

退伍尽显军人本色

勤奋扬帆正奋起

增进交流联袂发展

孜孜追求律己存心

施善乐助勇当标兵

殚精竭虑推动文旅伟业

致敬

李政曾经是一名服役13年的军人,在戎马生涯中4次荣立三等功,多次被评为优秀共产党员、优秀士兵和红旗车驾驶员,并被原兰州军区后勤部树立为学雷锋标兵。退伍后,在等待安置的一段时间里,他选择了地方文化旅游文创产品开发,淘得了人生的第一桶金。之后,他在固原成立了固原市秦长城文化艺术旅游产业博览中心,创办了固原市"一带一路"展览园、固原市长城微雕艺术馆和固原市砖雕古城遗址馆、固原市民俗婚庆雕塑馆。他创立的固原市西海固文学艺术研究会,被授予为中国作家协会固原市创作基地称号。他以一己之力撑起了固原市楹联学会、灯谜学会、旅游商品协会、民间艺术家协会等民间文化旅游的大旗。从2001年到2020年这20年期间,他所创办的学会、协会从无到有,从小到大,从弱到强,从优到精,现有国家级会员88人,自治区级会员138人,市级会员288人。

退伍尽显军人本色

李政转业安置到原固原县职业中学后,立即转换角色,适应学校生活,凡事都从大处着眼,小处着手,注重细节,在职中、回中、农校三校合并时被继续留在了新回中。学校领导看好他的军人作风,很快提任他为学生生活培养科科长。任职期间,他勤于学习、善于钻研,不断充实自己,工作一丝不苟、精益求精,他将在部队学到的科学管理方式巧妙地同学校学生培养实际相结合,通过思维、模仿、实践、调整、补充、完善,形成了一套从强制执行到自觉认同再到努力践行的自主管理模式,实现了示范育人、制度管人、行动感人三项工作的突破。在学校,他恪尽职守,在管理学生的过程中,退伍不褪色,和孩子们零距离接触,循循善诱,从小习惯养成开始,直至形成一套可行的管理培养模式。他干一行、爱一行、精一行、专一行工作作风,赢得广大师生的尊重,为学校管理可持续发展奠定了坚实的基础。

李政 | 文旅路上没有"退伍兵"

勤奋扬帆正奋起

部队的生活经历，学校工作的感受，自我的不断完善，使他有了更多、更广、更大的想法和思考，总想着如何做更多对后人更加有影响的事情。作为固原市民间文艺家协会主席，他总是想办法调动会员的积极性，带动大家一起努力，会员队伍不断壮大，让老中青阶梯式的会员队伍带帮传、互助式发展，并从不同渠道筹措资金，举办丰富多彩的各类各项社会活动，发挥民协作用，彰显其不为所有，只为所用的社会价值和经济效益，使得民间文艺的光辉及非遗事业越来越耀眼。

李政怀揣对文化事业的热爱，利用业余时间竭力挖掘地方民间文化旅游资源。他把固原多元的历史文化遗迹与自己敏锐的研发思路相结合，积极寻求固原文化旅游资源的杰出代表和新的载体。灯光下，一张张草图，一个个不眠之夜，凝聚的是他对固原文化旅游事业、文化旅游产业发展的执着。功夫不负有心人。自2005年以来，他设计开发的具有固原地方特色和民族特色的文化旅游工艺产品就有几百件，贺兰石鎏金银壶印章、微雕长城、丝绸之路、民俗婚庆等模型已经成为固原最具影响力的文化艺术旅游展品，许多产品受到游客青睐，畅销全国各地及中东等地区，成为馈赠亲朋、经贸往来、宣传固原的佳品和对外交流的国礼。

增进交流联袂发展

为推介、宣传固原文化艺术和旅游产品，他积极参与官方和民间社团主办的各类活动，出谋划策，积极筹资，先后赞助举办了2011年、2012年固原市新锐作家评选表彰活动。在2012年固原市新锐作家表彰会上，作为支持者和赞助方，李政先生慷慨陈词：文学艺术是民族的血脉，是人民的精神家园，通过举办此次活动，希望能助推固原文学向更高层次发展。他还积极参与举办固原市2012年、2013年"迎新春，送党恩"灯谜竞猜活动。为了办好那两年灯谜活动，李政组织民间文艺家协会会员夜以继日地创作谜语、制作花灯。节日夜色浓郁，霓虹闪烁，喜乐的气氛笼罩在街头，市民们情绪高昂，大家被新春的气氛感染，积极参与到灯谜竞猜活动中。看到这样的情景，

致敬

是李政最大的精神享受。这样的活动是最受广大群众欢迎的，提升了群众对地方文化的认同和自信，既是一种娱乐，更是精神的大餐，传统文化在其中得以彰显活化。在世界非遗日庆祝活动日，李政积极发挥一个文艺界人士的作用，带领组织人员上街宣传。积极搭建台湾中华青年企业家协会来固考察和固原赴台湾文化企业交流活动平台，他为联合报集团、旺旺集团、法蓝瓷等公司赠送锦绣山河文化固原金箔长卷，题写对联"联袂合作编织锦绣大地，民族复兴报效人类文明""土豆香香香飘万家，美食旺旺旺销全球""鎏金壶抖落丝路土，景德镇烧出法蓝瓷"，让两岸民间文化逐步从交流走向复兴，使两岸文化交流成果走进千家万户，落地生根，互通有无。

孜孜追求律己存心

身为文艺界一员，李政深知自身知识欠缺，积淀不够，所以总是挤出时间看书学习，追求进步。他的勤学好问是出了名的，有时那执着劲儿堪比好

李政主席被评为文化和旅游部 2020 乡村文化和旅游能人

李政 | 文旅路上没有"退伍兵"

学的小学生。这一点也影响了妻子和儿子,李政的妻子说自己以前每次出门,总是喜欢买衣服买吃的,可后来竟然受到李政的影响开始喜欢上逛书店买书,提着照相机捕捉文化艺术的讯息,每次都会背回几本书。儿子给同学讲爸爸的事情,总说到爸爸那么爱学习,自己不好好学习就不对了。对妻子,李政深怀感激,他这些年的打拼,没有妻子全力以赴的协助,也许只能是空谈。妻子除了上班、照顾家,还承担着李政的好多事情。李政感慨说,也记不得有多少次,本该是夫妻休闲浪漫的好时光,可他和妻子却是在绘就一张张图纸、拟写一页页方案、打印一份份材料……灯光下,看着妻子不再年轻的面容,他也歉疚,觉得为了追求自己的梦想,总是忙碌,错过了很多陪伴妻子的机会,而妻子却是毫无怨言。妻子觉得丈夫是个有理想有追求的人,而这点正是自己所欣赏的,所以特别支持他。她半开玩笑说,自己就是李政的后勤部长。其实,李政在家里也是很善于营造氛围的人,他喜欢养花养鸟、喜欢下棋。偶有闲暇,他喜欢把家里收拾得一尘不染,和儿子下棋,也下厨露露厨艺。在兄弟姊妹中,李政排行男孩老大,他的行事风格也颇得家人认可,所以,他极具凝聚力,每逢年节,他喜欢号召家人开展文体活动,开展批评与自我批评,活跃节日气氛,对照检查,增进亲人之间的感情和互动,在自律和自省中前行。

施善乐助勇当标兵

李政在发展固原文化旅游事业上,始终不计个人得失,口口声声说有多大能力做多大贡献,可他经常都是超负荷前行。在 2012 年、2013 年文化卫生三下乡活动中,他为活动点捐赠文化旅游礼品。在固原一中 120 周年校庆、西吉建县 70 周年、陕西坊清真寺落成、中国公益事业促进会、中国礼品产业研究院、文化共享年度峰会、固原市女企业家协会、固原市旅游局西安办事处挂牌、固原市旅游协会成立及中国旅游日宁夏启动仪式、固原启动仪式等活动中,在中国公益事业促进会、中国礼品产业研究院、固原市女企业家协会相关活动中,他不仅提供赞助,还捐赠了收藏多年胜似中国地图的中华石和代表固原特色的鎏金银壶、玻璃凸钉碗、朝那鼎、战国秦长城、六盘山、须弥山文化旅游书签等纪念品和古雁岭地标广场钥匙扣、反映固原历史文化发展脉络和展示当今辉煌的《锦绣山河·文化固原》金箔长卷,总价值近 30

致敬

万元。他还为固原市文联召开纪念毛泽东在延安文艺座谈会上讲话发表70周年，2011年、2012年、2013年固原春晚，第一、第二届六盘山登山节，固原市建市10周年及六盘山薪火相传再创辉煌长征精神红色旅游火炬传递，固原市第三届"长城内外、黄河两岸铸魂守正、固本思源"研展传学活动，第四届西北谜会固原分会场研展猜谜活动，自治区政协、民盟、民委等培训学习、参观交流活动赠送了文化礼品价值超过50万元。新冠肺炎疫情期间的三八国际妇女节，他又资助了全国巾帼谜手灯谜会猜暨第六届"花儿杯"网络赛。

每次活动中，他总是笑着说自己不是个文化人，却中了文化的魔，那么痴心。他深知文化既是民族之魂，又是旅游的灵魂，努力做大做强文化，用文化产业支撑文化建设是一个公民义不容辞的责任。固原电视台"文化固原·精彩华艺"栏目的首次开播和固原日报社《文化固原》专刊联合开设"对对看，猜猜看"栏目，他赞助了集中反映固原历史变迁、地方民族特色、时令节气、时政解读、人文景观等内容的对联、灯谜。

为提升固原对外的影响力，加大宣传力度，他自费接待国家行政学院调研组、香港凤凰卫视摄制组、中国旅游卫视摄制组、宁夏电视台、央视《曲苑杂坛》等来固原调研采风，还为陕西秦剧团、固原市建市10周年组委会、楹联学会成立、原州区四营白塔山文化书院落成、宁夏回乡园、宁夏第24个

李政主席（左二）在为固原一中建校120周年捐建的中华广场上与固原市文联主席杨风军（左一），固原市第一中学校长薛吉强（右二）、副校长何成江（右一）合影留念

| 李政 | 文旅路上没有"退伍兵"

全国助残日大型公益活动、宁夏交通广播安全出行"从我做起"活动、固原市广场电视问政、固原圆明寺秦腔演出活动、东海太阳城花园洋房项目启动推介会分别赠送文化旅游手工纪念品，价值19万元。在固原市首届、第二届旅游商品展销会等活动中总共支持近10万元。目前，他正在积极筹措资金（25万元），支持《固原灯谜话人文》一书的编撰、研究、调研、发行工作，该书将在2021年出版，届时将成为宣传固原文化旅游和弘扬地方传统文化的代表作。

殚精竭虑推动文旅伟业

时光回溯到2011年。像以往每个年份一样，2011年如期而至，但这一年，对李政而言，却是一个不一样的年份。这一年，李政对固原秦长城遗址和长征沿线均产生了浓厚的兴趣。他常常一个人跑到那里转悠，一步一步走过那片古老的土地，仰头看看蓝天白云，又将目光投向远山，而脚下亘古的土地一如既往，静默不言。翻滚的思绪，催生出一个大胆的设想：在秦长城遗址上做文章。一次、两次、三次，记不得有多少次了，他一个人，或是约了志同道合的朋友前往秦长城遗址，在那里察看、描绘、勾勒、讨论、沉思。白天去过、深夜去过……还有无数次，他独自一人站在山上，面对秦人留给我们的丰厚历史遗产，沉思如何在这块土地上彰显固原文化的自信。多少个白天和黑夜，多少次查阅资料，多少次交流追问，多少张草图，多少个方案，那些付出别人无法理解，但他仍如此执着，秦长城的日光和星空最了解他的赤子之心。在推动文化旅游事业发展的同时，李政致力于文化与专业知识的研究，发表的《战国秦长城遗址文化旅游生态主题公园建设项目的若干思考》《固原颂》获得固原民族团结杯征文优秀奖。他还大胆提出民间文化从娃娃抓起的科学构想，推动非遗进职业技术学院课堂，民间文化进校园活动的开展，为抢救性保护民间非物质文化遗产做出了贡献。

他为了适应文化大发展、大繁荣，在旅游信息时代，提高固原文化软实力，整合挖掘推广民间文化旅游资源，规划组建了14个民间产业学会，集民俗、文学、酿造、建筑、针灸、泥塑、刺绣、剪纸、雕刻、编织、楹联、灯谜、庆典、影视、工艺礼品、群文活动为一体，成立了固原市秦长城文化艺术旅游产业发展博览中心。这一社会团体的建成，使固原名山名城、名街名镇、名村名

致敬

居、名人名作、名品名牌等文化品牌抱团取暖，引凤归巢，同时又为固原市民间文化旅游产业发展提供了阵地保障，形成了文化气候，对于激发民间文化旅游产业，创新、创造、创优机制，探索建立产品、展示、研究、销售、学校、企业、旅游、金融、"互联网+"九位一体的文化旅游发展支撑模式，延伸文化产业链条，推动民间文化旅游产业科学发展、跨越发展、创新发展，打响了固原文化旅游资源整合的第一枪。他挖掘出"黄河圣母润塞上，长城风骨泽六盘"这一人类不可复制的文化标识和民族品质，形成了宁夏南北文化发展战略的新格局。

高中文化程度的李政，凭着自己对文化的热爱和对家乡的热爱，知难而进，一步一步追逐着梦想，成就了文化自信、产业致富、旅游脱贫的奇迹。

胸怀梦想的人总是勤奋激昂的，李政就是这样的一个人，他总是精力充沛、乐观而积极；胸怀梦想的人总是充实地忙碌着，李政就是这样的一个人，他奔波着，用心谋划文化固原的锦绣前程；把目光聚焦在文化固原的丰饶资源，用足迹记录着文化固原的众多元素。

现在，他深情的双眸常常留恋在故乡的大街小巷和山谷河畔。他是属于这里的，那么，就让他怀揣梦想，行走在故乡的大地上吧。文化旅游事业正在兴盛时，推广宣传路亦遥。永不褪色的军人本色造就了崎岖路上文旅人的底蕴，我们相信，他会勇当标兵，迈向更广阔的天地。希望让他在未来借力而行，行必风行，借势而跃，跃必飞跃。

李政这些年致力于家乡文化旅游事业的推广宣传，其具体作为正好印证了季羡林先生的名言：如果人生真有意义和价值的话，其意义和价值就在于对人类发展的承上启下、承先启后的责任感。

山高人为峰，李政带领团队与时俱进，不断学习，不断提升自我，超越自我。经过多年的努力，得到了社会各界的认可。他先后担任《中国民间文学大系（集成）·故事·花儿·宁夏卷》编纂委员会成员、专家委员会成员，中国民间文艺家协会会员，长城学会会员，楹联协会会员，旅游协会旅游商品与装备分会理事；任宁夏民间文艺家协会副主席、旅游协会

李政 | 文旅路上没有"退伍兵"

旅游商品分会副会长、工艺美术学会副会长、楹联学会副会长、文化产业协会副会长;兼任固原市慈善总会理事、文化产业协会副会长、旅游协会副会长、旅游商品分会会长、西北灯谜协会名誉会长、宁南爱心公益社名誉会长、旗袍协会名誉会长、花儿学会名誉会长;在2016年底,当选为固原市政协委员,被聘为民主监督员和社情民意信息员。他先后荣获国家时代楷模第十一届爱心中国十大突出贡献奖、"中国公益事业形象大使"、全域旅游十佳奉献代言人、全域旅游品牌杰出贡献人物、宁南爱心公益社年度"公益大使"等荣誉称号,入围2019中国文化产业年度人物30名人选。他所在协会和博览中心分别获得第十一届中国最具爱心教育示范基地称号、全域旅游最具人气创新应用奖、全国优秀红色旅游文创产品奖、自治区第一批文化旅游产业示范户、旅游商品研发基地、宁夏特色品牌、特色旅游商品等荣誉称号,成为市级文化产业示范基地和旅游商品研发基地。他结合地方优秀传统文化,红色革命,丝绸之路文化,人类命运共同体与社会主义核心价值观,创意设计开发推广展示展览的40多件(系列)文创作品分别获得了中国旅游商品大赛金、银、铜奖,中国—东盟博览会工艺美术精品奖,中国(潍坊)民间艺术博览会金奖,中国(深圳)国际文化产业工艺美术文化创意金奖、银奖、铜奖,宁夏旅游商品大赛银奖、铜奖、优秀奖等,开启了固原文创产品在国内斩获大奖的先河。他注册申请了52个固原特色商标,研发了5个国家专利,撰写的《战国秦长城遗址文化旅游生态主题公园建设项目的若干思考》《固原颂》等十多篇论文在多家刊物发表并获奖;他挖掘、倡导的固原秦长城遗址文化主题公园及秦长城博物馆项目入选文化部《2015年中国文化产业重点项目手册》,比国务院审议通过的《长城、大运河、长征国家文化公园建设方案》提出整整提前了十个年头。同时,他打造的特色文化产业"一园一馆一中心一遗址"项目也成功入选国家文化和旅游部发布的《2018文化产业项目手册》,他个人则入选"记录中国"庆祝改革开放40周年大型纪录片,成为宁夏回族自治区成立60周年献礼作《六盘山》(48位普通人故事)第七集《圆梦》人物,日前又被评为文化和旅游部2020年度乡村文化和旅游能人。

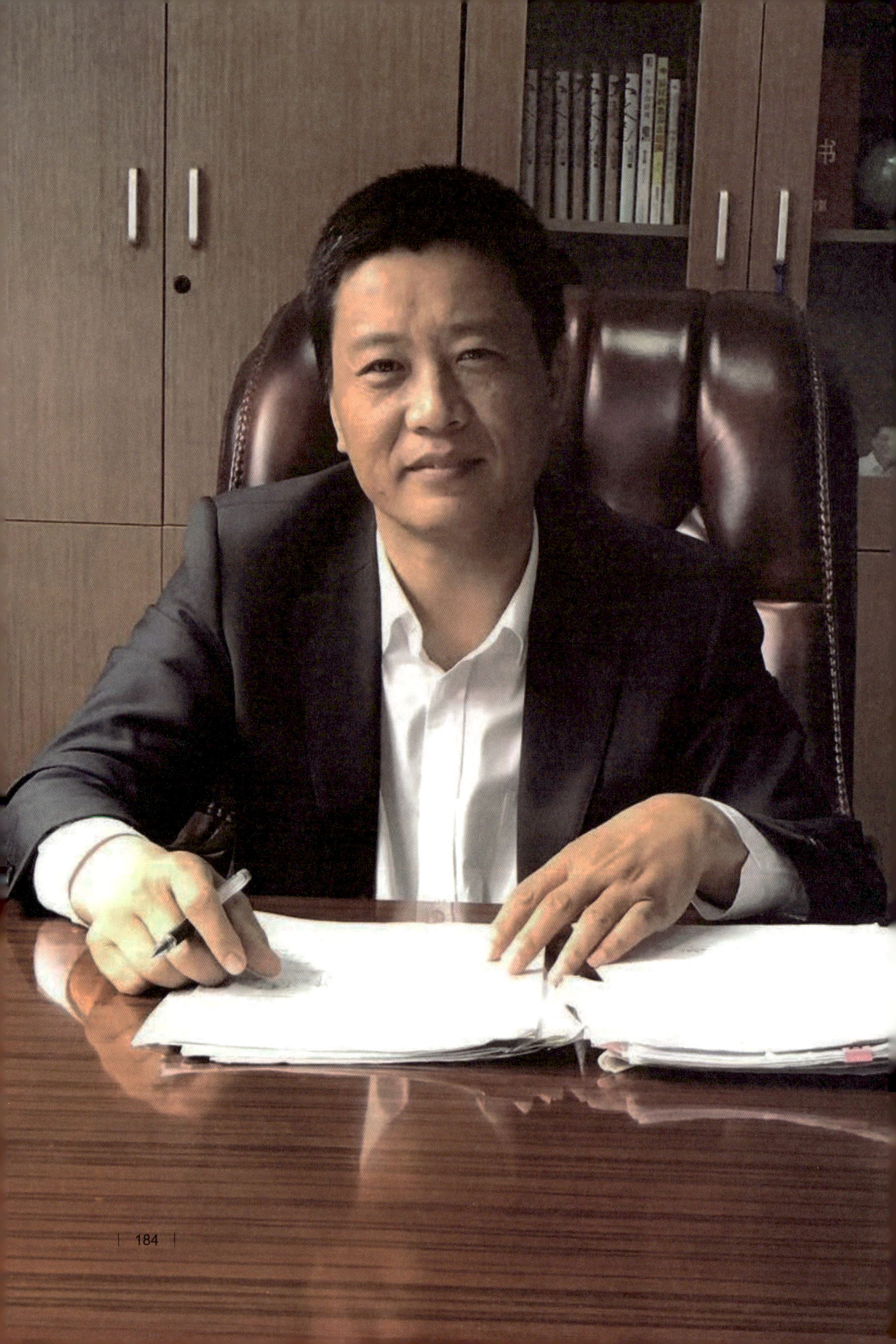

窦建荣
DOU JIANRONG

践行海装新时代
荣绘蔚蓝中国梦
—— 记江苏蓝水集团董事长窦建荣

黄金海岸创伟业 ➤

诚信感恩促发展 ➤

荣绘蔚蓝中国梦 ➤

致敬

党的十九大报告指出，坚持陆海统筹，加快建设海洋强国，统筹国内国际两个发展大局，努力在发展海洋经济、建设海洋生态文明和参与全球海洋治理等重点领域实现新突破、取得新成就。这一宏伟构想为我们在新时代发展海洋事业、建设海洋强国提供了思想罗盘和行动指南。

江苏蓝水集团在董事长窦建荣的带领下，积极响应国家建设海洋强国伟大号召，秉承"专业赢得信赖、品质造就信心"的核心理念，二十多年来，凭借透视未来三年的敏锐的市场洞察力、过硬的技术本领与诚信经营理念，带领蓝水人攀越了一座座高峰，使集团在海上风电机组建设领域实现领先，步入海洋工程装备总装制造先进企业行列，成为"中国制造"新名片。蓝水集团目前已进入发展快车道，成为中国海洋装备制造行业的领军品牌。

肩负着建设中国百年民族品牌的重任，窦建荣和他率领的蓝水人正一展宏图，带着蔚蓝风电中国梦向我们迎面走来……

黄金海岸创伟业

南通东抵黄海，南望长江，与上海、苏州灯火相邀，西、北与泰州、盐城接壤，"据江海之会、扼南北之喉"，被誉为"北上海"。南通集"黄金海岸"与"黄金水道"优势于一身，享有"中国近代第一城"之美誉。

在南通黄金海岸，坐落着一家现代化海工装备企业——江苏蓝水集团。多年来，蓝水集团业绩连年翻番，2020年，销售额突破20亿元，税收超过亿元，跻身中国海洋工程装备总装制造先进企业行列。

在这里，让我们一起领略蓝水集团掌舵人窦建荣扬威世界的风采、探寻蓝水集团崛起的奥秘。

机遇总是垂青有准备的人。2016年的一天，窦建荣受邀考察射阳，他把目光久久地停留在射阳港这个并不显眼的港口上。在中国绵长的黄金海岸线

窦建荣 | 践行海装新时代 荣绘蔚蓝中国梦

上，窦建荣看到了这里广阔无垠的海域和得天独厚的海上风电前景；在中国沿海星罗棋布的大小港口中，射阳港作为风电产业母港具有无限价值潜能。

熟悉历史的人都知道，当年孙中山先生在考察完射阳港后，在他的《建国方略》中将其列入沿海 50 个可开发港口之一。窦建荣的"发现"，也让他有一种莫名的欣喜和冲动。这里是中国大陆南北分界线的东部起点，正好居于承南启北的中部节点上。随着沿海开发战略的实施，这里早已成为国家二类开放口岸，随即很快获批国家一类开放口岸。更重要的是，射阳县拥有 103 公里的绵长海岸线，海域面积达到 5000 平方公里以上，拥有前途无量的海陆风电开发资源。

作为南通市造船行业的知名企业家，窦建荣拥有先贤实业家张謇放眼世界的胸怀与胆识。当年的张謇实业救国，向海图强，如今的窦建荣凭借造船的硬实力，志在发展海洋重工，打造先进制造业脊梁。更为巧合的是，张謇当年从南通来到射阳，"合心合力，施德于民"，成立了合德公司，造福射阳人民。如今，窦建荣也踏着先贤足迹，从射阳扬帆起航，驾乘长风，万里破浪。

2017 年，窦建荣果断地在射阳投资建立江苏长风海洋装备制造有限公司，这是射阳新能源产业装备制造的开山之作，仅用 8 个月时间就建成投产，从此拉开了射阳走向世界的海上风电全产业链建设序幕。

短短三年时间里，射阳海上风电产业异军崛起，国际国内一流的远景能源、中车时代新材、ZF、LM、天顺风能、亨通海缆、大连重工、禾望电气等配套产业纷至沓来，华能、龙源、中广核等大型央企助力开发，形成了从风机整机到叶片、塔筒、齿轮箱、零部件以及风场开发的完整产业链。截至目前，射阳新能源产业年产值已近 200 亿元，射阳港海上风电出货量已超过 2.0GW，比肩于全球最大的埃斯比约港。射阳当前正在规划建设国际海上风电新城和风电产业母港。我们相信，在不久的将来，射阳必将成为全球知名的东方风电之都。

伴随着射阳新能源产业发展的大潮，长风海工也实现了裂变式发展。2018 年，国内最大的 1800 吨龙门吊在射阳产生，中央电视台誉之为"大国重器"；2020 年 5 月，长风海工新上了三期焊丝和象王起重吊车项目，同时继续做大做强风电产业链；在盐城市 5·18 云招商项目签约仪式上，长风海工与日本伊滕忠丸红签订了长达十年的战略合作协议，每年向日本提供不少

致敬

于1亿美元的海工装备。这将意味着，未来的日本海上风电市场，长风海工已捷足先登。

既要埋头拉车，又要抬头看路。一直从事海工装备制造的窦建荣对欧洲考察，感受到海上风电已在欧洲兴起近二十年，而中国作为海洋大国，清洁能源革命风起云涌，海上风电开发的大潮波涛汹涌。他越想越激动，越想越夜不能寐。他用脚步丈量了中国沿海，用自己的眼光丈量了世界。

提及为什么要投资射阳，窦建荣道出了个中奥秘：首先，根据他对欧洲市场的考察判断，中国的海上风电即将迎来爆发期，射阳是一块亟待开发的处女地，三年以后必然产生井喷效应；其次，射阳港作为一个天然良港，尽管当时只有3.5万吨能级，但因为避风条件优越，是常年不冻港，最适合打造风电母港；最后，射阳承南启北，与日韩隔海相望，又与东南亚联系紧密，是他最理想的投资福地。与此同时，他也有意跳出自己熟悉的造船行业。

在窦建荣看来，做企业要有与时俱进、顺势而为的应变能力。他的理论是：果子熟的时候，危机就来了，不及时采摘，结果就会烂掉。窦建荣给自己确定的目标是，自己今天所做之事，必须是三年前规划的落实。他永远考虑的是，三年后的自己怎么办？他认为，将自己的人生用在对事业美好的

江苏长风射阳基地

窦建荣 | 践行海装新时代
荣绘蔚蓝中国梦

规划和实现规划上，这样的人生会更美好。

窦建荣有一句名言："站在山脚下，你的目标是爬上山顶；当你站到山顶上，看到周围有更高的山峰，你会产生征服另一座高峰的冲动。"他就是这样一个追求永无止境、人生永不满足、攀登永不停止的人。

从看到造船危机到跨界风电产业，窦建荣现在都为自己当初的决策点赞。虽然长风海工取得了巨大成功，但窦建荣并不满足，他已将目光投向三年后的市场和世界。他看到了通州湾大开发的无限商机，果断地在通州湾布局，与射阳基地形成产业互补、资源市场共享、错位发展格局，一座现代化的工厂已在通州湾拔地而起；他还敏锐地瞄准射阳港南港区，联手国际国内跨国公司，借助于全球最先进的技术装备，规划建设全球领先的海上风电总装基地，努力在平价时代抢得先机赢得主动。

如今，窦建荣已取得风电行业的优势地位，完成了在中国沿海的科学布局，他的目标是抢占海上风电两个市场：一个是中国沿海，一个是日本、东南亚国家。同时，他又抓紧谋划资本市场，加快了企业上市的步伐，并将长风海工由强变大、成长为行业巨头。

目前，公司已由最初成立时的 200 人小企业成长为一家拥有近万名员工的集团公司，所有焊工均分别持有（6GR、6G、4F、3F）DNV/ABS 等国际船级社认可的焊接资格证书。集团公司目前拥有江苏蓝水海洋工程有限公司、江苏长风海洋装备制造有限公司、江苏安顿质检技术服务有限公司、南通蓝水船舶工程有限公司、上海东禾能源科技有限公司、海阳蓝岛海洋工程有限公司、江苏东禾特种设备科技有限公司、南通长风新能源装备科技有限公司、广东蓝精特种管业有限公司等多家子公司，一跃发展成为中国海洋装备制造行业的领军品牌。

诚信感恩促发展

"凡事预则立，不预则废。"对于一个企业来讲，道理不言而喻。

孔子曰："苟日新，日日新，又日新。"在窦建荣的血液里，流淌的是创新的热血。特别是在他独立创办企业以后，创新的思路成为激发他前行的不竭动力。

在窦建荣看来，中国制造业的核心技术不强，大部分都被国外掌握，企

致敬

业要把技术和创新放在第一位,尤其是在转型发展海上风电以后,他高薪聘请欧洲顾问,借鸡生蛋。

尽管自己已经站到了世界海洋装备制造业前沿,但他依然认为理想还在路上。在中国改革开放的这片热土上,每天都有故事发生,各有各的精彩。窦建荣要不断攀登新的高峰,取百家之长,做国际领军企业,将创新进行到底!

窦建荣获得成功的两个法宝是诚信和感恩,也是他一生引以为傲的忠实诺言。他一路走来,以真诚为基、以实干为要、以创新为本,最终成长为杰出的企业家和海上风电领域佼佼者。

窦建荣是一个笃守诚信的人,他永远不能忘记章立人老先生的恩情。这位新加坡蓝水海洋科技有限公司的掌门人,被誉为"华人的海工之父"。

在29岁那年,窦建荣开始单干,得到章老的鼎力支持。章老借资2.34亿元,不要一分钱利息,借期十年。窦建荣只用两年时间就全部偿还,30岁刚出头就成了亿万富翁。

8年前,窦建荣开始和日本伊藤忠丸红接触,得到日本伊藤和联合造船(GMU)的绝对信任和赞许,为日后深度合作打下了坚实基础。两年后双方开始合作做风电塔筒、风电运输船舶,截止2021年3月,窦建荣累计获得日方20多亿元的资金支持,这是没有担保抵押、全靠信用支持的诚信刷卡。

窦建荣是一个永不满足的人,他看到了海上风电的无限商机,看到了海工装备行业的美好未来,这也是他三年前投资射阳的"理由"。在窦建荣看来,干任何事业先要做强,然后才能做大。只有在行业内天下无敌,才有可能强者恒强,因强而大,永远立于不败之地。

窦建荣是一个志存高远的人。他常常说,一个人世界观形成之前,首先必须观世界。

窦建荣 | 践行海装新时代 荣绘蔚蓝中国梦

他几乎走遍世界的各个角落,对世界形势和行业大势的精准把握,让他对未来的投资充满信心和期待。他始终都在思考三年以后的发展,在他看来,企业家的最高境界是价值投资、未来投资,善于谋全局者,才能在谋一域时游刃有余。

在快速发展的同时,窦建荣更注重节能减排工作,实现了可持续发展,主要设备符合国家产业政策和海洋装备制造企业设计规范要求,配套环保设施齐全达标,先后取得了国家质量管理体系认证证书、ISO14001环境管理体系、安全生产标准化证书,中国国家强制性产品认证系列证书,新产品新技术鉴定验收证书,科学技术成果鉴定证书,国家发明专利证书,中国船级社型式认可证书,国家火炬计划项目证书等一系列上百种等级认证。这标志着公司管理水平及产品又向国际化迈进了一大步。

窦建荣是一个极其自律的人,没有任何不良嗜好,生活低调从容,有茶为乐,从不出入娱乐场所,在觥筹交错中浪费时光。窦建荣更是一个知足幸福的人。窦建荣毫不讳言自己是世界上最幸福的人,有幸生活在最好的时代、有幸成长在盛世中国,拥有幸福的家庭,拥有幸福健康的生活方式和高雅的志趣。

荣绘蔚蓝中国梦

吴越古地,千年沧桑;黄金海岸,传承荣光。

经过春孕、夏忙、秋获与冬藏,蓝水集团便有了今日的辉煌。但蓝水人并没有满足,而是把目光投向了更高更远的目标:力争在不久的将来把蓝水集团打造成为具有中国特色、行业领先、绿色生态、世界知名的百年品牌。

俗话说,创荣誉难,保荣誉更难。只有挺立潮头,不断创新发展,才是创立中国民族品牌的唯一选择。

进入21世纪以来,世界强国纷纷将开发海洋资源、发展海洋经济和海洋产业确定为当前和未来经济发展的主要方向,并已全方位规划和发展海洋工程装备制造业。目前,海洋工程装备制造业的发展已越来越成为开发海洋资源和全面发展海洋经济的关键和保障。

"要坚守好自己的专业,在专业领域要有所开拓,要有所创新,然后做精做强,这就是我始终坚持的理念。"窦建荣是这样说的,同时也是这样做的。

致敬

在海上风电风起云涌的时代大潮中，蓝水集团瞄准海外，专注海上，生产的钢管桩、导管架等系列产品在市场上供不应求；大型钢结构制造，海洋油气装备、LNG 储气罐、海上风电导管架与钢管桩等，特别是海上风电已成为国内第一品牌；与日本签订长达十年的供货协议，一次性获得 2022 年 4 亿美元的大单……

窦建荣接受了央视著名主持人水均益的专访，双方进行长达近 40 分钟的精彩对话，专访内容在《大国重器》专栏播出，他的创业创新事迹以及蓝水品牌影响力得到了进一步的传播，得到社会各界人士的广泛关注与称颂。

集团旗下江苏长风海洋装备制造有限公司与印度尼西亚提马斯海洋之星 TOI 公司（Timas Oceanstar Indonesia）签订了印度尼西亚 Madura FPU 项目 EPC 合同协议，长风海工负责承建包括上部模块在内的整艘 FPU（海上浮式油气生产平台），主要工程内容包含设计、采购、制作、安装以及试运行等。这是中国民营企业首次承接如此高端海工 EPC 项目，是中国海洋装备制造民营企业的重大突破。该项目将在江苏长风南通（通州湾）基地分上部模块和船体两部分建造，入籍 ABS 船级社，上部主要功能模块包括发电机、配电、气体处理、燃烧臂等 8 大模块。

江苏长风南通（通州湾）基地

窦建荣 | 践行海装新时代 荣绘蔚蓝中国梦

致力于引领海洋科技装备创新高质量发展的长风海工,能接获如此高技术,高难度海工大单是有其必然性的。公司自成立以来始终秉持"契约共享,严谨务实,精匠图强"的核心文化理念,凭借多年在海洋工程装备制造领域积累的管理经验、技术、劳动力资源等优势,得到了海工装备行业的一致信任和支持,并在海上风电管桩、导管架、升压站、浮体、换流站等领域已独享技术领先优势,同时积极开拓国内外海洋油气装备市场,还与日本、东南亚相关行业建立了坚实互信的合作关系,市场前景十分广阔。

"宝剑锋从磨砺出,梅花香自苦寒来。"当前,中国社会经济已进入新发展阶段。窦建荣更加强烈感受到海上风电是真正的幸福蓝海。致力于产业兴国的他信心满满地表示,已经取得的成就只是序幕而已,要继续扩大发展规模,一定要抓住新时代的发展机遇,跨越发展、实干兴企、锐意进取,加快企业上市步伐,不断巩固海上风电的领军地位,才能不折不扣地完成时代赋予蓝水集团的责任使命。

"长风破浪会有时,直挂云帆济沧海。"我们衷心祝愿以窦建荣为掌舵人的蓝水创业创新团队在国家政策护航下,推进生态文明建设和生态环境保护、持续改善生态环境质量,促进加快形成以国内大循环为主体、国内国际双循环相互促进的新发展格局,助力国家高质量发展,建设美丽中国,立足世界风电装备制造业前沿,不断攀登新的高峰,取百家之长,做国际领军企业,将创新进行到底,开创中国民族制造业更加辉煌的未来,为努力实现中华民族伟大复兴的中国梦而不懈奋斗。

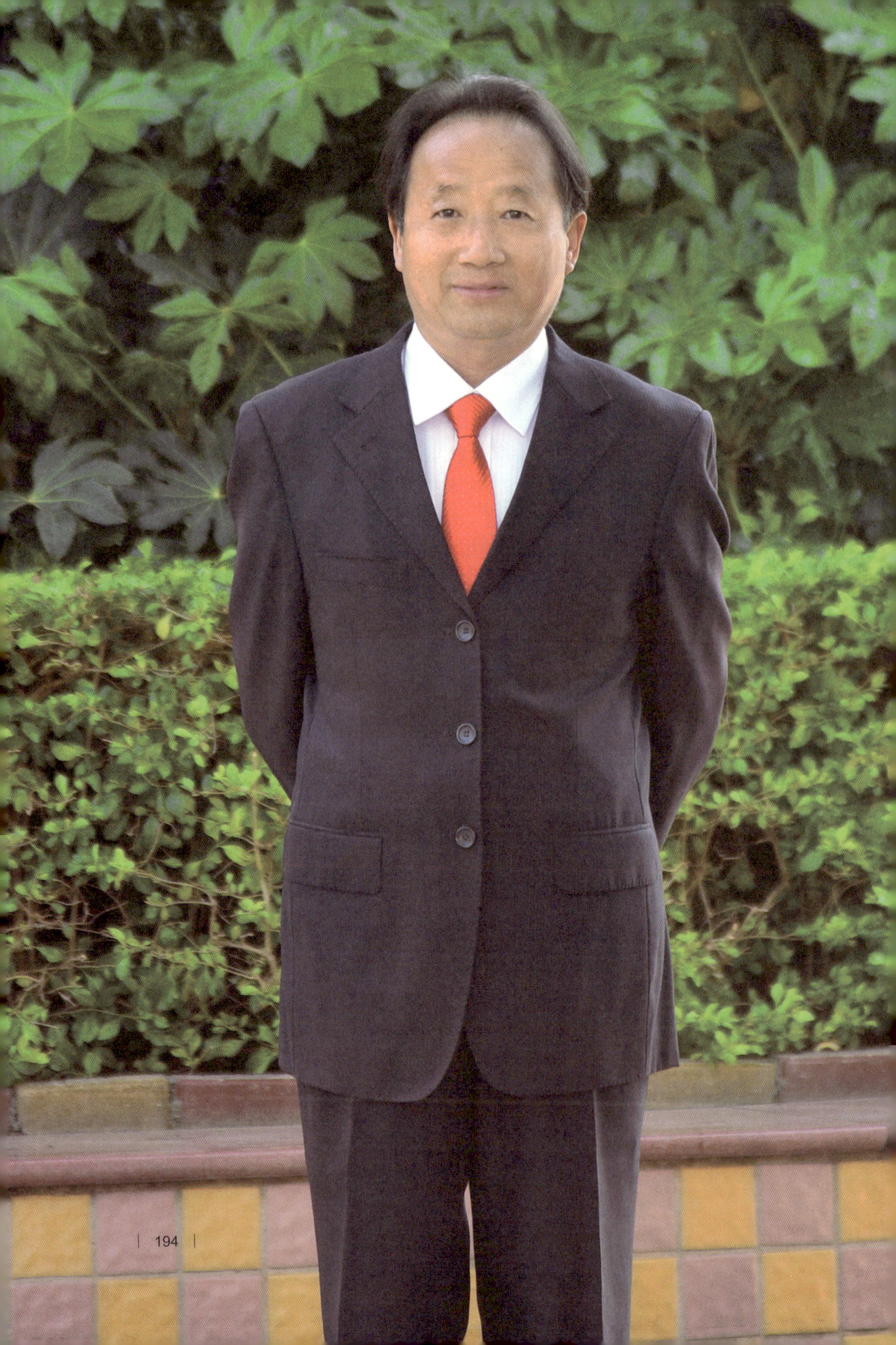

彭万泽
PENG WANZE

泽润万众民族情
建功立业新时代

—— 记云南省楚雄彝族自治州疾病预防控制中心医学专家、教授，云南万泽品牌策划集团有限公司董事长彭万泽

泽润万众民族情 ➢

二次创业结硕果 ➢

建功立业新时代 ➢

致敬

新时代的改革开放,面对的更多是新课题,只有敢于走别人没有走过的路,才能收获别样的风景。

云南省楚雄彝族自治州疾病预防控制中心(以下简称楚雄州疾控中心)医学专家、教授,云南万泽品牌策划集团有限公司(以下简称万泽集团)董事长、法定代表人彭万泽,这位集医生、教师、培训师、注册高级商务策划师、企业董事长等多重身份于一身的新时代医学专家、企业家,坚定不移尊重医学科学事实,弘扬"救死扶伤"的人道主义精神,为不断增进人民健康做出新的贡献。他吃改革饭、走开放路、打创新牌,充分发挥专业优势,培养高尖端人才,带领万泽集团融入区域经济建设,建功立业新时代,走出了一条泽润万众、锐意进取的自强创新发展之路。

泽润万众民族情

民族药是我国传统医药的重要分支、民族的重要瑰宝,是我国各族人民与疾病长期斗争的经验总结与智慧的结晶,为我国人民乃至世界人民的健康做出了不可忽视的重要贡献。云南民族药的开发已经成为很多少数民族地区的支柱产业和新的经济增长点。

1959年2月18日,彭万泽生于云南省楚雄州双柏县一个中医世家,一家三代从医。他幼承庭训,得其真谛。1974年,彭万泽进入双柏县六合人民公社党委会工作,服务乡镇企业。1976年,他考入楚雄医药高等专科学校全脱产带薪读书。1979年毕业后,他调入县人民医院呼吸内科和检验科担任医生,由于个人努力和组织的培养,1980年,他又被调入县卫生局担任彝族医药调查、普查,彝文翻译,编撰彝药志及管理工作,其间参加了楚雄州政府组织的彝族医药普查活动。当时,百余卫生专业人员在楚雄州行政辖区内,进行拉网式考察、普查,开展采集样本、彝族医药彝文资料搜集和汉译等工作,

彭万泽

泽润万众民族情　建功立业新时代

历时两年，收集到的最早资料是明嘉靖时期流传下来的彝文秘方手抄本87个方子、96剂药。这次活动采集的彝族医药标本经四川省中医学院和云南省中医学院临床验证，一药多用、一方多效。活动所搜集到的资料被编撰成《楚雄彝药志》，于1983年在四川省民族出版社出版，该药志是目前中国最早、最完整的彝药志。

1981年，彭万泽调入双柏县公安局担任刑事侦查、法医技术和管理工作。彭万泽参加了1983—1984年，全国公安机关开展的严厉打击刑事犯罪活动的第一战。严打有效净化了社会环境、维护了社会治安、沉重打击了犯罪分子的嚣张气焰。

1984年，他调入楚雄州疾病预防控制中心（原楚雄州卫生防疫站）担任结核病、胸部肿瘤（含癌症）和流行病学研究等管理工作。

工作中，彭万泽始终坚持尊重科学、实事求是，真正做到弘扬"敬佑生命、救死扶伤、甘于奉献、大爱无疆"的职业精神，在面对重大肺结核传染病威胁时，在没有防护物资保障的情况下，想方设法拓展渠道、主动担当、积极作为，发动大过口乡党委、政府、各医疗站（所）100余名乡镇干部，在全乡拉网式筛查疑似结核病人。彭万泽带领大过口乡卫生院医务人员、九个村委会卫生员对可疑人群进行X光胸片、痰片检查，结核菌素试验。进行结核病检查初步诊断后，封好所有疑似病人的检查资料送到云南省结核病防治所请结核病专家集体鉴定。

鉴定结论带回楚雄后，彭万泽又再次写出防治方案提交给楚雄州疾病预防控制中心、州卫健委、州人民政府等领导机关。彭万泽全心全意致力于结核病的预防、诊治、科研，肺癌中西医结合治疗及彝族医药研究，二十余年中结合抗结核病药、中药、彝族医药，对青少年结核病进行超前预防、治疗，对癌症病例中晚期化疗结合中药治疗进行了较长时间的研究和探索，对难治、复治结核病人和肺癌症病人用中西医结合治疗方法，恢复真元，以扶正治本、标本兼顾，解决了耐药性和副作用问题，收到了较好的疗效，治愈率达98.70%，提高了活动性病人的正规短程化疗，遏制结核病传染源，减少癌症病人化疗副作用，提高了化疗效果。他在大过口乡先后救治100多例结核病合并肺心病、肺癌重症病人，以及200多例活动性传染肺结核病人和800多例感染结核病人（强阳性）。他还同时对全乡96例结核病死亡病例病因进行调查分析：这些结核病人因未得到及时规范治疗或发生并发症而死亡。

致敬

"沧海横流，方显英雄本色。"彭万泽看到检查结果和前后确诊资料，对疫情蔓延趋势忧心忡忡。他食不甘味，挑灯夜战，写出最新调查研究报告，分析遏制结核病措施和办法。彭万泽帮助乡政府、卫生院基层组织和楚雄市政府草拟立项报告，以大过口乡为例说明楚雄州结核病防治工作刻不容缓。

二次创业结硕果

俗话说，上帝为你关上一道门，就一定会为你打开一扇窗。

彭万泽退休手续办完后，自信的他没有心灰意冷，反而意气风发地再次扬起了人生的风帆，先后到昆明康挥旅行社、云南科汇医药公司、云南省社科院云南大观杂志产业公司任职，之后在云南省滇中电力实业集团公司任培训部部长，在云南省政府人力资源和社会保障厅教育培训中心任培训部主任。

彭万泽在磨难中成长、从磨难中奋起。经多方思考，彭万泽确定创办公司。科技要发展，教育要先行。他读了四个大学，四个专业（临床医学、英语、工商管理、民商经济法），丰富的求学经历拓展了他个人思维空间，他有医学技术、创新策划能力，熟悉教育市场，有较高的法律素养和广泛人脉，这些都是他创业的资本。

2007年9月3日，彭万泽在市场监督管理局（原工商局）注册了"云南万泽品牌策划集团有限公司"。中国注册商务策划师云南万泽培训中心、云南省商业房地产策划师培训中心是2007年由中国商业联合会委托授权给万泽集团经营的，负责开展云南全省行政辖区范围内的中国注册商务策划师、商业房地产策划师培训、认证、鉴定工作。2010年10月9日，彭万泽在市场监督管理局注册了"昆明万泽教育培训有限公司"，与云南省人力资源和社会保障厅有关部门合作开展培训工作，各类人员经考试合格，由云南省人力资源和社会保障厅或国家人力资源和社会保障部颁发国家职业资格证书。

彭万泽带领云南万泽全体人员以真诚热情和负责务实的态度服务于每一位客户（学员），坚持"以人为本、立德树人""以改革创新为动力，以促进公平为重点，以提高质量为核心"的办学理念，投入云南教育事业的科学发展。

2009年，万泽集团与云南农业大学正式合作长期开办函授专、本科教育，在职硕士研究生学历教育。如，农村与区域发展、烟草方向在职硕士研究生

彭万泽 | 泽润万众民族情 建功立业新时代

毕业率高达100%，辅导全国硕士研究生联考通过率高达62.2%。

2010年11月9日，中国政法大学与万泽教育和万泽集团在云南省行政辖区范围内正式合作开办在职人员同等学力申请硕士学位研修班，万泽方面负责推广、宣传和教学管理等工作。校企合作培养法律高端人才、发展繁荣云南经济，让民间机构弥补政府和事业机构的不足。"万泽"经国家商标总局批准商标注册。

万泽集团十余年来诚信经营规范发展，其五位一体全案战略体系品牌策划，从战略到战术、从执行到运营，让企业少走弯路、多赚钱、少花钱。万泽教育坚持育以人为本，以提高质量为核心的办学理念深受客户好评。万泽品牌服务过各行业各层面客户共8万余人；聘请国内100余位专业教授、企业专家和政府官员作为公司客座教授，开设企业发展战略前沿知识讲座、高端论坛、企业战略项目实战性策划讲座，得到当地各级政府部门的信任，推动当地文化经济大发展大繁荣，把文化产业培育成为云南新兴战略支柱产业，创立了民族文化创意产业特色品牌，并一跃成为文创行业的佼佼者。

2010年，经政府部门从下到上逐级推荐，彭万泽被写入《滇商人物志》。

建功立业新时代

党的十九大报告提出了中国发展新的历史定位——中国特色社会主义进入了新时代。这是一个重大判断。

十多年来，彭万泽带领万泽集团在商业策划人才培养方面做出了非凡贡献，说明民营机构经不断探索，也可以形成了一套适合企业实际、融可操作性和知识技能于一体的人才培养体系。

彭万泽积极实施"一带一路"倡议，采取"走出去，引进来"发展战略；建立科学的评估机制，量化人才标准，为青年人才发展做好参谋；建立技术交流的平台；提高执行力教育和研究。万泽集团始终奋进在时代前列，为理论创新助力，为发展繁荣云南新经济、医药学技术、教育培训事业默默奉献；为使商业贸易商务策划技能人才实现跨越式发展，积极探索，求真务实，创新模式，形成了一套具有实践性和针对性的商贸解决方案。万泽教育弘扬新时代工匠精神，坚定实施建设商业贸易策划技能型、创新型、领军型市场经济模式。

致敬

亚洲（澳门）国际公开大学校长：庄善瑜（左）为彭万泽颁发硕士研究生学位证书

彭万泽带领万泽教育先后与云南农业大学、中国政法大学等高校合作面为云南全省各行各业招引、培养高尖端人才（硕士研究生）。万泽教育已通过国家职业资格资质培训认证，企业内训服务客户9000多人；针对党政部门、企事业机构提供教育培训服务，客户达1.3万余人；就企业发展战略、市场营销策划、管理为客户1万余人提供咨询服务，面向党政部门、企业、社会公益机构客户提供咨询服务或推荐人才数千人次。

2018年5月13日，中国经济峰会在北京国家会议中心召开，会上国务院部委有关领导向万泽教育颁发"中国改革开放四十周年突出贡献企业单位奖"，授予彭万泽"中国改革开放四十周年杰出贡献人物奖"荣誉称号；第五届中国商业创新大会"2017中国品牌500强发布会"在北京国家会议中心召开，国务院部委有关领导向万泽教育颁发"中国行业十大创新力品牌奖"，授予彭万泽"中国品牌建设优秀人物奖"荣誉称号；2018年5月25日，在北京钓鱼台宾馆召开的第五届中国品牌影响力会议上，国务院有关部委领导向万泽教育颁发"中国改革开放四十年·品牌影响力金融财经行业十大企业奖"，授予彭万泽"中国改革开放四十年·品牌影响力金融行业十大人物奖"荣誉称号。

彭万泽 | 泽润万众民族情 建功立业新时代

一分耕耘，一分收获。彭万泽带领万泽创业创新团队完成和参加完成并获医药学科技进步奖的项目有4个（云南省人民政府一项、楚雄州人民政府三项），合著出版25万字以上专著三部（《彝族志》《人物志》《市场经济》）；先后在国内外国家级刊物杂志发表过医学、中医学、中药学、彝族医药学、市场经济、企业管理、新经济等学术论文60篇，其中，4篇被评为世界优秀医学论文，入选世界名人录、世界新世纪卷录，并同时获得首届世界中西医结合治疗创新奖（银质奖）。2020年，经云南省高校评委评定彭万泽为正教授（正高级经济师）；2021年，万泽集团聘任彭万泽为正高级经济师；2021年，万泽教育聘任彭万泽为教授。

展望未来发展，彭万泽信心满满地表示，万泽集团将积极响应中央经济工作会议精神，继续弘扬企业家创新发展精神，不忘初心、牢记使命，坚定推动彝族医药走向市场、走向世界，力争于"十四五"开局之年在教育培训和商务策划方面实现开门红，以优异成绩向建党一百周年献上一份厚礼，为努力实现中华民族伟大复兴的中国梦做出应有的贡献。

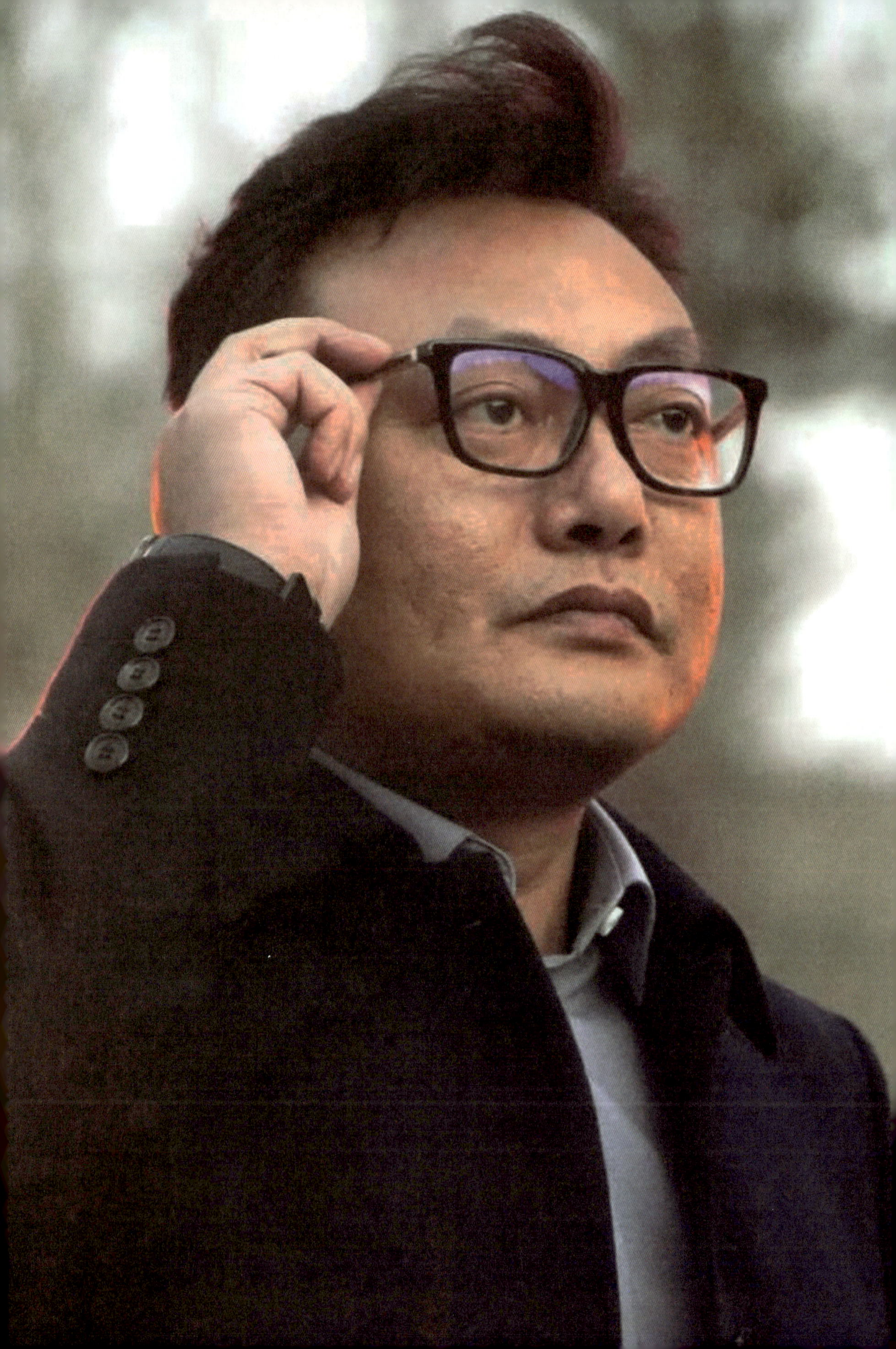

金竹林
JIN ZHULIN

中国可再生资源领域的新时代先锋
—— 记陕西环亚源环保集团董事长金竹林

创业创新创伟业 ➤

睿智谋局促发展 ➤

倾力尽责新时代 ➤

致敬

党的十九大报告指出，人与自然是生命共同体，人类必须尊重自然、顺应自然、保护自然。必须把生态文明建设摆在全局工作的突出地位，坚持节约资源和保护环境的基本国策，坚持节约优先、保护优先、自然恢复为主的方针，坚定走生产发展、生活富裕、生态良好的文明发展道路，构建人与自然和谐发展现代化建设新格局。

陕西环亚源环保集团在董事长金竹林的领导下，坚持以"环境保护、资源再生、废物利用、循环发展"为宗旨，以"绿色发展，共享未来"为使命，全力践行"绿水青山就是金山银山"理念，以"弘扬三线精神，振兴民族工业"为己任，致力于国家城市矿产资源化开发利用和无害化处置，实现企业发展、社会价值和生态效益的最佳组合，实现绿色、节能、低碳、循环的环保新路径。多年来，集团以先进的科学技术，将废料中的有价金属吃尽榨干，为我国的资源再生、环境保护和固废综合利用做出了富有成效的探索与尝试，开辟了一条全新的发展之路，金竹林也被同行亲切地誉为中国可再生资源领域的新时代先锋。

创业创新创伟业

追溯陕西环亚源环保集团的发展之路，总有一种精神让我们感动；探寻陕西环亚源环保集团的强企之道，总有一种智慧让我们沉思。陕西环亚源环保集团自诞生之日起，便注定了环亚源人的不同凡响与引人瞩目。

1976年2月27日，金竹林出生在江苏省兴化市荻垛镇一个叫土娄村的小村庄。

改革开放初期，受苏南模式发展的影响，这里的农户几乎都从事铜制品的加工制作，从熔炼、洗铸到加工雕刻全部都是手工完成。从铜盆、火锅、香炉、烛台到餐具、酒具、工艺摆件无所不做，门类之齐全，工艺之精湛闻名遐迩。

1991年刚刚初中毕业，年仅15岁的金竹林就涉足该行业，从学徒做起，至1994年，他已经成为一个手艺超群的铜匠师傅。但金竹林有更大的理想，

金竹林 | 中国可再生资源领域的新时代先锋

军营才是人生最大的熔炉。

1994年12月，他毅然放弃铜匠师傅的优厚收入，光荣地参加了人民解放军。金竹林在部队这个大熔炉里摸爬滚打了整整4年，就像孙悟空在太上老君八卦炉里一样练就了钢铁般的意志和体魄。

1998年，退伍后的金竹林想干一番大事业，于是就像当初选择参军一样义无反顾地赴海南省求学，并以半工半读的形式成功地考取了海南工商大学。

2000年，大学毕业后的金竹林回到家乡参加工作，先后供职于中国人寿、安利公司，从事业务营销。2001年3月，他参加村两委会选举，先后当选村委会主任和党支部书记，带领乡亲们发展第三产业，做强做大有色金属产业和废铜贸易业务。其间，他先后当选为兴化市、泰州市人大代表。时至今日，乡亲们依然记得30年前20多岁的金竹林以大办乡镇企业实现了共同富裕，他们的村镇成为声名远播的市县经济强镇，第一条通村水泥路、第一家酒店、第一家歌舞厅、第一家洗浴中心……这些村镇诸多的"第一"都是在他担任两委会领导时诞生的。栽了梧桐树，何愁没有金凤凰！金竹林的乡村经济发展模式得到了市县政府的高度重视和认可，投资商蜂拥而至，调研考察络绎不绝，为地方经济发展起到了积极的推动和表率作用。

2007年年初，一个偶然的机会，金竹林再次涉足有色金属行业。此后，他先后创办了重庆綦江金剑有色金属冶炼厂、中国有色金属废料网、临沂金博铜业有限公司，专业从事废弃资源的综合利用工作。经过多年在有色金属行业的深耕细作，金竹林敏锐地发现市场对于有色金属的回收利用有着新的需求，而且环保正日益上升为国家战略，企业要想获得长远发展，必须朝环保领域发展。于是2016年12月，金竹林又以超前的战略家眼光在国家重要的科研、教育、工业基地——古城西安的高新区成立了陕西环亚源环保集团有限公司，下设西安五环有色金属检测有限公司、洛南环亚源铜业有限公司、洛南洛铜商贸物流有限公司、洛南金博有色金属再生有限公司，专业从事含铜废料处理技术及设备研发，各类有色金属废料的采购、分拣、加工、销售等新型业务，推动"资源再生、综合利用"再上新台阶。实现绿色、节能、低碳、循环的环保新路径，科学建设先进的金属废料处理装置、铜精炼设备、铜加工设备系统及有色金属检验检测设备及研发系统，以先进的科学技术高效利用废料中的有价金属，从而提高加工生产率并节约能源，具有降低生产成本等优势。

致敬

其实，金竹林自从 30 年前进入有色金属领域以来，早就超脱了一个只以营利为目的的私企老板的传统思路，他的心里有着更大的人生定位和理想抱负。他始终坚持品质至上的原则，用最专业的技术，做最良心的产品，提供最贴心的服务，用一个个客户的肯定，打造了陕西环亚源环保集团在行业内的口碑，成为中国再生资源领域崛起的新时代先锋。

睿智谋局促发展

年富力强的金竹林，凭借着一个共产党员永不屈服和顽强拼搏的战斗精神，在有色金属行业闯出了属于自己地天地。然而，他并不满足，他在考虑一个更深层次的问题，自然资源无限度地开发，终有枯竭的一天，如何做好保护性开发？城市矿产如何循环利用？大量的固废如何回收处置，再生利用？

多年的商海征战，金竹林明白了一个道理："同行并不是冤家，互利方能共赢。"他认为新时代是一个信息技术快速发展的时代，也是一个资源整合、合作共赢的时代，同行之间应该抱团取暖，加强交流合作，资源共享，互利共赢，共同解决资源短缺这个难题，让行业不断发展壮大。对于环亚源来说，同行是盟友，交流与合作对于企业的重要性不言而喻。在与同行的交流中，金竹林不断开拓新的业务，吸收先进的技术和管理经验。正是在这样的不懈努力下，环亚源这艘商业巨轮得以在风云变幻的商海中永葆动力，于千帆竞发中独领潮头。

环亚源自创立之初就不断适应行业发展需要，不断改进吸收行业的尖端技术，提升企业的竞争力。环亚源重金引进业内较为先进、自动化程度较高、环境友好型的生产设备。这些设备提取精度高，能够有效减少人工操作的失误率，保障产品品质。环亚源创新性地开发出有自主知识产权的多重精细化提取工艺，安全环保、工序便捷，为行业节约了成本，也为客户带来了价值。

2020 年 3 月 20 日晚 10 时整，首批 30 块共重 36 吨的铜锭产品在粗铜吹炼车间成功出炉，日产粗铜 80 吨，标志着历经两年多建设的洛南环亚源铜业正式建成投产。8 月 26 日，阳极铜精炼生产线正式投产运营，日产 306 块，重约 120 吨的高纯度阳极铜板成功出炉。11 月 5 日，公司五大工业板块之一的核心生产线——危废处置回转窑车间正式点火投产，该车间主要焚烧危险废物，可使废物减量化、无害化，而且可将废物作为燃料剂，节省煤粉，做

金竹林　中国可再生资源领域的新时代先锋

到废物的资源化利用。这种方式是目前世界上废物处置利用和生态环境保护的最佳途径。该生产线的建设规模、生产能力、生产工艺和环保技术水平，目前在陕西乃至西北地区都是屈指可数的，日处理危废可达600吨，回收利用的稀贵金属价值极高，是企业危废处置利用、变废为宝的重要设施。

2021年新年伊始，中国环保产业研究院通过多次深度调研考察，郑重地与陕西环亚源环保集团签署了深度融合统筹共建危废治理研究中心合作协议，并将洛南环亚源铜业作为中国环保产业研究院危废治理研究与生产基地，切实打造综合实力雄厚的有色金属危废治理平台。中国环保产业研究院是生态环境部的直属单位，是国家级环保产业智库机构，本次的院企深度合作，将全面提升我国有色金属危废治理及资源化水平。

一分耕耘，一分收获。由于环亚源铜业在循环经济发展和生态环境治理方面的突出贡献，金竹林被评为2020年度环保人物，先后入选《中国人大年鉴》《匠心中国》《中国高新科技》等文献辞书，集团被授予《中国环境报》理事会成员单位、2020年绿色发展典型案例企业、2020年中国环保产业创新发展示范单位等荣誉，金竹林撰写的学术论文《循环发展明使命，智慧环保绽异彩》引起了极大关注，《人民日报》、新华网、腾讯新闻、《中国环境报》、中央电视台、陕西电视台等国内主流媒体相继采访报道。

倾力尽责新时代

"环亚源集团的发展离不开国家的好政策，离不开社会的支持，我们必须回报社会，这是一个企业应尽的责任和义务。"金竹林的这番话，可以说是这么多年来环亚源集团参与社会公益事业的一个真实写照。在当今社会环境下，这也显得弥足珍贵。

随着公司经营规模的不断扩大，员工数量大幅增加，职工食堂已远远满足不了员工的就餐需要。公司领导看到员工冒着严寒、顶着烈日露天就餐的情景，急在心头、痛在心里。金竹林想员工之所想、急员工之所急，召开高层会议，商讨解决方案。本着"民以食为天，食以安为先"的原则，在公司资金非常紧张的情况下，投入巨资，仅在半年内就建成了建筑面积达1100多平方米的三层全钢构多功能的"卫东66号"职工食堂。食堂在解决员工吃饭问题的同时还提供了多种文化娱乐功能，二楼别具匠心地设置了图书专柜、

致敬

咖啡厅、音乐厅、棋牌室、酒吧、茶艺室等休闲娱乐区域；三楼是文体活动室，是员工进行健身、健美操、瑜伽瘦身等活动的好场所。

正是在这样细致入微的关照下，环亚源吸引了大批人才。环亚源所有工作人员都具有十几、二十年的有色金属废物利用经验，现有环保工程师2名、安全管理工程师3名、危固废处置技术高工3名、技术研发及检验检测型人才16名，其中硕士研究生1名、高级工程师2名、内审员4名、工程师5名、具有中级以上技术职称的专业化验员4名。人才是一个企业的核心竞争力，面对行业内普遍的高端技术人才紧缺的现状，金竹林也在不断地寻找解决办法。

知识不是一成不变的，只有持续不断地开展人才培训，才能保持其知识常新、思维常新、意识常新。近年来，公司联合科研院校邀请技术专家为职工进行技术培训，同时作为学校的产学研基地，为大批学生的实地参观、学习、毕业设计、实验、论文撰写等学术活动提供必要的辅导及相关条件，还结合科研院所的人才优势，不断探索先进技术，不断开发新工艺，满足国内外高端市场的需求，从而达到新的产品高度。

在"绿水青山就是金山银山"发展理念的指引下，金竹林创新性地将企业发展与生态建设相协同，收获了丰硕的成果。目前，公司是全国知名的有色金属循环经济产业园、国家城市矿产教育示范基地、循环经济教育示范基地、中国危废产业网络联盟会员单位、陕西省质量服务信誉AAA级单位。

在收获市场经济红利的同时，金竹林带领的环亚源常怀感恩之心，积极参与脱贫攻坚、扶贫帮困和社会公益活动，先后为当地永丰镇李源村小学捐赠校舍修缮资金21万元，与柏峪寺镇茶房村签订合作经营三线文旅便利服务

金竹林 | 中国可再生资源领域的新时代先锋

站协议,帮助其发展村集体经济。在2020年全国抗击疫情的攻坚战中,环亚源在第一时间向洛南红十字会捐赠抗击疫情善款10万元,先后为永丰镇东湖村、火寨村、辛岳村一线防控人员捐赠6000元。公司党支部、工会、妇女联合会共同向全体党员、积极分子、全体职工发出倡议书,号召大家踊跃捐款,奉献爱心。在党员和积极分子的带动下,全体员工积极参与,共捐赠善款156605元,为奋战在抗击疫情第一线的医护人员和周边村组防控人员配发防控物品,有力地支援了地方政府和社会新型冠状肺炎疫情的防控工作。

在全面推进企业发展的同时,金竹林始终以一个退伍军人和共产党员的严格标准来要求自己,坚持以习近平同志新时代中国特色社会主义思想为指导,勇担社会责任。金竹林以一位民营企业家的社会担当,不忘初心、牢记使命,积极联系地方政府,踊跃承担社会责任,先后在产业帮扶、教育帮扶、就业培训帮扶、贫困大学生资助、防疫物资捐赠、抗洪救灾捐助等活动中慷慨解囊,奉献爱心,累计捐款100余万元,受到了省、市、县各级政府的多次表彰奖励。

展望未来,任重而道远。对此,金竹林——这位中国可再生资源领域的新时代先锋——信心十足地表示,力争在国家"十四五"规划期间将集团打造成国家城市矿产标准示范企业、国家循环经济教育示范基地、大学生实习地基、现代工业生态旅游服务区、国内首家有色金属循环利用环保型企业及全国民营百强企业;积极践行国家"一带一路"倡议,依托互联网平台进一步实现产业资源的合理配置与共享;努力钻研专业知识,勇攀技术高峰,坚持与行业共同成长,踏踏实实做事;以产业报国为己任,不忘初心,牢记使命,满怀信心,砥砺前行,为实现中华民族伟大复兴中国梦做出新的更大的贡献。

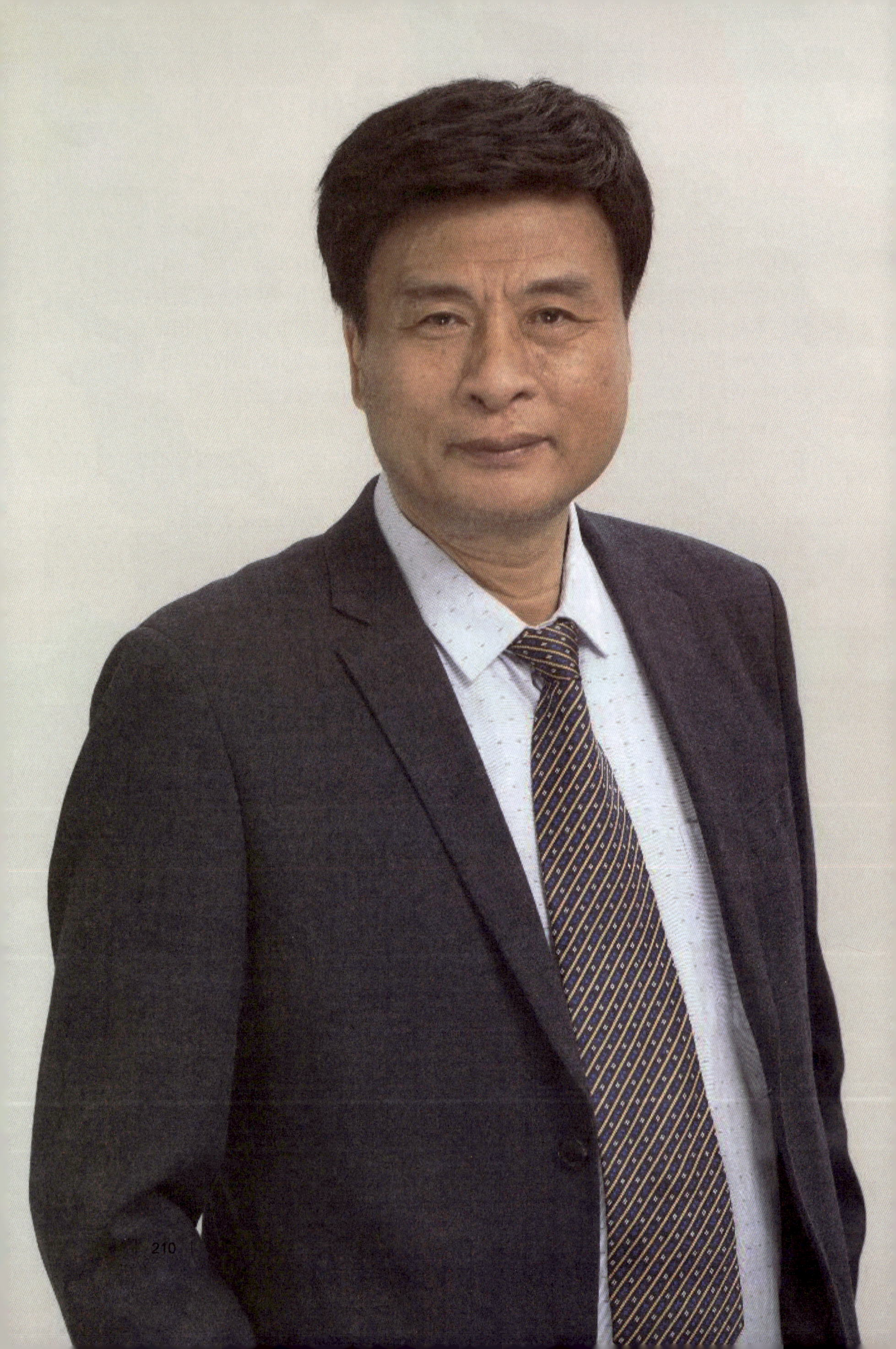

陈永胜
CHEN YONGSHENG

发明大王的专利强国梦
—— 记浙江腾荣环保科技有限公司董事长陈永胜

梦想绽放，靠坚持回应质疑 ➡

创新创业，用专利造福于民 ➡

得到认同，让荣誉激励前行 ➡

此生无悔，以初心报效国家 ➡

致敬

人类历史的每一次跨越，都源于对梦想的执着。从仰望月亮，幻想嫦娥和玉兔的故事，到人类首次登月的伟大壮举；从面朝大海遥望世界尽头，到指南针应用和大航海时代来临；中国在共产党的领导下，打破西方的技术封锁，让卫星上天、让航母下海，让中国制造走向世界。在鼓励大众创业、万众创新的今天，任何一个有梦想的人都是了不起的。

浙江腾荣环保科技有限公司董事长陈永胜就是一个执着的追梦者，致力于专利发明的探索者。他在别人的质疑和不解中一路走来，最终拥有了118项专利，其中有发明专利59项，涉及能源、水电、农业、大气环保、水质环保、大健康领域等，成为名副其实的"发明大王"。

梦想绽放，靠坚持回应质疑

谈到发明创造，总让人想到科研专家穿着白大褂在实验室里摆弄各种仪器的画面，但出生在浙江省温州市苍南县的陈永胜，其发明之路完全不是这种场景。他没有高学历，父母也不是专家教授。在农村长大的陈永胜从小对机械、物理等充满了浓厚的兴趣，在无师自通的情况下，全凭一腔热血走上了这条路。

当时，父母只是觉得孩子动手能力很强，喜欢乱折腾，并没有多想，更没有意识和能力对有天赋的孩子给予指导和鼓励。有时候，陈永胜想买一些工具，手头紧巴的父母也不能满足这个小小的愿望。随着年龄的增长，陈永胜在学习和生活的压力下，不再像少年时代那样鼓捣手工，但内心对发明创造的冲动和梦想始终没有放弃。

离开学校之后，陈永胜后来成为林业工程处的一名普通职工，并从中学会了木工手艺，工作数年后，手中有了积蓄，那种隐藏在内心多年的冲动又开始萌发。他不顾家人的反对，辞去了在他人看来稳定的"铁饭碗"工作，一边做木工，一边从事着别人眼中"不务正业"的发明创造。然而，这并不是一条马上能见到成效的路，在遭受别人质疑的同时，手中的积蓄也在快速地消耗着，于是，陈永胜打起了房子的主意，这让妻子大为恼火。但陈永胜

陈永胜 | 发明大王的专利强国梦

依然坚持己见，将房子卖了 400 万元，投入到他的发明创造中。妻子不能理解这种疯狂的行为，最终与他离婚。在陈永胜家庭破碎、前途依然渺茫之际，很多人都劝说他赶紧收手，并打算撮合他与前妻和好，踏踏实实过日子，然而陈永胜不为所动，依然故我地坚持着。

陈永胜的科研之路不仅得不到家里人的支持和理解，甚至一些专家学者也从专业角度让他放弃某些不切实际的项目。他的机械推力发电项目，就遭受了不少冷嘲热讽。不甘心的陈永胜跑到北京请教相关专家。在听到陈永胜打算用 100 斤拔起 100 吨，并且在两三秒内实现，以此来实现发电，研究了一辈子物理的专家说，这已经违背了物理的常识，是不可能实现的，并好心劝说他不要再为此浪费精力和金钱。后来，陈永胜还是攻克这一难题，并拿到了专利证书，在告知这一消息后，专家非常震惊，但听了陈永胜的解读之后，专家才恍然大悟。

"世上本没有路，走的人多了，便变成了路。"陈永胜非常喜欢鲁迅先生的这句话。在发明创造的道路上，正是这种有些偏执的精神，使他取得了一个个成果。那些曾经不看好他的人，也纷纷投来赞许的目光，"发明大王"的头衔不经意间开始传播开来，甚至有人赞誉他为"中国的爱迪生"。对此，陈永胜并没有沉浸在别人的赞扬声之中，他只是专注于做好自己的事情，而如何让专利技术落地转化，造福于民才是陈永胜最关心的。

创新创业，用专利造福于民

2013 年，李克强总理首次提出"大众创业、万众创新"，神州大地掀起了创新创业的热潮。在创新之路上先行一步的陈永胜，早就开始在发明专利的道路上取得了不小的成绩，并引起了媒体的广泛报道，他的事迹也逐渐被更多人所熟知。2015 年，在创业热潮的推动下，陈永胜注资 3000 万元创建了浙江腾荣环保科技有限公司，成立之初就以"科技兴企、科技惠民、科技报国"为发展目标，致力于将创新专利与造福民众结合起来。

随着经济的发展，苍南县境内建立了大大小小的众多工厂，境内水域污染逐年加重，严重影响当地民众的健康和生活。污水处理是一个普遍性的问题，有关数据显示，2018 年中国一年污水量增至 521.12 亿立方米。陈永胜的发明专利"污水过滤设备和污水过滤系统"针对的就是日益引起广泛关注的

致敬

城市污水问题。市场上现有污水过滤设备在清理过滤渣的时候必须要停机,从而影响运转效率。经过不断钻研,陈永胜最终成功解决这一问题。目前,该项技术日益完善,能够满足不同用户的不同需求,污水日处理量集中在100吨~10000吨。同时,该项技术还能根据客户特殊需求量身定制。除此之外,随着研发的深入,该项技术还能广泛应用于工业污水、养殖废水、农业污泥脱水、河道黑臭污水、生活污水、医疗废水、药品生产污水、印染污水、化工废水、酸洗磷化废水、电镀废水、含油污水、屠宰污水、食品加工类污水、垃圾渗滤液等多个领域。

陈永胜的发明创造并非异想天开,都是立足现实生活中的需求。2014年,陈永胜到北京申请专利。严重的雾霾天,让北京仿佛成了"雾都",第一次接触到雾霾的陈永胜简直不敢相信眼前的景象。在了解到雾霾会对人的呼吸系统造成严重损害,而北方地区雾霾天气已成为社会关注的热点之后,陈永胜内心非常沉重。从这一刻起,陈永胜决定暂时放弃对其非常重要的能源专利,转而开始涉足空气领域,研发出能够针对雾霾的技术。回到浙江之后,陈永胜开始了夜以继日地工作,几乎一整天都在实验室中待着,一天只睡三四个小时,经常每天只吃一顿饭,多次因为过于劳累而在工作台上睡着。正是凭借这种执着的精神,短短几个月,他就取得了空气领域的40项发明专利。不久之后,其中的两项已经授权,并进入产品生产制造环节。

当前,大气污染已经成为世界三大污染之一,发展新能源、改善环境是大势所趋。为此,陈永胜带领公司专门针对空气污染发明烟尘过滤装置、空气净化装置,不仅适用于大型企业,也可应用于一般设备的废气净化,并有助于尽快解决雾霾问题。鉴于煤炭发电造成的严重污染,陈永胜采用特殊的强杠杆机械推力结构,自主研发了机械推力发电技术,让燃料产生动能转化率得到了极大的提升,有效降低了发电过程中能源的损耗。

另外,公司在水电、风能发电领域拥有发明专利11项。在大气环保领域,研制的工业废气、煤炭燃烧尾气、车船尾气、家庭炉灶、垃圾焚烧发电等装置,无烟囱、无异味垃圾变产品等装置申请发明专利9项。

在绿色农业生产领域,陈永胜开发了智能行走机器人装置,并申请了8项发明专利,适用于淤泥清理、农田灌溉、作物种植等,能够在各种复杂环境下进行农田作业,有效减少人工投入,非常适合不利于大型机械化作业的田间。在生命健康方面,他研发了多种生物保鲜、原生态植物提取技术,满

陈永胜 发明大王的专利强国梦

足人们日益提高的食品健康需求。

得到认同，让荣誉激励前行

多年以来，陈永胜对科研发明有着近乎疯狂的执着，忘我地投入，不懈地追求，在攻破一个个技术难关的同时也为自己赢得尊重和广泛的认可。截至目前，其自主研发的专利，涵盖多个方面并开始应用，成为当之无愧的"发明大王"。

陈永胜创立了两家公司，浙江腾荣环保科技有限公司与浙江尚杰新能源科技有限公司并担任董事长。陈永胜的成果也得到了政府及院校机构的认可。他还担任了中国管理科学研究院客座教授等职位。2017年，陈永胜因研发专利方面的重大成就，被编入《中华人民共和国年鉴》（2017卷）。这是国务院办公厅与国家新闻出版总署编纂发行的我国唯一一本综合性国家年鉴，本身就具有很高的权威性，并面向全世界发行。该"年鉴"自1981年创刊以来，每年出版一卷，它内容翔实、资料完整、数据权威，成为海内外了解中国、研究中国、投资中国的决策参考刊物和权威工具书，同时也是国内各级党政机关、企事业单位、研究机构、高等院校查阅资料、掌握信息、了解全局、指导工作的重要参考刊物和具有收藏价值的大型工具书。对此，陈永胜非常激动，这表明个人的成就得到了国家层面的认可，这也为企业走向世界创造了良好的机遇。

2018年，陈永胜以专利发明者的身份登上被誉为"世界的十字路口"的美国纽约时代广场大屏幕，让"中国发明大王"的

陈永胜登上美国纽约时代广场大屏幕

215

致敬

形象在世界范围内传播，并以中英文向世界传递"发明创造心无悔，专利转化报国家"的初心。纳斯达克交易所外的大屏幕是时代广场最重要的标志之一，中国国家形象宣传片就曾在这里播放，让全世界见识新时代中国人民的精神气质，从而成为国外了解中国的一个重要窗口。以中国发明家身份出现的陈永胜，成为新时代中国人民创新精神的一个缩影，进一步增强了国外对中国创业者的了解。

2018年，陈永胜与其创办的浙江腾荣环保科技有限公司入选"中国长城品牌人物·中国民族品牌"，与袁隆平、屠呦呦、任正非、柳传志等堪称新时代国家长城的重要人物及海尔、联想、华为等知名品牌一起，镌刻在北京八达岭古长城脚下的国家长城标志碑上，国家长城标志碑将古长城与新长城融为一体，成为展现民族精神、传承中华传统文化、推介中国民族品牌的一道人文景观。同时，组委会鉴于陈永胜在专利技术方面取得的丰硕成果，特意邀请他加入长城论坛理事会。

中国影响力人物数据库是国内最为权威的名人百科平台，收录的都是各行业权威人士，在行业内有较高知名度，或在互联网上有较大影响力，发展至今已成为国内最具影响力的国家级品牌宣传平台。2018年9月，陈永胜入驻国内名人百科中国影响力人物数据库，并受邀担任名人百科专家评审委员会特邀评审专家。不久之后，还入驻"中国行业领军人物数据库"，并成为"2020新时代行业先锋人物"。

2019年5月，陈永胜荣获"科学中国人——2018年度人物科技型企业家"的荣誉，同年9月入编庆祝中华人民共和国成立70周年大型画册《70年70人》，同时中国邮政还发行陈永胜专题个性邮票，表达对陈永胜卓越成就的充分肯定。

为迎接中国共产党成立100周年，中国国际报告文学研究会遴选了百名行业功勋人物，陈永胜入选其中，并获得"激荡百年·领航中国百名功勋人物"头像纪念章。

此生无悔，以初心报效国家

专利发明之路任重道远，但又充满了魔力，这让陈永胜欲罢不能。多年的研究经历，让他发现这项工作最引人注意的就是，"从开始的一无所知，

陈永胜 | 发明大王的专利强国梦

然后逐步深入,最后做出成果。这就像走在森林里探宝,最后找到科学宝藏的时候,那真是一种享受。这种乐趣,是对自己最大的回馈"。正是在这种魔力的召唤下,陈永胜带领腾荣公司,始终以客户为中心聚焦于专利创新,持续加大研发投入,通过技术资源与商业模式的高度整合,在能源、环境、生态等领域为客户提供更加多元化的解决方案,为中国的环保产业贡献智慧。

近年来,国家一直大力推动创新创业,着力激发专业技术人才的创造潜力,加速科技成果向生产力的转化,并加强对知识产权的保护。2020年,一场突如其来的疫情对中国经济发展产生了重大的影响,然而在全国人民的共同努力下,疫情很快得到有效控制,企业逐步复工复产,令全世界为之震惊。陈永胜说,中国之所以能够取得如此重大的成就,其背后离不开创新技术的转化和应用。在全球经济不乐观的形势下,国家再次强调要推动制造业升级和新兴产业发展,提高科技创新支撑能力,改革科技成果转化机制,畅通创新链,营造鼓励创新、宽容失败的科研环境,并深入推进大众创业、万众创新,这对致力于创新发明的民营企业来说是一个利好消息。

尽管誉满四方、专利众多,但是,陈永胜始终认为自己不过是一个普普通通的发明者,是因为赶上时代发展的机遇才取得了一些微不足道的进步,而自己唯有不断研发创新,升级专利技术,才能无愧于这个伟大的时代。对于未来的发展,陈永胜坦言,希望能对接更多有能力的企业,实现专利技术的转化。"专利如果不转化就等于零。"陈永胜表示,"只有把研发成果应用到实践当中,才能造福社会,才是对专利技术最大的尊重。"

当今,科技日新月异,极大地方便了人们的生活,然而每一次看似巨大的改变,都离不开一个个灵光一现的微创新,都少不了像陈永胜这样有情怀、敢拼搏的创新者。他们在创业道路上,不忘初心、砥砺前行,用心血和智慧努力铸造民族品牌,圆复兴梦想。"雄关漫道真如铁,而今迈步从头越。"在创新创业的道路上,我们希望能有更多陈永胜这样的开拓者,同时也希望全社会能给予这些创业者更多的支持和鼓励,其中尤为重要的是,努力为饱含智慧和心血的产品研发、市场转化、产业对接创造更加有利的社会环境,为中国梦的实现加油喝彩。

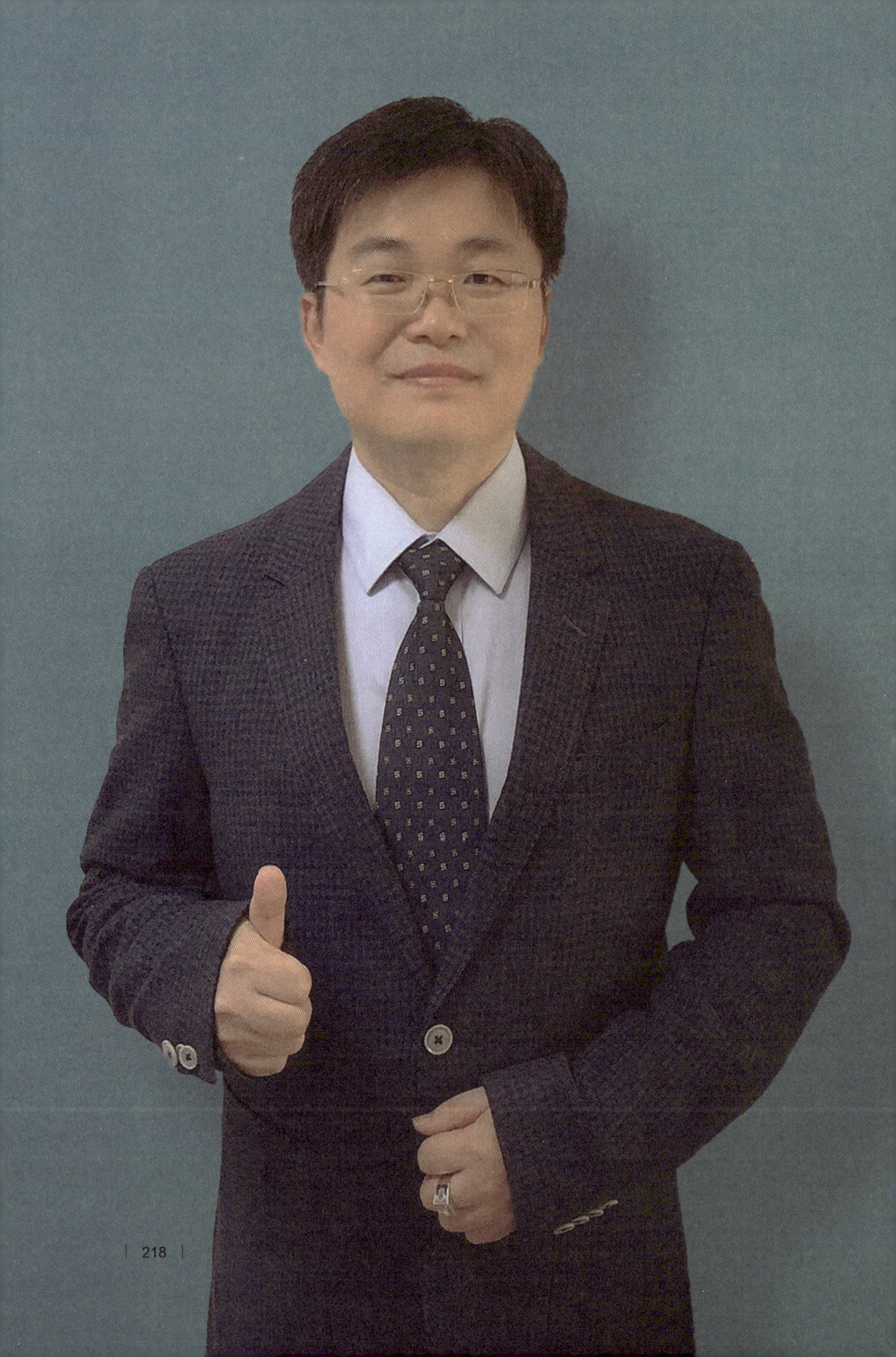

牟秀峰
MOU XIUFENG

管道幸福千万家
—— 记爱喏国际集团创始人牟秀峰

管道大机遇
转型再创新
人生三大事
荣誉满四方

致敬

进入21世纪以来,中国人的生活品质发生着翻天覆地的变化,很多人没有注意到的是,生活中每一个细小的变化背后,都有一批在研发创新道路上不懈努力的先行者的身影。就拿生活中常见的生活用水管道来说,就经历了从国外引进技术到再创新的过程。爱喏国际集团创始人牟秀峰就是这一过程的参与者。二十年来,他潜心于聚丙烯(PPR)管道技术的研发创新,紧随国家环保政策,借势"一带一路"东风,成为名副其实的"聚丙烯管道中国市场推广第一人",同时他还拥有欧美双博士头衔,是建材家居行业罕见的高学历企业家。作为一个学者型的创业者,他不仅在产品研发创新上成绩斐然,而且还在企业运营模式和经营思想上提出很多有价值的见解。

如今,牟秀峰还担任着中国管理科学研究院智能水电国际研发中心主任,中国管理科学研究院商学院客座教授,中国国际家居产业发展论坛执行副主席,泰国建筑建材装饰协会副会长,泰国聚丙烯管道行业协会执行会长,泰中爱心公益联盟副主席等职务。

管道大机遇

牟秀峰出生在黄河文化和齐文化发祥地之一的山东滨州,在这片人杰地灵的土地上,曾经留下了古代著名军事思想家孙武、汉孝子董永、宋代著名政治家范仲淹、清代帝师杜授田等历史人物的故事。在这种文化滋养下成长起来的牟秀峰从小就怀有远大的理想,加上聪明伶俐、勤奋好学,1988年以优异的成绩考上了上海交大安泰经济管理学院。

在当时,家里能出一个大学生,是令家族颇感光宗耀祖的大事,更何况牟秀峰考上的还是名牌大学。1992年,牟秀峰以优异的成绩毕业,被分配到上海的一家国有企业从事企业管理工作并兼任企业团委副书记。作为一个高学历人才,牟秀峰在工作中发挥外语方面的优势,多次参与到国企与外企的合作洽谈之中。20世纪90年代,邓小平发表南方谈话,社会主义市场经济体制开始了大刀阔斧改革的新时代。作为国企管理人员,牟秀峰深刻地感受到这一变化,并在与外企谈判的工作中,偶然了解到聚丙烯管道的价值。长

牟秀峰 | 管道幸福千万家

期以来，传统的镀锌钢管是我国建筑内冷热水供应系统采用的主要材料，由于金属管道长时间使用会出现锈蚀，从而会对用水水质产生污染。随着人们生活水平的提升，对水质的要求和健康观念也不断提升。因此，改换传统的金属管道，采用更加环保轻便和成本低廉的 PPR 管道成为大势所趋。

1996 年，牟秀峰决意扔掉令人羡慕的国企"铁饭碗"，进入一家德国跨国企业。从前途远大的国有企业管理岗位转变成为一名外企销售经理，从此，他开启了长达 24 年的建材经营之路，积极推动德国 PPR 管道在中国市场的应用，并因此开创了该类型管道在中国应用的先河。

PPR 管是一种环保型管材，它由聚丙烯经改性后挤压而成，具有优良的耐热性及较高的强度，制作成本较低，且这种管材采用热熔连接，施工工艺简单，施工质量容易得到保证。牟秀峰敏锐地发现了市场机遇，引入更加环保的 PPR 管道既是一个新的业务领域，也是一件利国利民的大事。半年之后的 1997 年 5 月，牟秀峰率先将土耳其皮尔萨（PILSA）PPR 管道引进中国。1998 年 10 月，他又将德国阔盛（AQUATHERM）PPR 管道引进到中国市场。到了 1999 年，六部委联合发文要求实行"以塑代钢"，PPR 管道作为新型环保健康安全可靠耐用的塑料管道开始替代传统的镀锌钢管，而牟秀峰则依靠对市场发展趋势的先知先觉，早就开始响应国家号召，并在聚丙烯管道推广应用中先行一步。

转型再创新

2000 年 7 月，积累了多年经验的牟秀峰，开始以联合创始人的身份与当时全国各地最早一批代理销售进口 PPR 管道的行业引领者，在安徽合肥共同投资建立了中国第一家专业生产无规共聚（PPR）水管配件的工厂，实现了人生的第二次重大转型，从外企销售经理成为民营企业创业者，并与英国爱喏工业股份有限公司达成合作，创建爱喏国际集团，在中国生产和销售这种管道。

爱喏集团传承英国工业发展的优良传统和辉煌成就，集工业设计、科技创新、产品研发和市场营销于一体。作为爱喏国际集团董事长，牟秀峰大力推动聚丙烯（PPR）管道在中国的应用。在 2005 年，他首先将聚丙烯管道应用到精装修房屋管道施工工程上，以实际行动践行国家"以塑代钢"的政策。

致敬

随着人们对房屋装修要求的提高,水电施工成为人们关注的重点,尤其是个性化管道定制成为市场一个新的增长点。同时,在管道技术创新和满足用户需求上,爱喏也不断进行新的尝试:2008年利用最新的纳米科技开发出纳米抗菌管道系统,让管道成为守护家人健康的"隐形英雄";2009年,针对家庭用电安全,研发出更具安全性的强弱电分色电工套管;2015年,开发出能节约空间降低施工成本、抗压性和稳定性更强的扁排水管;2016年,牟秀峰根据当时的建材家居行业发展状况和趋势,率先提出"水电一体化"的概念,并进行品牌重塑和产品研发。

2017年11月,同心同行·共创未来——2017英国爱喏新品发布会在上海成功举办。在这次发布会上,爱喏正式推出"五水五电"产品,中国装修装饰行业协会家庭装饰委员会秘书长张仁先生亲自莅临发布会现场,充分肯定和高度评价爱喏在水电一体化方面的大胆创新和先行先试。同时,来自全国的合作伙伴精英还一同见证了英国爱喏新品电动窗帘与电动晾衣机等智能产品,展示智能科技在品质生活上的应用。

为了响应国家提出的"一带一路"倡议,牟秀峰还把从国外引进的PPR水管经过研发创新之后,又输出到国外。2017年,牟秀峰在泰国罗勇工业区建立泰国第一家无规共聚(PPR)水管生产厂。到了2018年,又在泰国建立了智能晾衣机和智能窗帘生产工厂。2019年,5G时代迎面走来,人工智能技术如火如荼,牟秀峰看准时机,在江苏常州创建全屋智能家居生产厂。

牟秀峰经常说:"一棵树不如一行树,一行树不如一片林。"在做大做强产品的同时,牟秀峰也在致力于打造一个产品生态圈。他打造的"爱喏新零售生活馆"就是"线下自带流量,线上多维引流,共享空间体验,成交复购裂变"新零售思维的体现。在生活馆中包括水电产品、智能家居、健康家居、居家用品四大类别的家居产品。通过质保卡、优惠券等方式吸引老客户及潜在消费者全方位体验爱喏智能产品,形成口碑传播,最终促成购买、复购乃至自愿帮助介绍新客户。同时,该平台还与代理商、经销商、装饰公司、社区合伙人深度合作,多种方式吸引客户体验产品,促进消费,从而实现裂变。

创业20年来,在牟秀峰的领导下,爱喏生产的各类管道已经销往亚洲、东欧、非洲、南美等20多个国家,仅仅在中国,累计承接的工程项目数千个,服务的装饰公司包括业之峰、龙发、紫名都等业内知名公司在内有将近1万家。作为2022年北京冬奥会工程项目管道供应商,爱喏将以更加优质的创新产品

牟秀峰 | 管道幸福千万家

为全球关注的冬奥会贡献一份力量,展示中国企业在创新环保上的最新成绩。

人生三大事

20 年的创业,虽然小有成就,但对牟秀峰来说还远远不够。他立足聚丙烯管道推广,持续不断地把企业做大做强,都是为了实现"三件大事":引领一个行业,创造一种模式,探索一种管理。

为了完成这三件大事,牟秀峰在工作、创业的过程中不断学习。2004 年在上海理工大学攻读管理科学硕士;2008 年在美国攻读工商管理博士,主修战略管理,研究方向为竞争战略;2018 年在法国尼斯大学攻读工商管理博士,主修跨文化管理。"头狼永远是狼群中最强壮的。"牟秀峰说,"当前市场竞争越来越激烈,优胜劣汰的进化论思维同样也适用于商业。作为企业的领导人,一定要不断提升自己的理论修养。只有自己综合能力不断提升,才能带领企业走向未来。"

在牟秀峰的规划中,他不会仅满足于引领行业的发展,更要打造一个全新的业态平台。早在 2016 年,牟秀峰就开始筹划"水电一体化新零售商业生态平台",致力于打造一种创新模式,这也是牟秀峰要做的第二件大事。

这个平台包括了水电产品、智能家居、健康家居以及居家用品等方面。牟秀峰认为,家装行业,水电先行,水电是一个密不可分的整体,而各类管道是基础。5G 时代来临,家居智能化是一个趋势也是业务未来发展的重点领域,牟秀峰为此不惜投入巨资持续不断地研发创新智能化家居产品,先后投产了电动窗帘、智能晾衣机、智能门锁、智慧家居控制器等产品,并因此获得国家级发明专利 2 项,实用新型专利 28 项。当初,用聚丙烯管道更换金属管道是基于居民用水健康的考虑,在追求健康舒适生活的今天,健康生活的理念更是深刻影响着人们的消费习惯。为此,牟秀峰研发的欧式全屋净水系统不再停留在对水的纯净度的追求上,而是用科技创新洁净水质的同时,还能还原水质的天然性,保留天然水中对人体有益的重要矿物质和微量元素。

除此之外,牟秀峰还致力于打造全方位的线下体验平台,集合爱喏研发的各种高性价比产品,让客户享受到一站式购物的便捷,这包括爱喏新零售生活馆、家装工艺共享展厅、社区家居休闲茶馆等。这些平台既有针对消费者的产品展示,也有面向技术人员和装饰公司的工艺展示,还有方便居民休

致敬

闲聚会的免费开放空间。这些不同类型的体验平台，从多个角度展示爱喏品牌影响力、研发创新力，让提升民众生活品质落到实处。

改革开放40年来，中国的民营企业迎来了全新的发展机遇，在诞生了很多具有全球影响力品牌的同时，也有很多企业走向衰落。如何让企业品牌长盛不衰，打造百年品牌，是每一个创业者都必须要思考的问题。作为工商管理界的理论者和实践者，牟秀峰博士一直想探索一种管理机制，帮助中国众多的中小企业实现传承百年的梦想。20多年来，牟秀峰在创业中形成了"核聚变"思维、产业链思维、新零售思维、生态圈思维和进化论思维。他认为，要打造百年品牌，一定关注行业变化，研究社会趋势，从经营产品的思维转变为经营人的思维，同时也要用聚合思维设计商业模式，打造一个完整的商业平台，形成良好的商业生态圈，并在创业中不断实践自己的理论。

荣誉满四方

每年5月20日，都是爱喏公益日，爱喏人用爱与诚信的弘扬与传递，感恩客户，回馈社会，传播积极健康的品牌形象。牟秀峰认为，企业的发展与社会责任是同步进行的。因此，创业以来，他带领爱喏从品牌国际化、生产国际化和市场国际化三个方面入手，积极响应中国"一带一路"倡议，既走出去又引进来，为追求美好生活的中国百姓创造幸福，逐步在业内积累起品牌知名度、美誉度，赢得了消费者、同行、客户以及社会的高度赞扬。

2018年6月23日，中国管理科学研究院举办的中国第十一届管理科学大会盛大召开。大会聚焦新时代背景下管理科学水平提升及现代化管理思想、理论研究趋势等热点话题共同探讨交流，吸引了国家有关领导人，著名经济、管理专家学者以及来自全国各地的企业管理精英。经过现场专家学者的认真审核和严格筛选，中国管理科学研究院企业管理创新研究所授予英国爱喏"中国智能家装水电一体化双创示范基地""改革开放40周年·中国管理创新优秀品牌"等荣誉称号，牟秀峰个人也获得了"改革开放40周年·中国管理创新非常领导者"称号，并接受了CCTV、人民网、光明网、国际在线、中国经济网、央广网和中青在线等媒体的采访。

2019年，在中华人民共和国成立70周年的伟大日子里，牟秀峰受邀参加以"致敬新时代·向祖国70华诞献礼"为主题的第十五届信用中国年度盛

牟秀峰 | 管道幸福千万家

典暨 2019 中国企业诚信与竞争力论坛。长期以来，在创业道路上，牟秀峰始终坚持诚信经营，遵循契约精神，推动企业不断成长的同时也赢得了社会各界的好评。因此，牟秀峰和爱喏集团分别荣获"中国家装水电一体化领军人物"和"中国家装水电一体化领军品牌"的荣誉。

2020 年，作为学者型的企业家和创业者，牟秀峰出席第十七届中国科学家论坛。在本次论坛上，爱喏集团展示了自己顺应全球化的趋势，大力推动家居智能化研发创新，尤其在智能水电研制领域取得的突出成就。中国管理科学研究院为此授予爱喏集团"智能水电国际研发中心"的金字招牌，使爱喏集团成为融政产学研于一体的研发中心。这对爱喏集团继续引领智能水电行业的健康发展具有非常重要的意义。

2021 年，中国共产党迎来了建党 100 周年。两会前夕，国内重要的管理科学刊物《发现》推出了特别增刊"建党 100 年 100 人"。牟秀峰有幸光荣入选。100 年风雨兼程，100 年奋斗不息，在中国共产党的正确领导下，中国发生了翻天覆地的变化，亿万人民书写了国家和民族发展的壮丽史诗，中国特色社会主义进入了新时代。一大批有胆识、勇创新的企业家茁壮成长，在爱国、创新、诚信、社会责任和国际视野方面不断提升自己，成为新时代构建新发展格局、建设现代化经济体系、推动高质量发展的生力军。牟秀峰作为共产党旗帜下的优秀企业家之一，尤其注重弘扬企业家精神，发挥企业家带头作用。

在谈到爱喏的品牌文化时，牟秀峰说，爱与诺是人类最为宝贵的两种情感，也是爱喏企业文化的基因。在他看来，爱是人类共同的情感，诺是西方文化中的契约精神，也是市场经济的基石，与传统文化中的仁义礼智信有很多共通之处。因此，在企业运营上，始终坚持运用聚合思维，实现多方共赢，发挥 $1+1>3$ 的巨变效应。同时，爱喏集团要顺应时代潮流，站在全球发展趋势和人类命运共同体的高度看待企业的发展，将企业生存、产品创新与提高人类生活品质紧密结合，努力打造成为受人尊敬、充满活力的国际企业。

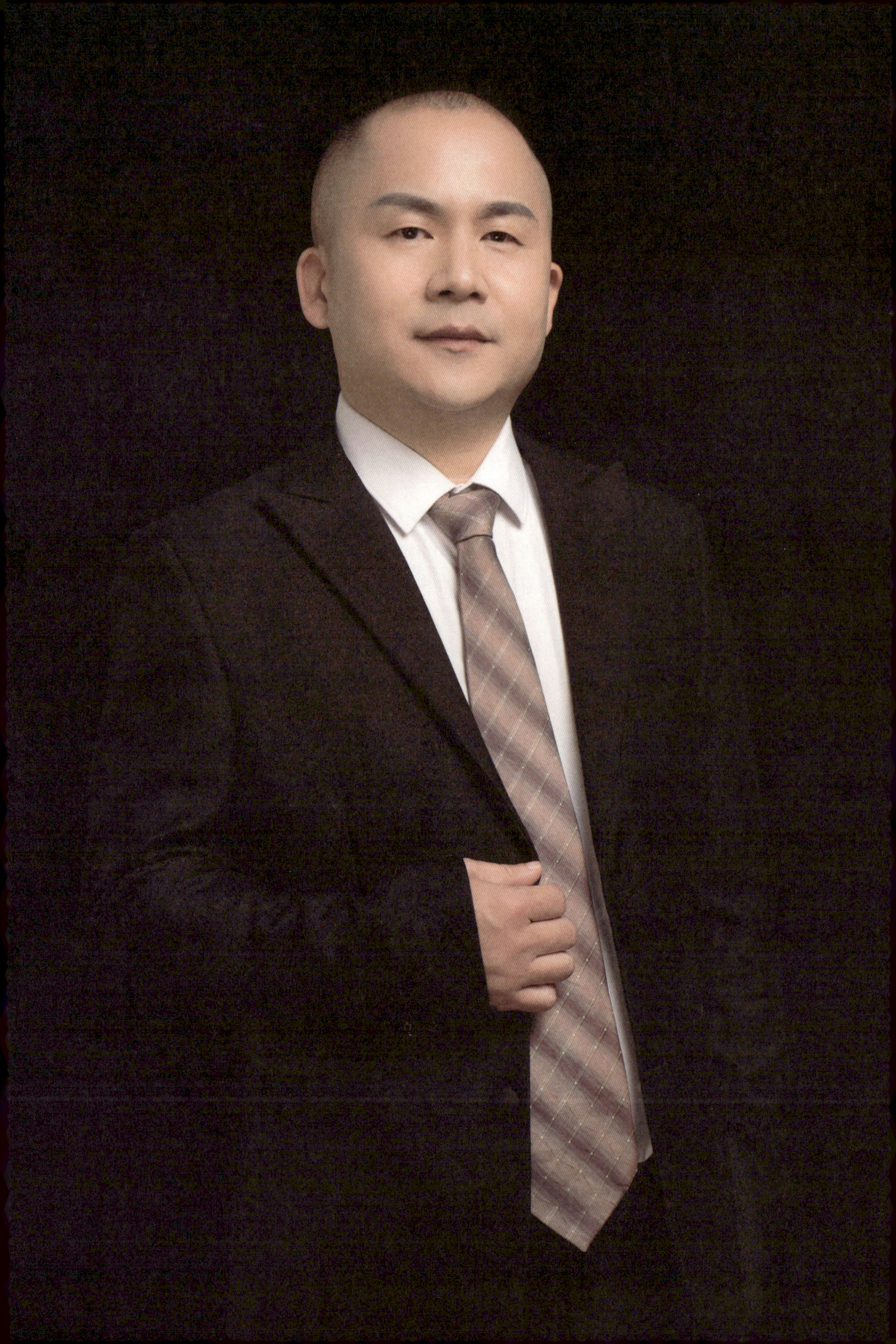

钱功林
QIAN GONGLIN

星光不负赶路人
—— 记广州博润教育董事长钱功林

追梦人，知识改变命运

有心人，迎难而上

潜伏者，厚积而薄发

领头人，做有高度的事业

致敬

"通江达海，实力黄冈。"湖北黄冈，一座具有2000多年建置历史的文化名城，孕育了中国佛教禅宗四祖道信、五祖弘忍、六祖慧能，宋代活字印刷术发明人毕升，明代医圣李时珍，现代地质科学巨人李四光，爱国诗人、学者闻一多，国学大师黄侃，哲学家熊十力，文学评论家胡风，《资本论》中译者王亚南等一大批科学文化巨匠，为中华民族乃至世界历史发展做出了重要贡献。1982年，钱功林出生在这里，耳濡目染这方土地上留下的传奇，梦想的种子在幼小的心灵生根发芽。今天，历经十多年的拼搏，一次次地自我突破，钱功林终于打造出一个教育专业领域的商业基地。如今，钱功林是广州博润教育董事长、广东增城湖北商会常务副会长、广东省湖北商会副会长、全球楚商联合会理事。

他所创立的广州市博润教育咨询有限公司于2015年成立，是一家专门从事学能培训、研发及推广的教育机构。公司以"提升中国青少年综合竞争力，助力中华民族伟大复兴"为宗旨，以"让天下学生没有难学的课程"为使命，开发并运营中小学学生学能教育体系。

从黄冈到广州，从一名从农村走出来的打工仔变成教育专业的引领者，钱功林以深邃的思想引领企业，以做有高度的事业为最大的追求，集企业家与思想家、低调与霸气于一身，正在努力以博爱之魂，育桃李芬芳。

追梦人，知识改变命运

钱功林有一句座右铭："如果还有空间努力，就不要轻言放弃，比起失败的痛苦，我更怕悔恨的泪水。"

投身教育行业的钱功林，仅有高中学历，他是如何在教育事业上成为一个成功企业家的呢？这与钱功林酷爱读书是分不开的。钱功林从小聪明好学，但由于家庭生活的压力，2002年9月，高中没有毕业便跟随南下务工的大军来到广州，在一家服装公司做了一名普通工人，开始自食其力为家庭分担生活的重任。但是，简单机械高强度的工作并没有让钱功林放弃读书的欲望。

钱功林 | 星光不负赶路人

下班之后，工友们经常打牌、喝酒或者去网吧打游戏，来发泄高强度工作带来的烦闷心情，钱功林则回到宿舍继续读书学习。面对工友们充满善意的调侃，或者是看不惯的嘲讽，钱功林总是一笑了之。久而久之，大家对看起来不合群的钱功林也都习以为常，并且戏称他是厂里的文化人。

在外打工的日子并非都是一帆风顺，哪怕是这种高强度的工作也并不是非常稳定的，由于厂里的业绩下滑，包括钱功林在内的很多工友被裁员了。在没有收入的日子里，钱功林睡过路边、住过桥洞，甚至多次被当成流浪汉接受警察盘问。然而，生活的压力并不能将钱功林击倒。在这段时间，钱功林想了很多，再去工厂应聘一个流水线上的工人，固然能够解决吃饭问题，但这种工作毫无技术含量，只不过是一个熟练工种罢了。要改变自己的命运，必须要学会一门技术。

正是靠着这种信念，钱功林在随后入职的公司中不断地学习新技能，2004年到2005年，他先后学会了基本的电脑操作技能，学习了服装制版技术，掌握了CAD绘图设计。随着知识技能的不断提升，钱功林在公司中获得的机会也越来越多，2006年，还成为公司的技术讲师。"假如没有持续不断的学习，是不可能改变自己的状况的。"回顾往事，钱功林深有感触。在以后的人生路上，钱功林每当遇到困惑，都会从书本中寻找答案。

在公司任职期间，钱功林很快便掌握了公司多个重要岗位所需要的技能，同时也拥有了大量的工作经验，于是创业的想法便开始在内心萌芽。从2007年开始，他先后创立了"创意培训机构""利民服装厂""欧瑞服饰"等企业，再一次完成了人生的转变。作为一个企业家，工作任务非常繁重，但钱功林始终没有忘记学习。他常说，企业家不仅仅是一种身份，更是职工们的衣食父母，要多为他们的生活考虑。要想做好一名企业家，管理好一个企业，就必须要不断提升专业能力。因此，他报读了清华大学EMBA的所有课程，参加了国家工信部领军人才"千人计划"培训，并顺利结业，依靠专业知识为企业的发展壮大注入更多力量。

有心人，迎难而上

做事情不可能一帆风顺，尤其是企业家，既要考虑企业的管理、财务、运营和市场，又要面临技术创新的难题，考虑市场环境的变化及市场竞争的

致敬

2018，520 我爱您感恩专题讲座

压力。在创业的过程中，钱功林深刻地认识到，能力越大，责任就越大。

当初，在企业当普通职工的时候，只要管好手头的工作就可以，所谓为衣食而谋罢了，但如今作为企业的领导人就必须要承担起更多的责任。在互联网时代，企业到底走什么发展模式，没有现成的案例可以借鉴，要靠自己去摸索，甚至有时不得不面临来自社会上各种陋习和潜规则的压力。

面对这些大大小小的困难、压力，钱功林从来没有放弃过自己的信念，他是一个敢于创新敢于开拓，遇到困难迎难而上的人。当年，和他一起创业的合伙人有很多中途退出了，而钱功林凭借不服输的性格和对未来必胜的坚定信念坚持了下来。"困难就在那里，你不去克服它、战胜它，它是不会消失的。"钱功林说，"遇到困难首先不应该选择放弃，而是要想办法解决它。"为此，钱功林依靠强大的毅力坚持下来，没有条件就创造条件，没有机会就创造机会，不懂的就去学习、就去找人请教。困难和挫折不仅没有把他打倒，反而让他愈挫愈勇、愈挫愈强。

"有志者，事竟成，破釜沉舟，百二秦关终属楚；苦心人，天不负，卧薪尝胆，三千越甲可吞吴。"喜欢读书的钱功林非常喜欢蒲松龄撰写的这副对联，每当遇到困难的时刻，便用它激励自己。他相信天道酬勤，哪怕付出巨大努力依旧失败了，但这个探索的过程何尝不是一笔巨大的财富呢？

做一个有心人，不仅是面临困境的时候，也体现在做生意的原则上。钱

钱功林 | 星光不负赶路人

功林认为，做生意诚信很重要，诚信是企业在市场立足的根本。尤其是在通信发达的今天，企业不诚信的行为很快就会在社会上传播开来，最终受损失的还是企业。在钱功林的创业过程中，无论是顺境还是逆境，他始终坚持讲究信誉，尊重客户，追求共赢。

"做企业一定要有格局，要考虑双方共赢。"钱功林说。如果一个企业总是追求自身利益最大化，不去考虑客户和消费者，眼光仅仅盯在蝇头小利上，是不可能做大做强的。大家好才是真的好，钱功林说，共享共赢是当代的特色，如果一个企业遇到好处一口独吞，不给别人留一条后路，这样的企业是没有格局的，也不可能有未来。

在创业的过程中，钱功林收获了很多东西，尤其是企业管理能力、面对压力时的情商以及个人的眼光和胸怀都得到不同程度的提升，他把自己的收获依旧归功于不断学习。在他的办公室和家里，书是最常见的物品，从企业管理到人文学科都有涵盖。他说，读书学习不能马上促成交易，但在潜移默化中，人的综合素质提升了，自然有助于企业的成长。

潜伏者，厚积而薄发

在国际经济疲软和国内环保政策升级的双重压力下，钱功林先后创立的企业也受到很大影响，经营越来越困难。钱功林意识到，传统经营的企业商业模型已经开始走下坡路，既然此路不通，那就另觅新的机会。于是，他卖掉工厂、贸易公司等旗下所有的服装实体产业。从一个打工者到企业老板，钱功林好不容易才有了今天的产业，现在要全部卖掉，的确是非常不舍，但钱功林的理性告诉他，唯有抛弃过去的模式才能迎来新的发展，这个转型的过程必然会伴随着阵痛！

卖掉企业之后，钱功林来到上海，一个偶然的机会了解到教育培训行业有发展潜力。由于当年高中未能毕业，有未能参加高考上大学的遗憾，教育培训行业更吸引了他的注意。然而，钱功林对教育行业一无所知，加上教育培训行业市场竞争非常激烈，早就成为一片红海，此时，完全没有行业经验的钱功林选择教育这一条路再次创业，真的是一个明智的选择吗？如果失败了怎么办？充满疑惑的钱功林并没有裹足不前，他依然像过去一样，没有答案就从书中去寻找。在上海，他进入了"闭关修炼"时期，开始让自己先潜

致敬

伏下来，去学习去充实自己。他先后参加了100多场教育研发培训及管理能力提升培训，光参加培训的费用就高达几十万元。

这就如同蝉一样，人们更多的是注意到它在高高枝头自由鸣唱的得意，却不知道蝉在一鸣惊人之前，要在地下经历长达3—7年，甚至10年的隐忍。此时的钱功林就像即将脱壳的金蝉一样。对教育培训的投入和参与，让他快速熟悉了这个行业，并开始从纷杂的市场中寻找一个全新的突破口。他深刻认识到实现梦想的机遇已来临，最终下定决心，勇敢向前跨出一步，在2015年开启新企业的篇章，创立了广州市博润教育咨询有限公司，聚焦于学能训练开发，面向中小学生群体，致力于提高青少年的记忆力、专注力、心算力、想象力、创造性思维能力等学习能力。

博观而约取，厚积而薄发。2015年，钱功林完成了两件大事：卖掉旧企业，创造新企业。之所以能够在一年之内实现跨越，这其实是长期以来积累的必然结果。无论是工作还是创业，钱功林都在坚持学习，因为他知道，只有了解社会及行业发展的趋势，才能在短时间内实现新的突破。

领头人，做有高度的事业

如今，在钱功林的带领下，博润教育咨询有限公司已经成为广州增城地区一家大型的知名学能教育培训机构，基地占地面积为1000多平方米，虽然还是一家依旧在创业路上奋进的公司，但其开设的课程深受家长和学生们喜欢，并形成了良好的口碑。目前，公司拥有自主知识品牌"忆点方舟"，培训课程除黄冈奥数、中小学语文英语背诵、初中数理化、珠心算、中小学学科导图、中小学作文等与学习密切相关的内容之外，还有魔法拼音、快速阅读、国学、禅绕画、硬笔书法、超级记忆、思维导图、专注力训练等寓教于乐的数十科学能课程及学习辅助课程，在兴趣培养和游戏中提高记忆力。在运营方面，实体连锁校区教育和线上网络学校教育，直营校区培训和招商加盟相结合，为全国所有的孩子和培训机构提供多角度、多层次、全方位的服务。

星光不负赶路人，时光不负有心人。创业以来，在钱功林的带领下，他的团队先后培训了上万名学生，经过几年的发展，已经在全国多个城市成功布局商业项目，以品牌赢得尊重，以专业开拓市场，形成规模效应，大力推动教育学习技能的开发，带着新一代接班人向着梦想大道上前进。

钱功林 | 星光不负赶路人

钱功林说，企业家就是企业的灵魂和掌舵人，一定要有准确的判断力，并保持不断学习的心态，努力接触新事物，决不能把自己封闭在自以为是的小圈子里。为此，他在积极开拓广州市场的同时，还参加各种公益活动，举办了多场大型公益演讲。面对当前中小学生学习压力大、竞争激烈的现状，钱功林认为，借助科学的脑力开发系统，对记忆力进行针对性的培训，不仅对青少年的智力开发有很大的促进作用，也能对中小学生减负起到积极的推动作用，让学生从书山题海中解脱出来，让学生有更多的时间实现德智体美多方面发展。

长期以来，钱功林在教育行业进行深入探索和研究，对基础教育事业做出了很大的贡献。他应邀参加中国管理科学研究院举办的"中国管理科学研究院基础教育研究所事业发展论坛"，其观点和成就也赢得了专家们的认可。

"博爱之魂同汇聚，润泽天下百校开。教育栋梁兴百业，育人桃李竞芳菲。"从湖北黄冈的小山村一路走来，钱功林虽然没有高学历，但从不放弃学习；他不屈从命运的安排，十八年奋斗不止，完成了从打工者到创业者的蜕变，从事业低谷到企业发展走向快车道的跨越。在谈到今天的成就时，钱功林说每个人的成长和起步不尽相同，但是无论处于什么样的起点，人生要有所梦想和追求，一定不能离开学习，这是改变自己的最有效的捷径。

"长风破浪会有时，直挂云帆济沧海。"在未来的发展道路上，作为企业带头人的钱功林将努力践行企业理念，带领团队不断地向下一个目标冲刺。同时，将企业的发展与国家及行业发展密切结合，以饱满的热情，将企业打造成一个培养人才与传播文化相结合的新平台，向这个伟大的时代致敬。

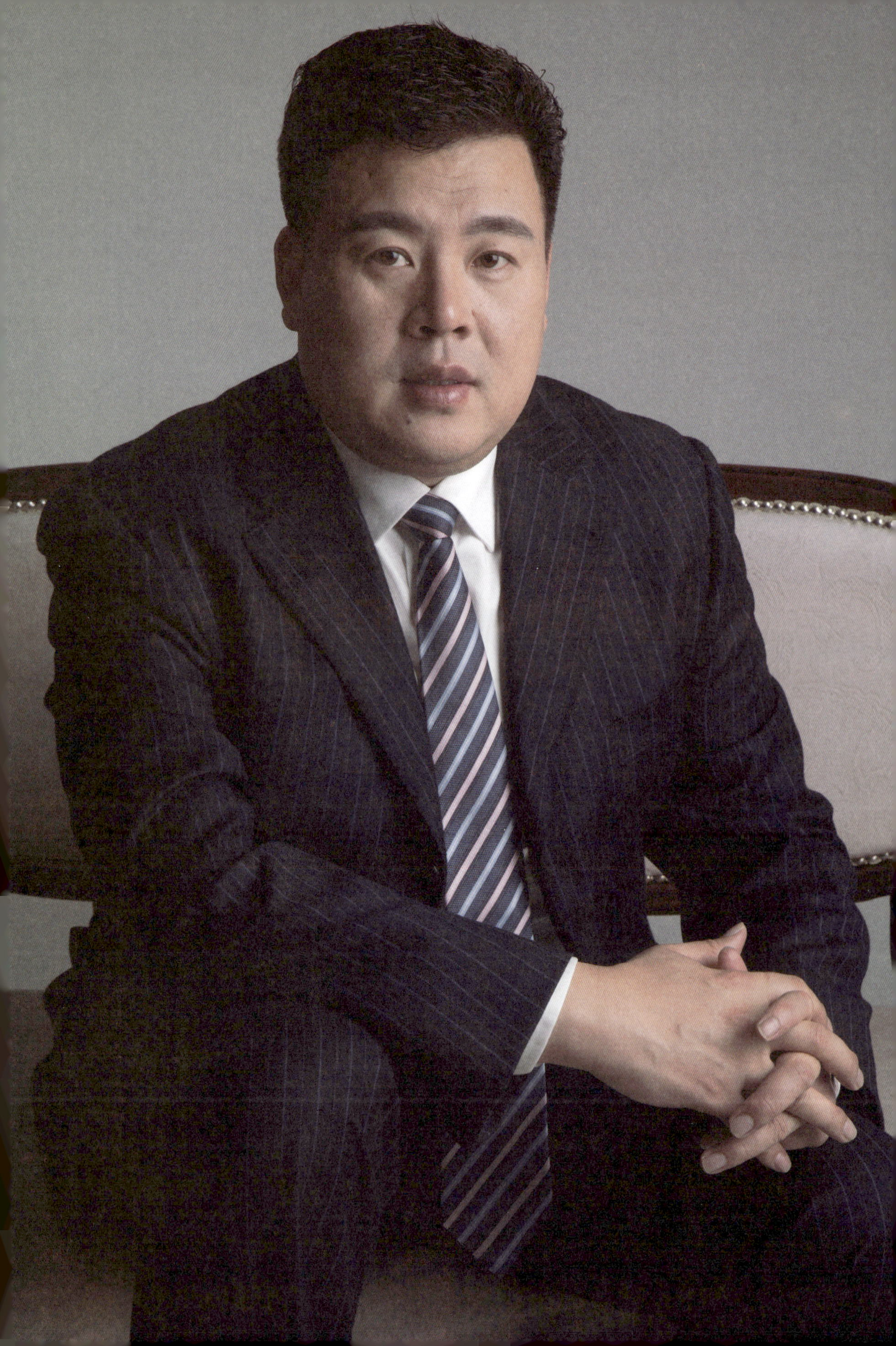

邬寿法
WU SHOUFA

杜白狂想不是梦
—— 记杜白新材料科技有限公司董事长邬寿法

温商回归，只为绿水青山 ➡

杜白方案，共享绿色发展 ➡

美丽乡村，坚持环保先行 ➡

工匠精神，致敬美好时代 ➡

致敬

1902年，奥地利科学家马克斯·舒施尼发明了塑料袋，极大地方便了人们的生活，可是令他想不到的是，100多年后的今天，塑料袋造成的白色污染成为全球最严重的环保灾难之一，让世界各国的专家学者投入巨资研发更加环保的替代品。

当前，杜绝白色污染，倡导人与自然和谐共处已经成为全球的共识。但是，杜绝塑料袋的使用，并非一朝一夕能办到的。来自浙江温州永嘉的畲族企业家邬寿法创建杜白新材料科技有限公司，利用生物降解技术，走上杜绝白色污染的道路，用实际行动践行总书记提出的"绿水青山就是金山银山"的理念，开创绿色共享的发展模式，坚定走生产发展、生活富裕、生态良好的文明发展道路，为建设美丽中国贡献一份力量。

温商回归，只为绿水青山

2015年，浙江永嘉企业家邬寿法积极响应温州市委市政府发起的"温商回归"号召回到老家开始了二次创业历程，用新技术新产品向白色污染宣战。位于永嘉沙头镇的珠岸村在十年前曾经是颇具知名度的"中国无塑料袋第一村"，这比国家正式推出"限塑令"早了三年，然而令人尴尬的是十年之后塑料袋又重新占据这个小村庄。邬寿法对这一变化并不陌生，甚至可以说正是沙头镇颇具戏剧性的变化，才让他杜绝白色污染的想法更加坚定。

在此之前，邬寿法就已经是一名成功的企业家，十多年来他在山东多个城市创办实业，投资和开发房地产，涉足金融、酒店、矿产等项目。巧合机缘之下，邬寿法了解到生物降解技术的巨大优势和商机，并开始涉足其中。2015年，房地产行业正处于蒸蒸日上的黄金时期，他毅然决定从粗放型的地产和矿产行业转型，从头开始。

自古以来，商人重利。但邬寿法的行为显然不是一个"合格"商人的行为。在邬寿法看来，利润固然是企业生存的根本，但一个企业家不能光盯着赚钱，更要为国家为家乡和子孙后代做点有价值的事情。

回到家乡的邬寿法创立了杜白新材料科技有限公司，潜心研发替代一次性塑料制品的生物全降解新材料。在企业创立之初，公司就制定了"杜绝人类白色污染"的终极目标，并以"源于自然，归与自然"为发展宗旨，立足

邬寿法 | 杜白狂想不是梦

科技创新，坚持"绿色+共享"的发展之路，普及和推广使用杜白环保新材料，致力于让世界变得更加美好。邬寿法将公司的产品命名为"杜白"，这不仅仅是杜绝白色污染这么一层含义，还蕴含着传统文化中天人合一的朴素观念——"杜"字由"木"和"土"组成，从五行上来说木回归土，又长出木；木代表着植物淀粉和秸秆，从原材料来看就是致力于发展循环经济，同时这也是企业社会责任的体现。

万事开头难，邬寿法在环保行业是一个毫无经验的试水者，虽然早就开始关注生物降解的技术，但真正启动这项事业之后才知道其中的艰辛。研发塑料替代品是一个世界性难题，需要大量资金和专业人才的支持，邬寿法虽然很看好行业前景，但能否做好做大，他并没有十足的把握。在创业初期，邬寿法就面临着严峻的考验，除了技术攻关难之外，家人对其放弃"发财"的产业也很不理解，同时还面临着合伙人撤资的打击。在温州市委市政府的大力支持下，邬寿法依靠全生物降解复合技术生产的塑性淀粉膨润土复合材料，制成的产品在水中几分钟就能完全溶解，不会造成二次污染，一经上市便引起了社会媒体的关注。

2017年，习近平总书记在十九大报告中强调，坚持人与自然和谐共生。建设生态文明是中华民族永续发展的千年大计。必须树立和践行绿水青山就是金山银山的理念，坚持节约资源和保护环境的基本国策，像对待生命一样对待生态环境。

对于杜白集团来说，这是最好的机遇，既符合国家的号召，又有市场前景的产品，自然不愁销路。在2017年，邬寿法还定下了年销售总额1亿元的"小目标"，至此，邬寿法的二次创业在短短两年之内迅速打开局面。

杜白方案，共享绿色发展

18世纪法国启蒙思想家、哲学家霍尔巴赫说："人是自然产物，存在于自然之中，服从自然的法则，不能超越自然。"然而随着人类科技文明的进步，人类对自然环境开始无休止地索取，尤其是塑料制品的使用，甚至严重威胁到其他物种的生存。而随着移动互联网时代的来临，与人们息息相关的外卖、快递让更多的人在不知不觉中破坏了生态环境。《2017中国快递领域绿色包装发展现状及趋势报告》显示，2016年全国快递业塑料袋总使用量就达147亿个！因此，减少使用塑料成为刻不容缓的问题。

致敬

环境治理的关键在禁塑，禁塑的关键在替代品。邬寿法说，塑料制品已经与人们的日常生活绑定在一起，这是一个不争的事实。既然如此，我们就要换一种思路，推广可降解的新产品。

在邬寿法的带领下，杜白拥有了以淀粉生物基全降解和秸秆生物质全降解的新材料为主的核心技术，成为自主研发、生产销售一体化的高科技环保企业，涵盖各种购物袋、包装膜、一次性餐饮具、水怀、水稻育秧盘（钵）、缓冲包装、装饰板等新兴环保材料产品。杜白系列产品从原料取材到生产再到废弃，整个过程都是绿色环保的，对人体无害、对环境无污染，真正做到了源于自然、归于自然，生态循环、生生不息。

我国是一个农业大国，每年可生成7亿多吨秸秆，收割之后焚烧秸秆成为普遍的农耕方式，造成了严重的环境污染和资源浪费。为此，2018年，国务院印发《打赢蓝天保卫战三年行动计划》，将加强秸秆综合利用和氨排放控制列为重要任务之一。邬寿法则从秸秆中发现了新商机，他带领团队经过6个多月的研发，以农作物秸秆为原料，采用高科技淀粉发泡成型技术，开发出杜白全降解系列产品，其中该种材料制作的鞋撑，还获得了国家专利。

在国家政策陆续出台与国际掀起禁塑热潮的大背景之下，杜白企业在全国做了完善而周全的布局，以温州为技术总部，华中、华南、华北、华西、华东等地的杜白生产基地，像雨后春笋般地涌现出来。邬寿法说，坚持"绿色＋共享"的发展之路，普及和推广使用杜白环保新材料，有着广泛的现实基础，能让原材料的运输就地解决、产品就地解决，很方便在其他省市复制，从而让更多人参与其中，最终一起做大做强这个产业。

杜白，不仅仅是一种制品、一家企业，更是一个融合了技术研发、原料生产、设备制造的平台，是一套完整的替代传统塑料制品，解决白色污染的方案与服务。近年来，杜白企业推进设备生产工艺改造，多项新技术新工艺填补国内空白，已有30多项新工艺、新技术荣获国家专利，以及国际国内权威机构的产品检测认证，同时还积极与国内外塑料制品企业实现无缝对接，为它们提供解决生产降解材料方案，让中国环保技术走向世界。目前，包括星巴克、一鸣食品、正新食品、温州老供销及温州中回等企业纷纷与杜白洽谈合作事宜。同时，随着企业环保观念的增强，外卖大牌比如饿了么、美团，以及顺丰、中国邮政等快递企业采用像杜白这样的可降解的产品，也将是未来发展的必然趋势，社会各界将共同承担起"杜绝人类白色污染"的使命与责任。

邬寿法 | 杜白狂想不是梦

美丽乡村，坚持环保先行

"我见青山多妩媚，料青山见我应如是。"立志杜绝白色污染的邬寿法，不仅仅做大做强了企业，还以实际行动让出生地小长坑民族村实现"绿水青山也是金山银山"的理念。

小长坑村是浙江永嘉唯一的畲族民族村，早在清朝时期就有邬姓先民移居于此。村落位于四海山森林公园脚下，与张溪林坑相距3公里，西临黑牛湾国家级锚泊区，与洞头中心渔港相望，风景优美、民风纯补，具有得天独厚的旅游优势。作为小长坑村的书记，邬寿法抓住"美丽乡村"建设机遇，大力发掘畲族文化，做好村庄的规划整理，利用畲族风情村寨并积极开发农家乐、民宿等配套设施，以此推动产业结构优化调整升级，增强自我造血能力，为村集体增收、创收。

当前，永嘉正在打造旅游永嘉、生态永嘉、养生休闲永嘉，小长坑村正好位于永嘉著名旅游景点四海山的必经之路上。在邬寿法的规划中，要积极借势永嘉打造旅游强县的机遇，让小长坑村融入四海山和林坑古村落旅游规划中，形成三点一线的旅游综合体，结合永嘉旅游大环境，以独具特色的畲族文化风情吸引游客。这样既能进一步丰富永嘉的旅游内容，也能有助于畲族父老乡亲们脱贫致富。

为了进一步做好畲族风情村寨，邬寿法还根据当地特色，鼓励村民们科学合理地种植桃子、猕猴桃、杨梅等果树，酿制特色的畲家酒等农副产品，作为村寨特产，让游客不仅能看到风景、体验到民族风情，还能感受到畲族的味道，多管齐下，吸引省内外游客的注意。

发展旅游，离不开环境保护。发源于永嘉县的楠溪江是温州市一条重要的河流，也是国家AAAA景区中唯一以田园山水风光见长的景区。小长坑民族村靠近楠溪江上游，与源头村可谓一衣带水。靠山吃山，靠水吃水，保护好楠溪江上游生态环境，既有利于两个村落村民们的生活，也能对发展旅游产业起到锦上添花的作用。为此，邬寿法充分利用杜白新材料技术产品对两个村子的各种塑料产品逐步替换。2019年环境日，他与温州永嘉绿色环保志愿者和浙江第十一地质大队等联合在源头村启动"零污染村"建设活动，通过建立"零污染"农业生态园、打造"零污染家庭"等措施，加大对污染源的控制力度，从我做起，提升村民生活品质，让绿色环保理念进一步深入人心，

致敬

取得了一举多得的显著效果。

除此之外，邬寿法还组织开展多种文化活动，丰富村民的生活，比如多年来坚持与少数民族联谊会、志愿者协会等组织发起各类文艺演出、慰问孤寡老人、资助贫困儿童等爱心活动，开展以"绿色环保"为主题的公益活动，向群众普及"禁塑"理念，提高群众"禁塑"意识。尤其是在2020年疫情期间，邬寿法的先进事迹被温州市人民政府办公室和温州市人民对外友好协会等单位编写入《疫情下的世界温州人》一书，他本人被誉为"抗疫英雄"。

在邬寿法和村民们的共同努力下，小长坑民族村各项工作成绩斐然，荣获"浙江省民族团结进步村"称号，并分别获得省级环境村、卫生村、文明村荣誉，被列入"美丽乡村一事一议"工程。

工匠精神，致敬美好时代

"中华儿女多奇志，敢教日月换新天。"作为优秀的畲族之子，邬寿法带领杜白集团为人类彻底解决"白色污染"问题。保护环境提供杜白智慧、杜白方案、杜白力量，深受社会各界好评。

回顾过往，邬寿法主动放弃"赚钱"的产业，顶着巨大的压力二次创业，尤其是2016年，创业面临巨大的困难。就在这年春天，李克强总理在两会上首次提出"工匠精神"，着重指出，培育和弘扬精益求精的工匠精神，引导企业树立质量为先、信誉至上的经营理念，立足大众消费品生产，推进"品

杜白集团总部大楼

质革命"。邬寿法深受触动,杜白产品能否赢得消费者和市场的认可,关键在于产品的质量。没有对产品品质的苛刻追求,产品质量不过关,再好的理念消费者也不认账。邬寿法认为,正因为对工匠精神的坚持,才使企业仅仅五年便将"杜白"品牌建立起来。

在邬寿法看来,工匠精神包括永不停止的创造精神、精益求精的品质精神和用户至上的服务精神。企业正是从这三个方面不断升级杜白系列产品,才最终赢得了市场和消费者的检验。在企业的运营上,邬寿法多次强调要坚持"内求",不要寄希望于"外求"。在企业的运营中,不能在求渠道、求关系等方面做文章,未来企业的发展应该是在"内求"上下功夫,坚持工匠精神,从自身做起,对技术精益求精,在品牌品质上不懈努力才能在市场竞争中脱颖而出。

如今,邬寿法已经成为生物全降解新材料领域的知名企业家。作为"温商回归"的优秀代表,他是永嘉县第七、第八、第九、第十届政协委员,担任温州市少数民族团结进步促进会会长、永嘉县少数民族联谊会会长等职务,并先后荣获2016温州经济十大年度人物、2017温州十佳少数民族企业家、2017中国经济新领军人物、2018中国环保产业十大领军人物等荣誉。

2020中国经济高峰论坛暨第十八届中国经济人物年会在北京召开,会议以"新科技、新动力、新模式"为主题,旨在鼓励勇于创新、获得突出成绩的优秀企业家,同时通过树立先进榜样,弘扬企业家精神,以此来激励更多的企业家取得更辉煌的成绩。在这次年会上,杜白新材料科技有限公司董事长邬寿法荣获"2020中国经济十大新闻人物"荣誉,同台获奖的还有华为总裁任正非、比亚迪董事局主席王传福等大咖。同时,杜白企业还获评"2020新时代中国经济创新企业"。对此,邬寿法谦虚地表示,这份荣誉不仅仅属于个人或者杜白,而是属于所有关注环保的人。

荣誉属于过去,未来更加精彩。邬寿法说,只有竭尽全力把杜白环保产业做大做强,迈出国门,走向世界,用实际行动为杜绝人类白色污染的宏伟蓝图绘下一笔最绚丽的色彩,才能无愧于这个美好的时代。

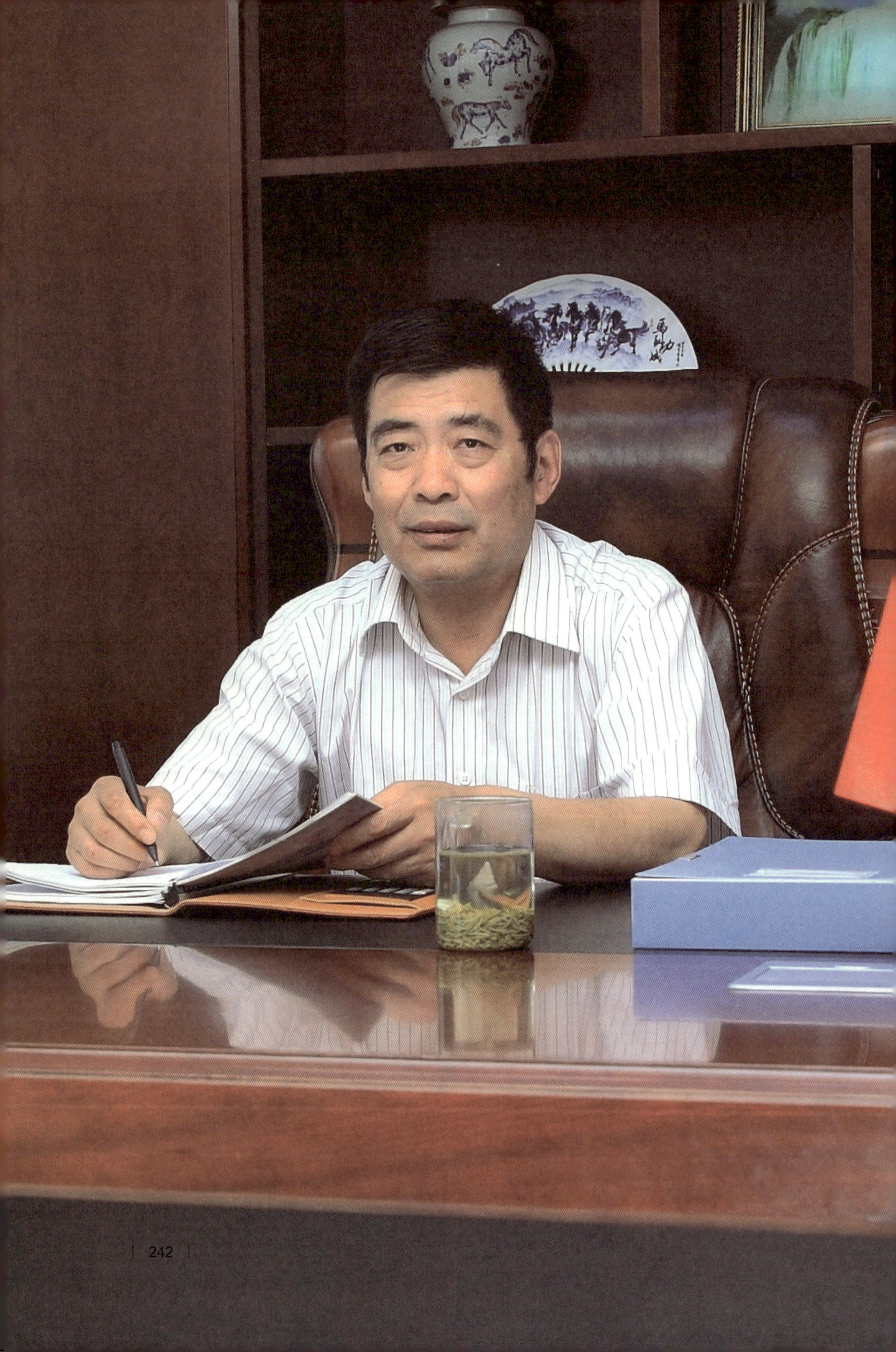

蔺东顺
LIN DONGSHUN

创新创业敢争先
—— 记廊坊市中油嘉昱防腐技术有限公司董事长蔺东顺

千锤百炼不服输 ➢

依托防腐科技创业 ➢

二次创业攀高峰 ➢

砥砺前行新时代 ➢

致敬

在京津冀交界的廊坊市，这家企业看起来很普通，然而，它在石油天然气输送管道防腐技术领域则有着响当当的名气，这就是蔺东顺创建的廊坊市中油嘉昱防腐技术有限公司。蔺东顺从16岁就开始在油田工作，逐步从石油工人、技术人员走向创业之路。创办企业近二十年来，他依靠着自主研发、科技创新、诚信经营，在石油天然气输送管道防腐技术方面取得了辉煌的业绩。他所研发的技术的应用冲击了国外防腐材料在中国的市场地位，提升了国内石油天然运输管道的安全性，而且在价格上还有很大的优势。

从石油工人到企业家，蔺东顺经过近二十年的砥砺奋进，把中油嘉昱从一个默默无闻的小厂逐步发展成为当今华北地区集研发、生产、销售于一体的专业防腐高新技术企业，并成功上市，他本人也获得中国诚信企业家、全国绿色低碳管理创新杰出人物、全国质量检验先进工作者、廊坊市优秀民营企业家、廊坊市创业功臣等诸多荣誉。

千锤百炼不服输

1972年，年仅16岁的蔺东顺成为江汉油田的一名石油工人。虽然年纪不大，但他在工作中敢拼敢闯，尽情地挥洒着青春和激情，浑身上下好像有着使不完的劲头，这让那些老工人们都啧啧称奇。在江汉油田奋战的日子中，蔺东顺深刻感受到了工友之间那种团结、奉献、务实的精神。工友们在一起互帮互助、团结一致，目的就是建设好大油田。这些经历深深地根植在他年轻的心灵中。

吉林油田地处吉林松原市，拥有扶余、新民两个储量超亿吨的大型油田。1973年8月吉林石油会战指挥部成立，掀起了开发大油田的热潮。为响应国家号召，蔺东顺在1974年参加了吉林油田大会战。吉林不同于江汉平原，蔺东顺与万千工友们在东北的冰天雪地中出色地完成了任务。1976年华北油田正式成立，这是国内又一个大型天然油田，探区内有石油资源30亿吨左右，天然气资源1753亿立方米左右。蔺东顺再次响应党和国家的号召加入华北油

蔺东顺 | 创新创业敢争先

田大会战中,并且一干就是三年。1978年华北油田原油产量达到1723万吨,一跃而居全国第三位,为当年全国原油产量突破亿吨大关做出了重要贡献。1979年,原油总产量达到了1733万吨高峰,写下了油田创业史上光辉的一页。

两次石油大会战极大地推动了中国石油事业的发展,同时也锤炼了蔺东顺的思想意志,遇到挫折不服输、碰到困难敢拼搏的性格也塑造了他的未来。

在石油开采的一线岗位上,蔺东顺不光有一股初生牛犊不怕虎的冲劲儿,更善于在工作中总结经验。在下班之后的业余时间,他还经常阅读相关的图书、杂志,不断钻研,同时也向老师傅和技术人员学习。在一次聊天中,一个老师傅对他说,钻探石油是一个技术活,但开采出来的石油在运输管道上出现问题就会影响输送。这句话让蔺东顺印象非常深刻,并激发了他研究石油运输管道防腐的兴趣。不久之后,爱学习爱钻研还有一定文化基础的蔺东顺被调转到防腐中心石油部工作,专门研究防腐技术,成为华北石油橡胶制品暨防腐技术研究所的技术员。从这时起,开启了他致力于一生研究的方向。

1979年,改革开放的实行极大地解放了人们的思想,整个社会充满着尊重知识的氛围。蔺东顺也投入到积极学习的大潮,拿起书本学理论,工作实践再学习。从1979年到1986年,长达七年的研究工作,使蔺东顺渐渐从初出茅庐的新手,成长为技术骨干,最终成为独当一面的干将,他先后通过了橡塑制品研究工程师和高分子材料研发工程师的考试。1986年,在领导的信任和重用之下,蔺东顺被任命为华北石油橡胶厂的厂长。从技术人员到厂长,对蔺东顺来说是人生的一个重要转变,而同时随着改革开放和市场经济的进一步推进,改变过去计划经济思维模式,迎接市场的挑战,也成为这一时期中国企业家的必然选择。从1986年到2001年,蔺东顺做了橡胶厂15年的当家人,也见证了中国市场经济不断深化、市场竞争不断加剧的过程,而这些都将成为其创业路上的财富。

依托防腐科技创业

改革开放以来,尤其是进入21世纪后,中国能源产业得到了快速发展,但存在着结构不合理的问题,高达72%的煤炭使用率加重了环境污染,发展新能源势在必行。2000年,国务院第一次会议批准启动"西气东输"工程,这是我国距离最长、口径最大的输气管道。随着石油液化天然气的广泛使用,

致敬

输送管道的防腐性能变得至关重要。在当时,高性能的防腐材料只能从国外进口,价格非常昂贵,对于中国这样一个土地广阔、资源分布不均衡的国家来说,在防腐材料的投入上将是一个巨大的数字。

2001年,蔺东顺开始了自主创业的历程。40多岁了放弃现有稳定的事业而开始充满风险、前途未知的创业,在很多人看来这并不是一个明智的选择。蔺东顺则认为,开创一番属于自己的事业,不仅仅是对现状的突破,更是因为防腐材料的研发是一件利国利民的大事。由于中国油气管道行业高速发展,石油天然气管道因腐蚀泄漏的事件时有发生,每千公里泄漏事故率远高于欧美。这不仅仅是资源的浪费,也会造成环境污染,给人民群众健康安全留下非常大的隐患。蔺东顺将公司命名为"廊坊市中油嘉昱防腐技术有限公司",注册"嘉昱"商标,这个名字代表着善和美好,并希望公司运营能善作善成,善始善终,生产最好的产品,成为行业内最好的企业。这是蔺东顺的初心,也是他对企业发展始终不移的态度。

万事开头难。创业之初的蔺东顺面临着无资金、无场地、无人员的困境。然而,他还是凭借着吃苦耐劳的精神、敢为人先的勇气、千锤百炼的意志,坚定地迈出了第一步。没有场地,他就四处联络;没有资金,他就到处奔波筹措;没有人员,他就把目标锁定在下岗工人群体。最终,上天不负有心人,他带领50来名下岗工人拉开了创业的大幕。

在创业之初,蔺东顺就制定了"诚信立企,品牌兴企,科技强企"的发展宗旨,并将"诚信第一、品质至上"的经营理念贯彻如一。在企业的管理上,蔺东顺多次强调要现场管理规范化、质量管理标准化、综合管理人本化,并将其作为企业的管理规范贯彻到生产环节当中。面对市场竞争,蔺东顺不打价格战,不在产品生产环节放松管理,始终依靠诚信经营,确保产品质量,同时有配备完善的售后服务系统解决客户的后顾之忧。在产品的研发上,蔺东顺始终以市场需求为导向,用科技主导创新,坚持"人无我有,人有我新"的产品定位,逐渐占领了市场制高点。在蔺东顺看来,为客户创造更大价值,才能为企业谋取更大发展,这才是做大做强品牌的根本。

面对市场上同类产品的竞争,蔺东顺组织专家团队大力创新,依靠自主研发,大幅度对原有工艺进行改进和提升,致力于打破国外技术垄断。到2003年12月,公司研发的聚乙烯防腐胶粘带、辐射交联聚乙烯热收缩带制品通过了中国腐蚀与防护学会组织的新产品技术鉴定,与会专家一致认为该产品在国内处于领先水平。产品以质优价廉的优势迅速赢得市场的认可,并

蔺东顺 | 创新创业敢争先

成为公司最具代表性产品之一。经过十年的探索，公司实现了从小到大、从弱到强的升级，并且打出了自己的品牌，逐步在市场上站稳了脚跟。

二次创业攀高峰

2013年，蔺东顺已经走过了12年的创业历程，他没有满足小富即安的现状，要始终不移地依靠科技创新，做大做强，要始终坚持以品质、诚信、服务提升价值，做中国最受信赖的管道防腐材料生产企业，努力成为中国管道防腐材料的龙头企业和国际管道防腐材料的名牌企业。这也是蔺东顺二次创业的愿景和使命。于是，蔺东顺向全体员工发出了"二次创业"的号召，要求所有员工始终以创业者的姿态努力奋进。

在廊坊市广阳经济技术开发区，蔺东顺投资8000万元建成了目前华北地区最大的专门从事防腐材料研制、开发、生产、销售以及专项设计和施工的科技先导型企业，建有2万多平方米的现代化的生产车间、库房及研发中心、检测中心大楼。

2014年，李克强总理在夏季达沃斯论坛上首次提出"大众创业、万众创新"。就在当年，中油嘉昱防腐技术有限公司成功研发了增强纤维聚丙烯胶带，中国石油检测中心和专家在鉴定后认为，该款产品的各项性能均高于当前行业标准。在产品推向市场之后，取得了不俗的销售业绩。2015年，公司在产品创新方面更上一层楼。当时，粘弹体胶粘带和粘弹体防腐膏的国外进口价格达到每平方米八九百元，为了做出质优价廉的国产产品，蔺东顺将产品研发的目标对标国际同类高端产品，以极大的价格优势生产出国产粘弹体胶粘带和粘弹体防腐膏。同年5月，蔺东顺的企业在上海股权托管交易中心成功挂牌上市，获得了资本市场的认可，企业发展走上了快车道。2017年，蔺东顺又成功研发了高温型耐低温热收缩带和收缩套，产品指标直接对接2017新国标，经测试各项性能远远领先国内同类成品。自此，公司成为自主创新和研发的行业标杆，并成功布局高端产品市场。

截至目前，公司已经建立起门类齐全的各项产品包括十几种近百个规格。公司生产的聚乙烯防腐胶粘带、辐射交联聚乙烯收缩带、热收缩套、防水帽、补伤片、夹克底胶等系列产品被列入"中国著名品牌"，产品依靠稳定的性能、低碳环保的品质、高科技附加值，全面覆盖管道防腐领域，国内市场占有率达20%，并广泛应用于管网改造工程和国家重点运行的西气东输项目。因此，

致敬

《商路论道》访谈栏目中,央视著名主持人董倩访问蔺东顺董事长

公司成为中国石油和中国石化的一级供应商。

自创业以来,蔺东顺带领企业研发的产品先后在大庆、吉林、华北、辽河、四川、大港、冀东、长庆、新疆克拉玛依等油田,北京、天津、河北、吉林、河南、新疆、四川、山西、陕西等20多个省区市的城市燃气管网,以及20多个燃气集团的管道工程中得到了广泛应用,部分产品已销往伊朗、尼日利亚、苏丹、哈萨克斯坦、伊拉克等国家。

产品畅销的同时,企业品牌也获得了社会和市场的认可,公司连续九年获得"全国质量检验稳定合格产品",连续十年获得"全国绿色环保首选品牌"等荣誉。在2018年,还荣获2015—2018年度中国质量检验协会颁发的"全国质量信得过产品"。连续12年通过了河北省安全生产标准化二级达标企业检测,先后被国家质检总局评为"全国百佳质量诚信标杆示范企业""中国诚信企业""全国3·15保障消费者权益诚信经营示范单位""全国3·15同行业领军品牌企业""全国产品和服务质量诚信示范企业""中国低碳绿色创新企业""全国十佳绿色低碳示范单位"等诸多荣誉。

砥砺前行新时代

蔺东顺经常对员工说,坚持敬业、精益、专注和创新才能生产出人无我有、

蔺东顺 创新创业敢争先

人有我优的好产品，否则，用户为什么要选择你的产品？一定要记住，市场是最诚实的试金石，容不得半点虚假，好产品本身就是企业品牌宣传最有力的武器。

如今，蔺东顺二次创业取得了巨大的成功，现有固定资产近1亿元，员工125人，本科以上技术研发人员35人，公司拥有了专门的研究机构及相应的试验室、生产车间，检测手段完善，主要产品通过ISO14001:1996和ISO9001:2000环境、质量体系认证，全面实现了现代化、规范化管理。但是在蔺东顺看来，这只不过是万里长征走完了第一步，随着科学技术的日新月异，新材料和新产品必将会不断地涌现，面对残酷激烈的市场竞争，就如同逆水行舟不进则退。

回顾多年的工作、创业经历，蔺东顺深有感触。每个人都有梦想，有梦想就要告别舒适的生活。当梦想越强烈，人就越不甘心于蜷缩在舒适圈内，这就会迫使自己去做出改变，勇敢地向前跨出一步。然而，当真正走出来的时候，会发现梦想成为实现并不是轻而易举的。就像当初的蔺东顺一样，在创业的路途上一步步地摸着石头过河，以科技创新为利剑在创业路上披荆斩棘，蹚出一条路来。紧接着就会面临来自市场大潮的冲击，面对竞争对手的拼杀，哪怕是做出了一些成绩，也会遇到实力更加雄厚的国外产品的绞杀。自从创业以来，蔺东顺不敢有丝毫的懈怠，随着事业版图的不断扩大，他更加感受到身上责任的重大，这就是所谓的"能力越大，责任越大"。

作为一名50后，蔺东顺对国家的发展更有切身的体会，从物资匮乏的年代到热火朝天的石油工人岁月，再到充满朝气科研攻关的20世纪80年代以及遍布机遇与挑战的市场经济时期，蔺东顺一路走来，见证了国家实力的不断提升和民众生活水平的极大改善。

蔺东顺非常庆幸自己能够生活在这样的国家这样的时代，作为一名成功的企业家和专业技术人员，蔺东顺认为唯有砥砺奋进，站在国家的层面去思考企业的未来，继续在振兴民族管道防腐技术的道路上不断前行，才能无愧于这个伟大时代！

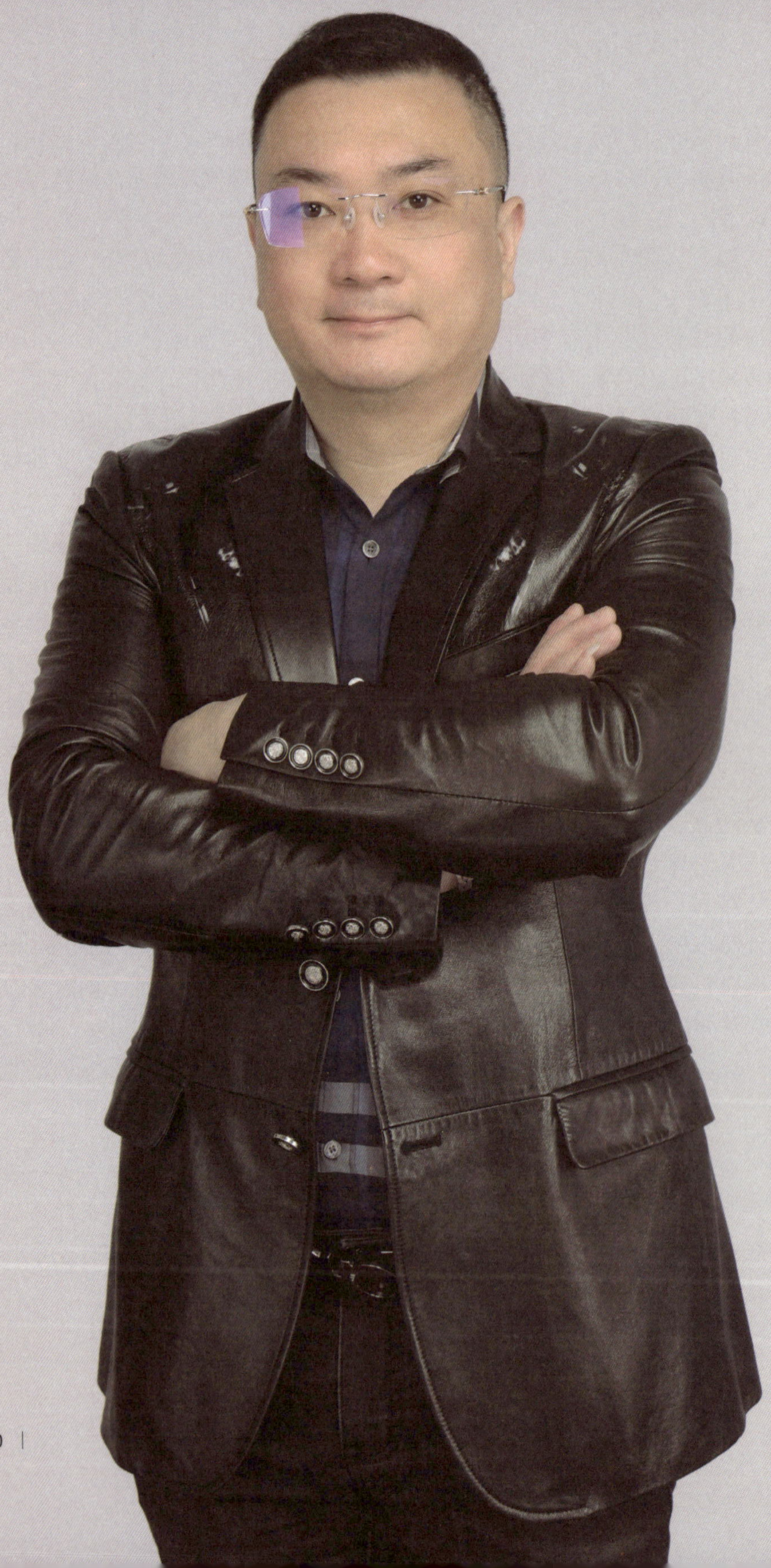

周建荣
ZHOU JIANRONG

用心做有质感产品
—— 记温州恒资眼镜有限公司创始人周建荣

镜由心生 ➤

镜网结合 ➤

突破"镜"界 ➤

镜无止境 ➤

致敬

17世纪在荷兰有一个年轻人，没有接受过正规的学校教育，但对新事物充满了兴趣。有一次，听朋友说发现放大镜可以把肉眼看不到的东西看得清清楚楚，顿时来了兴趣。但他买不起昂贵的放大镜，便经常出入眼镜店去观察镜片打磨，然后自己学习。他把时间都用在打磨镜片上，依靠勤奋与努力，一生磨制了400多个透镜，并制成了能把物体放大300倍的、人类历史上第一架显微镜，成为世界上第一个微生物世界的发现者。他就是列文·虎克，一个一生未曾离开他生活的小镇却专注于镜片磨制，为人类生物学发展做出了突出贡献的"磨镜人"。

在浙江温州，也有这样一个磨镜子的年轻人，从做学徒学习眼镜制造开始，到接管工厂，再到研发创新，完成了30多项专利，通过互联网布局海外市场，走出了一条打造自主品牌的成长之路。他就是温州恒资眼镜有限公司创始人周建荣，一个始终坚持"传承工匠精神、用心做有质感产品"的年轻创业者。

镜由心生

眼镜制造是一门有着悠久历史的手艺，在中国历史上曾经出现过孙云球、褚三山等知名的眼镜制作人师。中华人民共和国成立以来，眼镜制作走上了工业化的道路，但是要成为一名优秀的眼镜从业者，也必须要从学徒开始。生长在眼镜之家的周建荣就是如此，他在父亲的影响和指导下，对眼镜制作产生了浓厚的兴趣，并且走上了一条"镜无止境"的道路。

1993年，周建荣从瓯海职业学校毕业，就直接投身到父亲的眼镜加工厂工作。在父亲的言传身教之下，天资聪颖、勤奋好学的周建荣学习用锉刀加工眼镜架，手工切割镜片，加热定型等制作工艺，并很快就掌握了相关技巧，每天经手上千副眼镜。此时，正是温州眼镜市场蓬勃发展的时机，欧洲大型眼镜企业来温州采购，为温州眼镜产业打开了外销的大门，尤其对全国闻名的"眼镜之都"瓯海区来说。20世纪90年代，温州眼镜企业超过500家，从业人数达到4万，市场竞争非常激烈。周建荣认为要想在竞争中站稳脚跟，

周建荣 | 用心做有质感产品

在提高眼镜制作技术的同时，也要多学习管理知识才能适应新形势下市场竞争的需求。为此，周建荣从1998年开始进修经济管理专业，希望用现代管理理念来升级家庭作坊式的生产经营模式。

在进修学业的同时，周建荣还去参加北京、上海等地的眼镜展，以期取得更大的突破，但效果并不理想。周建荣说，当时温州眼镜产业发展很快，但是500多家眼镜厂里，年产值1000万元以上的不到30家，拥有自营出口权的企业也仅20余家。依靠贴牌加工迎来的高速发展，终究是虚幻的，毕竟是给别人做嫁衣。于是，在2001年，周建荣在温州市瓯海区注册成立温州恒资眼镜有限公司，实现了家庭作坊向企业的转变。

作为一家传统的眼镜企业，周建荣始终将"传承工匠精神、用心做有质感的产品"宗旨放在首位，培养和践行"精进、创新、超越"的核心价值理念。他引进意大利、日本等国家的先进制造工艺，培养设计研发团队和营销管理团队，逐渐成为一家集设计、生产、加工、销售为一体的眼镜制造企业，并在公司成立的第二年就加入中国眼镜协会。周建荣认为，要做大做强品牌，必须要善于整合社会资源。中国眼镜协会是眼镜行业唯一的全国性行业组织，对于企业来说，进入协会能够充分利用协会的优势，加强与国际同行交流合作。这将是推动企业国际化的重要步骤。

2004年，周建荣从父亲手中接过重任，开始独立运营企业。在当年，他就带着恒资眼镜参加意大利米兰眼镜展。这是世界规模最大的专业眼镜展，是全球光学眼镜行业的盛会，代表着全球眼镜消费的潮流时尚与方向。周建荣希望借助有国际影响力的展会，为恒资眼镜迈向国际市场、提高品牌影响力创造条件，然而并没有达到预期的效果。周建荣认真总结之后认为，恒资眼镜刚刚起步，品牌优势和产品特色还不够明显，参加这种群英荟萃的大会并不能凸显出来。于是他转变思路，开始探索一条"互联网+眼镜"的新航路。

镜网结合

进入21世纪以来，温州眼镜产业实现了质的跨越，温州瓯海也获得了一张国字号的金名片——"中国眼镜生产基地"荣誉称号。当时，市场竞争越来越激烈，互联网方兴未艾，淘宝异军突起……这一切都对传统眼镜生产销售模式产生了重大的影响。

致敬

经过几年的运营之后，周建荣认为，单纯依靠参加各种展会，赢得订单的模式并不能实现眼镜行业真正的起飞，经营思路必须改变！从2007年开始，周建荣决定不再去参加各种展会，而专注于为外贸公司提供货源。这并非周建荣的最终目的，虽然自己的产品可以通过外贸公司走向世界，也能为公司带来不小的收入，但是，产品做得质量再好依旧是在整个产业链的底层。打造自己的品牌，走出恒资眼镜自己的道路才是周建荣想要的。

经过几年的积累和酝酿之后，2014年，周建荣开始考虑做自主品牌。就在这一年的夏天，李克强总理在夏季达沃斯论坛上提出，要在960万平方公里土地上掀起"大众创业""草根创业"的新浪潮，形成"万众创新""人人创新"的新势态。一时之间，创新创业成为全社会关注的热点。

周建荣本想借移动互联网的东风在天猫上开设店铺，但没有找到合适的渠道，最终不了了之。"互联网+"的第一步就遇到了挫折，但周建荣并没有灰心——既然国内电商之路走不通，那就尝试从"互联网+国际化"开始。由于长期以来与外贸公司合作，使他开始思考：既然眼镜行业是与国外企业合作贴牌加工发展起来的，那么，是不是同样也可以尝试在国外电商平台上打开出路？周建荣了解到，美国亚马逊全球开店业务拥有3亿优质活跃付费账户及数百万企业买家，并在2012年就已经进入中国，帮助中国卖家抓住跨境电商新机遇，发展出口业务，拓展全球市场，打造国际品牌。在2018年，恒资眼镜正式入驻亚马逊平台。与以往不同的是，这次恒资眼镜避开了B2B批发的传统贸易模式，而专注于市场端的开拓，让恒资眼镜的产品品牌走近消费者。

此时，经过多年的创业摸索，恒资眼镜的产品质量获得了ISO 9001:2000（PALCN—00459）和FDA、CE等各项认证，已经在光学镜、老花镜、太阳镜、功能眼镜、儿童眼镜等方面形成了多品牌、多品类的中高端产品格局，并且拥有了KENZHOU、丹顶鹤、恒资、Sharkids、佳尔威等品牌。在国家大力倡导发展自主品牌的形势下，恒资眼镜的产品在国内多个城市的大型商场、超市专柜等都取得了不俗的销售业绩。借助亚马逊网络平台，产品进一步加快了向欧美、东南亚及中东、非洲等多个国家和地区出口的步伐。

国外市场开拓打开局面的同时，周建荣始终没有放弃在国内市场的互联网布局。2018年不需要下载即可使用的微信小程序走红之后，周建荣立刻投入开发应用。2019年，他认识到互联网社交营销对引流的巨大作用，与京东

周建荣 | 用心做有质感产品

旗下的社交电商平台京喜及顺丰电商等进行合作，依靠社交玩法快速引流并与顺丰强大的配送网络相结合。2020年，由于疫情影响，线上业务成为主流，此时，恒资眼镜依靠快速发展的实力进驻到天猫平台，同时与京东海外站项目合作，从而在国内国外互联网电商布局上双管齐下，大力推动自主生产，走上自有品牌之路。

突破"镜"界

中国不仅是世界领先的眼镜生产大国，也是世界眼镜消费潜力最大的国家，将来还将成为眼镜品牌的强国。周建荣认为，温州眼镜生产已经形成了产业圈，成本大幅降低，国际竞争优势明显，下一步要专注于精品打造，提升眼镜的科技含量和研发专利技术。

2017年，温州瓯海区斥资50亿元打造"眼镜小镇"，并发布《促进眼镜产业提升发展新十条政策》。对周建荣这样的创业者来说，这无疑是一个好消息。周建荣深知，之前的二三十年是瓯海眼镜产业的飞速发展期，现在则是瓯海眼镜转型升级的关键期，为此，周建荣一直坚持打造眼镜行业专属品牌，倡导健康生活方式，不断地引进人才，构建专业技术团队，致力于眼镜专利技术的研发。截至目前，公司已经成功申请30多项专利技术，涵盖多个方面，以此来提升产品的附加值，把健康舒适、时尚大方的眼镜产品带给更多爱美、爱明亮世界的人们。

2017年，周建荣研发了一种可翻转夹片眼镜，该项专利技术的优势在于夹片眼镜在夹持到眼镜上时，镜片可以翻转使用。同年，他还研发了一种度数可以调节的眼镜，和一种可远视的老花眼镜等专利技术，使老花眼患者较为方便地实现远距离视物和近距离视物转换操作。这种专利技术既提升了眼镜的科技含量，还为用户减少了更换眼镜带来的不便。他还研发了一种可伸缩折叠的眼镜，能够提高佩戴者的舒适度，且能够减小眼镜盒的体积。

当前，手机手表逐渐从单一功能向健康监测方向发展，以满足人们多样化的需求，眼镜也不例外。在国外大片（如《碟中谍》《007》系列）中，我们经常看到主角戴着一款多功能的眼镜从事各种危险的任务，并借助眼镜的强大功能化险为夷，神奇之处令人感叹。周建荣早就注意到了这种新的趋势，决心要突破眼镜固有功能的认知，打破眼镜的认知边界，将其功

致敬

能延伸和扩展，推动眼镜的变革。为此，他带领团队不断尝试研发多功能眼镜，并在 2019 年申请了专利。这种多功能的眼镜将健康监测融入进来，通过在镜腿内植入测脉搏芯片和测血压芯片，实现对使用者心率值和血压值的监测，方便使用者了解自己健康状况，同时也便于及时对使用者进行医治和抢救。

创业近 20 年来，周建荣始终坚持工匠精神，认真做好每一副眼镜。过去用手工打造眼镜是老一代工匠的传承，现在从单纯的眼镜加工和制作，向视力健康、高科技多功能方向发展，同样也离不开一丝不苟的工匠精神，市场要求将技术创新、科研创新不断地融入眼镜生产的各个环节中。另外，还要从单纯的使用功能向时尚化、品牌化、高端化转型，开发更加符合视力健康和时尚审美需求的各类新产品，从而让恒资眼镜走得更远。

镜无止境

创业以来，周建荣带领恒资眼镜一直坚持以客户为中心、以客户需求为导向，遵循行胜于言的准则，在坚持工匠精神的同时，不断研发新产品，成为温州眼镜产业 20 年来发展壮大、转型升级的一个缩影。

在创业过程中，周建荣始终将"境由心生、镜无止境"作为座右铭。眼睛是心灵的窗户，那么眼镜则可以让这扇心灵之窗更加明亮。周建荣说，眼

创始人周建荣与《大国支点》采访组探讨采访细节

周建荣 | 用心做有质感产品

镜的制作来不得半点马虎。创业多年来，周建荣始终坚持诚信经营，用心去做有质感的产品，从而也为企业赢得了诸多荣誉。

2012年，恒资眼镜荣获中国保护消费者权益促进会诚信单位称号，2014年，诚信浙商全国理事会、浙江诚信浙商推选办公室等单位授予恒资眼镜"全国诚信浙商示范单位"称号，2017年，中国企业信用消费者协会把"全国重质量·守诚信单位"的荣誉授予给恒资眼镜。除此之外，恒资眼镜还入选央视网商城优选品牌，被浙江省科学技术厅评定为浙江省科技型中小企业，荣获中国搜索推荐诚信企业、中国搜索优选品牌以及浙江优秀创新型企业、温州市瓯海区第四届眼镜行业协会四届理事会理事单位等诸多荣誉。

经过多年的不懈努力，温州市跨境电子商务协会成为温州的知名社会组织。2019年3月，第一届温州市跨境电子商务协会理事会成立，周建荣成功入选第一届理事会理事。11月，温州恒资眼镜有限公司正式入围《大国支点》专题采访名单，创始人周建荣做客《大国支点》采访专题组演播厅，接受央视知名主持人一对一深度专访。在访谈中，周建荣以创业初衷、工匠精神在眼镜行业的价值为切入点，全面介绍了温州眼镜产业二三十年的发展历程。他认为，在行业更新迭代和产业升级的过程中，诚信精神、创新精神和工匠精神是必不可缺少的，这既是企业做大做强的必由之路，也是企业带头人承担社会责任的体现。

本次采访之后，周建荣的创业事迹还通过整理编入《大国支点：中国企业匠心之路》系列丛书，在全国出版发行。

2020年，恒资眼镜已经走过近20年的发展历程。在周建荣的带领下，公司始终坚持走自主品牌之路，在摸索中逐步成长为一个有核心竞争优势的眼镜品牌。周建荣受邀在温州市公共政策沙龙、中国经济高质量发展论坛等分享创业观点，表示恒资眼镜所取得的进步，离不开平等开放的市场环境和国家政策的大力支持。周建荣还认为，受惠于时代的企业家更要不断地专注精品，超越自我，用最好的产品回馈消费者，只有这样，才无愧于这个美好的时代。

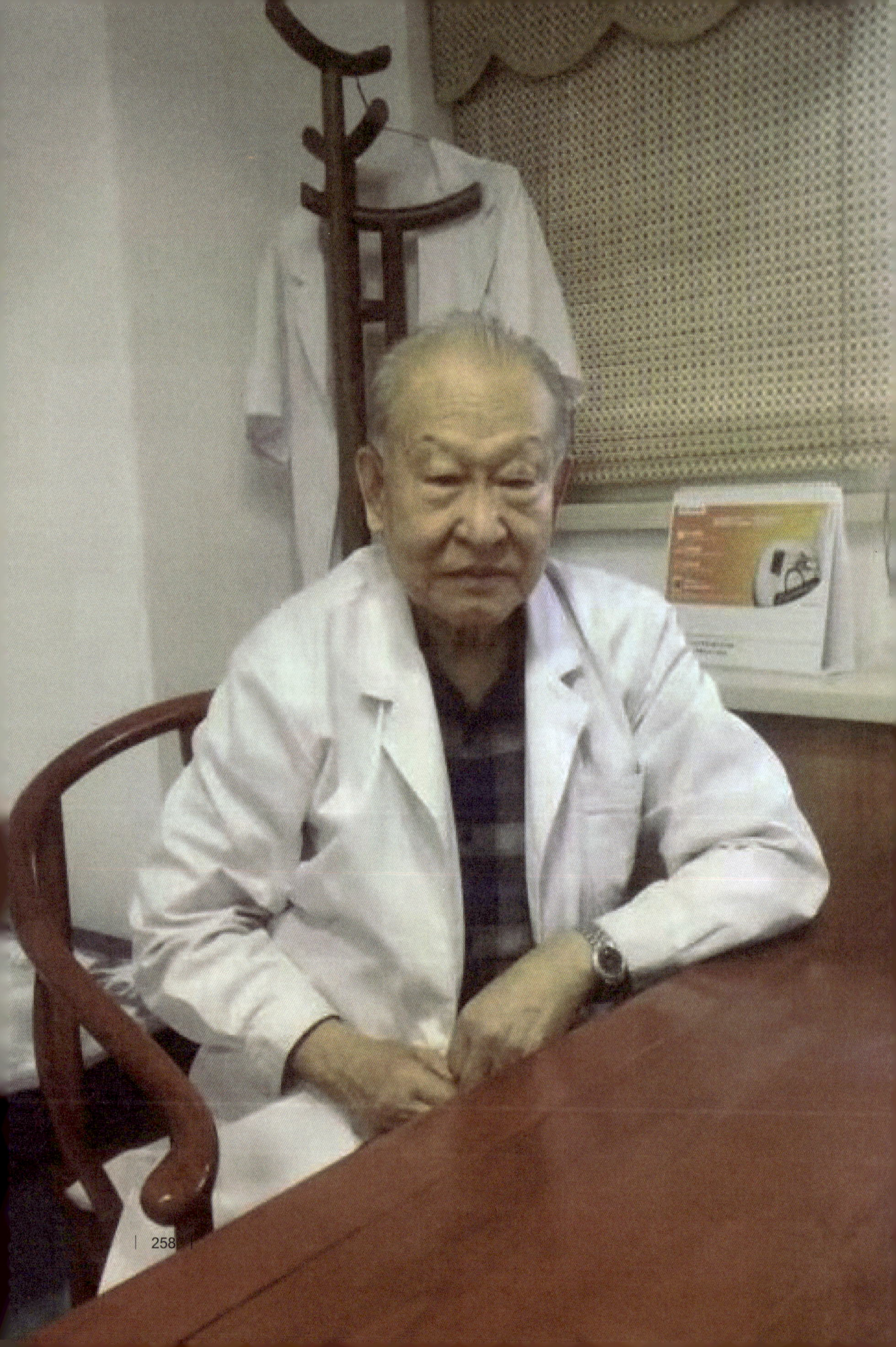

朱玉中
ZHU YUZHONG

健昌福音书　誉康新时代
—— 记广州市健昌生物科技有限公司董事长朱玉中

开拓创新的皮肤科名医 ➤

科技研发促发展 ➤

美丽健康新时代 ➤

致敬

健康是人民幸福和社会发展的基础，是全国人民对美好生活的共同追求。党的十九大报告强调实施健康中国战略，将人民健康提升到了前所未有的高度，为我们勾勒出了健康中国的清晰蓝图，为广大人民群众带来了更多的健康福音。

广州市健昌生物科技有限公司在董事长朱玉中的率领下，凭借数十年的精心研究，将中药学、现代医学（分子医学）、化妆品学、精细化工、生命基础科学、有机化学与无机化学有机结合，积极倡导现代中药型外用药与化妆品融合推广，其独创的中医养肤、护肤、治愈疑难性皮肤病整套解决方案，为广大患者朋友带来了健康福音。

开拓创新的皮肤科名医

朱玉中，出生在北京，童年时期因母亲经常患病，立志学医，为病患解除病痛。

1969年，朱玉中以优异成绩毕业于首都医科大学医学系，在校期间先学习6年西医，后又学习中医3年。朱玉中先后在北京中医医院、北京同仁堂、北京金象国医馆、北京国防大学第二医院、香港中医诊疗院、香港回春堂及欧洲、美洲医疗机构任职，主要从事临床、教学与中药外用药及化妆品的科研工作。

其间，朱玉中向北京四大名医之一的汪逢春入室弟子、汪派继承人谢子衡学习，并与其共诊十余年，用药方面深得谢老亲传。朱玉中将中药学、现代医学（分子医学）、化妆品学、精细化工、生命基础科学、有机化学与无机化学等相关学科知识，加以综合利用，将中药科技化、现代化，并在此基础上配制成使用方便、类似化妆品的个性化及共性化产品,并不断改进,初步实现了产品的系列化,在此基础上,形成了自己的独特治疗体系。

这些产品有两大功能,一是有化妆品的功能(美容、美发、美体、抗衰老等),二是对皮肤病有很好的治疗效果。尤其是对传统中西药治疗效果不佳、反复发作或久治不愈的皮肤病,其疗效更佳。这是化学制剂化妆品或西药一般做不到的。在现代化、科技化基础上的个性及共性化产品可使一般皮肤病的治疗摆脱对激素及抗过敏药的依赖,其疗效优于传统中西药物,使一些难治性皮肤病得到较为理想的治疗。

2016年8月22日,广州市健昌生物科技有限公司在广州番禺成立。

众所周知,中国各大药企之间的竞争相当激烈,没有一流的制药水平、制药设备和高品质的药品,任何一家药企想在市场上打响知名度,都难于上青天。面对困难,朱玉中主动出击。这位从来不说累和悔的药企界精英,经常出国到处"取经",学习国外的制药技术,将传统中草药的药理学与现代高端制药科技相结合,以期能够制作出一系列可以治疗疾病、调理机体及美容、护肤、抗衰老的高品质中药生物制剂。

"最开始的那段体验,虽然是艰辛的,但点燃了我的内心之火,让我对中药济世救人有了执念,所以我坚持以身试药,大剂量涂抹,确保疗效及安全可靠。"朱玉中对于自己的一生,也只是用简约的词语来描述,可见他淡泊名利之心。他经常说,只要身体允许,就要工作。

外人眼中的朱玉中,是一个功成名就的企业家,可没有人能够体会他在中国中医药企业领域打拼的艰辛和不易,因为任何一种药品的研发、制作,都要投入他大量的心血。那些年,他跑遍大江南北、长城内外,钻研药理和病理知识,白昼不分,废寝忘食。

在医药行业摸爬滚打这么多年,见证了企业的开创、发展和转型,使用各种植物(包括中草药)、瓜果、粮食、蛋类、奶类及其他各种天然营养物质,制造成各种化妆品,其产品主要分为两类:一类是根据每个人的皮肤情况配制成的个性化产品,这类产品要求顾客首先提供自己皮肤情况及要求,由皮肤科专家或美容师给顾客配制成化妆品,这样可最大限度地保证化妆品的功能疗效。公司的另一类产品是共性化产品,可工业化生产,这些产品也是高科技生物类制剂。这些共性化产品是经过数十年的应用,证明确有较好的功能。

如今,公司已形成规模,产品经过40多年研究、开发与改进,在30年

致敬

的应用中，超过 20 万人次使用，产品效果显著，获得广大客户认可。

科技研发促发展

40 多年来，朱玉中一直在进行中药外用药的研发。研发分两方面，一是系统、整体研发；二是临床应用研发。二者结合，交互进行。

中药外用药的研发，是多学科知识的综合应用，主要有传统和现代中医药学知识，有机化学和无机化学知识，生物化学、药物化学、化妆品学及制造学等知识。

健昌生物科技吸取以往许多中药研发的经验，决定采用临床实践应用与中药现代化改造相结合、边实践边改进的方法，对中药加以科学化改造。此法虽费时费力、付出极大，但取得的结果却是非常可靠的。

所谓临床应用研发，是在临床治疗中，根据病人的疾病具体情况，采用辨证用药，再将药物制作成所需要的制剂。健昌生物常用的制剂有水制剂、霜膏制剂及中药粉制剂。各种制剂均做成现代化中药制剂，淘汰传统老的剂型，并使其完全符合现代化妆品剂型及化妆品国家标准，以满足人们的要求。

健昌生物从单位药开始，到简单复方药，再到含多种中药的复方制剂，系统化、整体化开发的目的是实现中药外用药的系列化，使之形成一个体系。这个体系既能在中医辨证理论指导下配制使用个性化产品，又能开发出共性化产品。个性化产品对提高共性化产品的质量会起到推动作用，二者相辅相成，会使外用药的疗效提高、加速，而且能继承中医辨证用药治疗的特色。

中药提取有很多方法，健昌生物采用全成分提取法。然后，再对提取物进行改造，使之形成两性物质，以便保留中药多成分及使药物更易渗入角化层及穿过细胞膜屏障。增强疗效主要是引进活性基团或活性离子、氢键等。尽量使提取物溶解度增大、渗透性增强。其中，增溶及增渗是最主要因素。制作外用药还要添加可能产生的疗效物质，完成以上步骤后，还要全面考虑药效的作用及各种成分之间的相互作用、相互影响。所用药物是建立在先人上千年用药经验上的，这些药物成分又经现代药物分析，搞清楚其中的化学成分，做成外用药直接给病人使用，但为了预防万一，所有产品都必须亲自涂抹、亲自体会。自己涂抹中如发现有问题，例如刺激过重或致痒，就要及时解决，解决后再给病人使用。病人在使用过程中如发现问题，也要及时反馈解决。

健昌生物所有产品都经过国家检测，符合国家化妆品标准。经过40多年的研发及30多年的临床应用已摸索及掌握了中药外用药的一般规律（包括疗效及过敏规律等）。产品适用范围包括各种慢性皮肤病及先天性角化性皮肤病等。此外，在美容美发、护肤养肤、抗衰老方面有很好的效果。

如今，随着中药外用药研发及广泛的临床应用，朱玉中深感中医药的发展前景巨大。他深信，健昌生物凭借其强大科技力量所生产的现代中药型外用药在未来治疗皮肤病，特别是疑难性皮肤病领域，一定会成为主导药物。

美丽健康新时代

党的十九大报告提出了一系列新思想、新目标、新要求和新部署，为建设美丽健康中国提供了根本遵循和行动指南，更是首次把美丽健康中国作为建设社会主义现代化强国的重要目标，此举不仅寄予了人民对未来美好生活的期盼，更是新时代对人类文明规律的深刻认识、对现代化建设目标的丰富理解。

生命的本真，奋斗的历程，事业的价值，奉献的图腾，凝结成朱玉中厚德载物的新时代责任情结，回报人民，回报生他养他的那片沃土。

知行合一，不忘初心。朱玉中是中国中医医者精神的真实写照，更是中药救人艰辛历程的缩影。作为创业者，朱玉中其德足以昭其馨香，其惠足以同其民人。大爱人士朱玉中饱含深情地讲述了发生在身边一件件真实感人、平凡伟大的生动事例，展现了对贫困人员的关爱，以及切实为患者服务、爱岗敬业、无私奉献的精神风貌，诠释了中医职业的神圣和伟大。

健昌生物中药可以做成外用中药及化妆品两大类产品，且中药型化妆品，其功能疗效比化学制剂型化妆品要好许多，所以，员工必须要有一定的化妆品科学知识，以便更好地生产和推销。此外，现在社会上，无论卖化妆品和买化妆品的人，都极度缺乏这方面的知识，更有甚者就是买化妆品及卖化妆品时买卖双方口头说的所谓几点知识，如缺水、缺油、皮薄、排毒等，在科学上也没有任何道理可言。要想把好的产品推销出去，必须培养出有知识、高素质的制造和销售团队，必须用科学知识武装技术人员，要有更新换代的

致敬

产品，才能使疗效不断提高。

　　健昌生物研发的现代中药外用制剂，与传统中西药对比，是更新换代的产品，可使传统中西药效果不佳或不能治愈的皮肤病，取得较好的治疗效果。虽然是更新换代产品，也要不断地对技术人员进行长期的培训。因为，知识在不断更新，学习要跟上更新的步伐，使产品不断更新、质量不断提高，才能立于不败之地，才能在同行中始终占据领先位置，才能让公司不断发展壮大。

　　健昌生物通过内部培训，培训人员能够掌握产品特性，指导病人如何用药及在用药过程中出现各种问题的处理方法。外用中药是自成体系的，与传统的中西药不同，所以使用方法、用量、原理都有不同。只有系统掌握这些知识，并能灵活运用，才能指导病人用药。

　　作为医学界的表率和楷模，朱玉中不断提升职业素养、探究中医药博大

精深的知识，打造了医德高尚、技术精湛的职业团队，培育了健康和谐、积极向上的中医文化精神，以实际行动践行了"修医德、强医能、铸医魂"的医者仁心、悬壶济世的大爱真谛。

2020年12月，由中国企业质量认证监督中心和中国企业信用评估认证中心颁发的个人科技创新奖，可以说是对朱玉中及健昌生物科技有限公司的又一次肯定。

一分耕耘，一分收获。一直想用中药济世救人的朱玉中没有辜负自己的努力。天道酬勤，他做出了杰出成就，也得到了社会高度的关注，先后获得了中国管理科学研究院客座教授、中国企业十大匠心品牌；信用中国·行业十大诚信企业家、中国健康产业联盟理事、2020健康中国·中医药行业十大领军人物等多项荣誉称号，受到社会各界人士的广泛赞颂。

展望未来发展，朱玉中信心满满地说，健昌生物将继续奉行人民至上、生命至上的服务宗旨，始终把人民生命安全和身体健康放在第一位，努力全方位全周期保障人民健康，不断提高卫生健康供给和服务水平，努力助力健康与经济社会协调发展，为建设美丽健康中国而不懈奋斗。

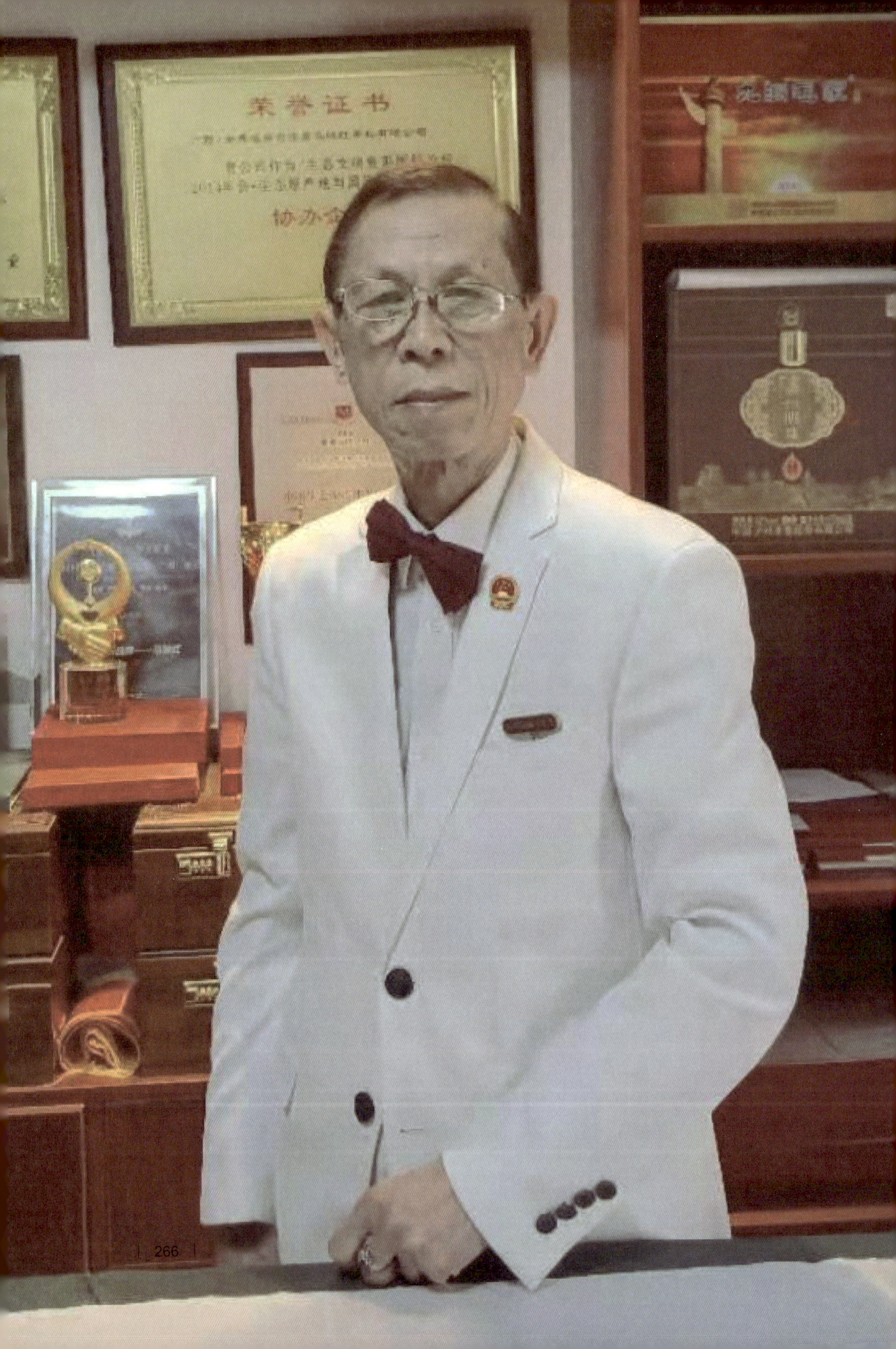
荣誉证书

马骏
MA JUN

骏马丹青　金秀茶香

—— 记中国意笔字画创始人、
广西马骏红文化产业有限公司总裁马骏

演绎经典意笔字 ➡

骏马丹青意象生 ➡

金秀茶香新时代 ➡

致敬

在中华民族传统文化艺术不断持续发展的历史长河中，历代文人墨客艺术大家以其特有的艺术审美境界，彰显国运亨通、耀世芳华。

出生于八桂大地的中国意笔字画创始人、广西马骏红文化产业有限公司总裁马骏先生，凭借自己特有的激情、深情和才情，博采众长，博古通今，自成一格，创造性地将书画艺术以意笔字画的形式进行诠释和表达，并与金秀瑶族古树茶文化完美跨界融合，使得"马骏红"茶品牌如红岫出水，达到了形神兼备、出神入化的美妙境界，也为中国书画艺术走向产业化开辟了一条梦幻般标志性的创新发展之路。

演绎经典意笔字

中国五千年璀璨的文明及无与伦比的丰富文字记载都已为世人所认可，在这一博大精深的历史长河中，中国的书法艺术以其独特的艺术形式和艺术语言再现了这一历史性的嬗变过程。

众所周知，"意"是中国书法审美理论的主要范畴。"笔意""字意""书意"是书法表现与鉴赏的核心。同其他审美形态、艺术式样比较来看，概括而微妙的抽象审美意味更是书法美的本质内容。

近年来，书法理论研究者选择、整理出一些有代表性的书法审美意味范畴，从不同层次进行系统的逻辑分析与美学阐释，并对只可意会、难以言传的抽象审美意味作出了较清楚的概念界定与意蕴表述。但这还不够，更重要的是通过这些外在表象，进一步感知书法作者的性情、气质、修养、追求等这些灵魂深处最核心的精神状态，这在书法上就称为笔意。

说到笔意，自然联想到中国的写意画。中国画和德国音乐、希腊雕塑并称世界三大艺术。中国画之所以有如此的魔力，就在于它突破了具象再现的写实手法，实现了具象与意象的巧妙结合，以传神达意为最高境界，使人透过一沙看到整个世界、透过一花窥视一个王国。方寸之间可神游万里，比真实更典型、更动人，笔意不仅是技巧，更是精神与境界。

在书画艺术中，字是字，画是画，泾渭分明。有一位怪才自幼喜爱书画，数十年如一日，勤学苦练，终于领悟出书画同源的真谛，创立了"意笔字画"。

马骏 | 骏马丹青 金秀茶香

他的字画作品兼两者之长，画中有字，字中有画，字画交融，浑然一体。他就是被誉为"书坛奇笔"的马骏。

1994年，新华社先后在北京炎黄艺术馆、北京新华社大厦、人民大会堂为马骏老师举办个人画展，即时轰动京城，远播海内外。紧随着，香港、澳门、广东、辽宁、广西、江西、上海等地纷纷来电邀请马骏前往，并为其举办个人书画展。2005年，10米长的代表作《十二生肖金书》载入吉尼斯世界纪录，此可谓中国书画界历来最"珍贵"之作；2008年，代表作《龙》《虎》《鹰》配对联（龙虎鹰和谐兴中华，海陆空三军保江山）被刻在长城居庸关的中华爱国功德榜上；2012年，马骏被评为"共和国杰出书画大师"；2013年，中华人民共和国十二届运动会"中国梦，民族魂"书画名家作品展中，马骏的龙虎鹰配对联一套作品获"杰出贡献奖"；2015年，马骏意笔字画被载入《中华人民共和国年鉴》。中央电视台、香港阳光电视台、广东卫视、南方卫视、《人民日报》（海外版）（华南版）、《北京日报》《中国文艺报》《香港大公报》《广州日报》《羊城晚报》《宜春日报》《上海日报》、新华网、人民网、凤凰网等众多电视台、报刊、网络媒体做了大量的新闻报道，国务院专家通讯等刊物也有专题报道。

收藏马骏作品的机构纷至沓来，马骏的艺术作品被人民大会堂、中国革命军事博物馆、中国民族博物馆、新华社办公厅、中国科学院文学艺术联合会、新华书画院、毛主席纪念堂、广东博物馆、四川博物馆、陕西博物馆、成都博物馆、广东档案馆、鸦片战争博物馆、虎门林则徐纪念馆、中华人民共和国日史编辑委员会诗书画院、美国尼克松图书馆、加拿大中华文化交流中心、加拿大温哥华中华会馆、澳门特别行政区政府和李嘉诚等社会名流珍藏。更难能可贵的是，马骏老师的代表作品已多次被作为国礼赠予瑞典、荷兰、挪威、东盟十国等几十个国家。

骏马丹青意象生

中国画在立意上，历来强调似与不似之间。艺术家齐白石有句名言："不似则欺人，似之不为也。"这就说明了中国画要解决的主要矛盾，不是像不像的问题。如果单纯地像，摄影艺术已达到极致。但也不能完全不像，不像是欺人的做法。这似与不似之间，是个非常广阔无垠的宇宙概念。

致敬

　　意，为画家之意，是艺术家主观外化之表现。境，是艺术家之境，是面对客观的主观取舍，从而形成他所独造的世界。意与境，形成意境，即主客观达成了统一，是造化与心缘的完美结合。意与境，融入情与景之中，受画理规范，由笔墨付诸纸上。这与古人常说"意与境会，是为氤氲"有着异曲同工之妙。

　　年逾七旬的马骏老师依然神采奕奕，容光焕发，仍挥毫泼墨，沉浸在书画的世界里。马骏的书画作品，神来一笔，独成一派。他最得意的作品是其寓意为"海""陆""空"的《龙》《虎》《鹰》及《风调雨顺》《龙马精神》《鱼水情》《小小竹排江中游》《轻舟已过万重山》《十二属相生肖图》等作品，幅幅潇洒飘逸、栩栩如生、意境高远，获得国家领导人及社会各界的高度赞誉。

　　马骏老师早年领悟书画同源的真谛，突破传统条条框框，走出形的束缚，取物之神，自成"意笔字画"一派。他的作品，画中有字，字中有画。画似字，字又似画，浑然天成，意境高雅，看上去如身临其境，比实际的风景更美。

　　马骏之所以在意笔字画上拥有王者的誉冠，是因为他的意笔字画传承于传统，又丰富于创新，无论是形态与神态，或是文化境界的构造上，都功显劲拔，独树一帜，从而让意笔字画作品的艺术价值达到了登峰造极的时代高度。不能说后无来者，但是足可论前无此功！

　　马骏说，我们生活在一个非常丰富多彩的环境中，任何绘画新方法都有其值得借鉴的部分，不同的人可能思考的角度和层次不同。对于自己的字画作品，仁者见仁，智者见智，请同行交流、围观。

　　观马骏先生的字画作品，最大的感受就是洒脱自然、不拘绳墨。因为笔墨自由灵动，而使字画艺术意味横生，有着别具一格的美感。仅凭这一点，就可以令他的作品在当代有立足之地。

　　马骏将我们日常所见的汉字艺术化地描绘出来，画面灵动、跳跃，兴趣盎然，这种由自由挥洒而得出的酣畅清新之美，是观者的欣赏感受。而在画面上的具体艺术表现，则是意境清新，笔墨超脱。在当今快节奏的生活和艺术商业化越来越蔚然成风的情境下，马骏先生字画艺术作品中这一份远离了媚俗与艳冶的气息，显得分外难得。

　　正因为这样，马骏的字画才显得别具一格，这种不迎世人所好的态度，正是艺术创作的本真溯源。在这样的状态下，马骏的字画艺术，形成了一种痛快淋漓的艺术风格与个性。在他的字画面里，无论着色、构图取意，还是

马骏 | 骏马丹青
金秀茶香

题款书写，强调以骨立画，看似随意，关键之处却交代清楚。其"豪放挥洒"的笔墨符号，成就的是直率、清新的审美特征，自然流露而畅情达意。

当下中国书画的探索已经到了一个重要的历史转折期，既要继承传统又要开拓创新，作为一个宏观的考量必须落到实处：在思想境界上要能够反映时代精神而不是泥古不化；在表述方式上要坚持国家叙事的方式和对时代精神的表达。马骏意笔字画以符合时代特征的艺术形象塑造和开放包容的艺术语言探索为两个主要切入点进行新时代广泛的丹青铸魂和艺术实践。

金秀茶香新时代

习近平总书记在一次文艺工作座谈会上指出，中华优秀传统文化是中华民族的精神命脉，要结合新时代条件传承和弘扬中华优秀传统文化，传承和弘扬中华美学精神，要认真学习借鉴世界各国人民创造的优秀文艺，做到中西合璧、融会贯通。

马骏为人和蔼，但对思辨极度苛求，艺术创造具有严谨性，其绘画艺术成就可以从创作历程中梳理出清晰的线条，在艺术领域中不仅具有独树一帜的重要贡献，而且结合时空观、生命观及宇宙观等宏观角度的哲理思维，以抽象水墨来塑造意笔字画芬芳世界的理念，将艺术成就的评判提升到更高的层次，曾在欧洲及美洲引起了艺术界的重视和关注，并被认为是中国意笔字画的创造者和引领者。

一件优秀的美术作品是内容与形式的完美结合，其中包括美术家个人独特的艺术语言。要创作好一件主题性美术作品，不仅需要美术家有深厚的艺术功底，更需要他们对所要表达的主题或内容有深入的了解和感悟。唯有如此，才能创作出接地气、有情怀、打动人心的作品。一次次主题性美术创作，扭转了过去中国美术界存在的脱离时代、脱离人民、迎合市场、闭门造车的现象。艺术家在艺术创作的方式方法上、思想上和行动上都有了很大的变化。

随着中国特色社会主义进入新时代，中国字画的文化语境发生了诸多变化，关于中国当代艺术价值观的思考与讨论成为摆在中国画家面前的时代课题：传统内容和当代社会生活的紧密结合，快节奏的都市生活、精英文化与大众文化的交融，以及科技社会的高速发展和以互联网与自媒体为代表的信息时代的发展，都为传统艺术门类提供了一个全新语境。

致敬

马骏书画艺术之精湛，作品意境之高雅，受到同行的高度认可。这位出生在广西南宁马山县古零镇的才子，不仅是书画界名人，而且，也是一个心存大爱的人。马骏得到如此荣耀和赞誉却时刻不忘中华民族的传统美德，用自己的才华和技艺报答社会，热衷公益事业，心系贫困及灾区人民。他的慷慨之举深得民心，不愧为创建和谐社会之书画家的典范。几十年来，他坚持用自己的书画艺术济贫解困，用爱心回报社会。在北京、广西、广东先后向"希望工程""老龄事业""救孤计划"，白血病患儿，汶川灾区及贫困地区的多所小学捐款，至今已捐款数百万元。

马骏情痴书画，亦对茶文化情有独钟，更与金秀瑶族自治县结下不解之缘。金秀瑶族自治县位于广西大瑶山腹地，环境优美，资源丰富，唐代茶圣陆羽编写的《茶经》对金秀就已有描述。马骏决心把美味健康的金秀茶带给社会。在金秀县着力做好"以特兴农、以特富农、以特强农"的背景下，秉承"生态与经济友好和谐发展，以工稳农、以商促农、科技务农，共同发展"理念的"马骏红"茶品牌应运而生。

茶与意笔书法有着异曲同工之妙，同为国之文化盛品。马骏红茶正是凭借优秀的自然资源，打造出中国红茶的第一品牌，带动了当地 15 万瑶民走向脱贫致富的道路。2013 年，一个茶品在茶叶市场如红岫出水，冉冉升起，引起市场极大关注，这就是品质儒雅、汤色醉红、蕴香持久、水香含情、干净清亮、出自原生态环境的"马骏红"茶。广西出入境检验检疫技术中心对马骏红茶产品、产地土壤和水质进行的实地抽样检测结果表明，未检出农药，汞、铅、砷、镉等重金属远低于国家标准核准值。作为生长在海拔 800 米以上的百年至千年不等的古树茶，马骏红茶通过国家级检验，获得"中国华人民共和国生态原产保护产品"标志。2014 年，马骏红茶品牌已经成为天津夏季达沃斯

意笔字画大师马骏先生作品：吉祥如意

论坛,贵阳国际贸易原生态论坛指定用茶。至此马骏红茶走向市场,走出国门,香飘五洲。

一分耕耘,一分收获。尽管马骏对荣誉看得不是很重,但一项项桂冠还是落在了他的头上,他先后获得"文化部共和国杰出书画大师""十二生肖入选吉尼斯世界纪录第一人""中华人民共和国书画大师""2015感动中国十大人物"等荣誉,入选"2020年影响力人物数据库""2021年影响力人物典藏挂历"等,马骏意笔字画作品连续多年被载入当年的《中国文学艺术界联合会年鉴》,龙虎鹰配对联一套作品在中华人民共和国第十二届运动会"中国梦,民族魂"书画名家作品展中获"杰出贡献奖",《龙的传人》作品赠予前联合国秘书长安南收藏。

此外,马骏还担任中国拓意书法委员会主任、世界和谐文化使者、联合国文化总署常务委员会委员、中华爱国英才报效委员会常务委员、中国三百书画院广东省分院院长、世界老年健康事业联合会副主席、世界老年健康产品博览会组织委员会副会长、《中华人民共和国日史》编辑委员会诗书画艺术院副院长、中国书画名家联合会副主席等多项社会职务,受到社会各界人士的广泛关注与认可。

谈及未来艺术创作走向何方时,马骏语重心长地说:这是一个永恒的话题,中国文化一直是我们取之不尽的源泉,作为一名艺术工作者有责任、更有使命用艺术的表现方式让中国文化传承发扬下去。自己要勇于担当、敢于创新,将艺术融入人民、贴近生活,做到心中有人民、笔下有担当,用更多展现时代风采、讴歌美好生活、蕴含家国情怀的精品力作,努力推进中国美术事业从高原迈向高峰,并不断走向国际市场,为实现中华民族伟大复兴的中国梦做出新的更大的贡献。

274

黄会龙
HUANG HUILONG

丈夫不可轻年少
—— 记广西雅和健康科技有限责任公司总经理黄会龙

长寿乡里好儿郎 ➤
大有所为大健康 ➤
实业兴农在路上 ➤
不负时代奔前方 ➤

致敬

一百年前,梁启超曾说:"少年智则国智,少年富则国富,少年强则国强。"作为在互联网时代成长起来的新一代年轻人,如今90后也逐渐进入了而立之年,他们敢做敢拼,不拘一格,富有冲劲,对未来也更充满信心。广西雅和健康科技有限责任公司总经理黄会龙就是他们中的一名代表。

作为一名广西壮族的青年企业家,黄会龙的成长之路充满曲折。他从一个建筑工地里打工的农民工,一路打拼,成长为一个拥有建筑施工服务和健康科技实业的企业家。不管是打工还是创业,黄会龙始终对故乡充满着深深的依恋,为此,他借助乡村振兴的机遇,利用互联网技术,将广西优质农产品推向全国,在不断提升个人价值的同时,也走出了一条科技兴农、实业兴农的创新之路。

长寿乡里好儿郎

在广西北部,有一个世界著名长寿之乡、中国人瑞圣地广西巴马瑶族自治县。壮族青年黄会龙就出生在巴马县的西山乡。一方水土养一方人,巴马县独特的地磁、空气、水、阳光、食物造就了中国第一个被国际、国内双认定的"世界长寿之乡",也造就了黄会龙朴实无华、厚诚实干的品性。

在这片土地上,黄会龙最常见的就是村中的百岁老人。小时候,他经常在村口听老人们讲述流传在这一带的各种传说和民间故事,尤其是那些为民请命、舍身报国、泽被乡里的名人传奇,更让他听得入迷。同时,那些老人乐观开朗的态度,悠然自得、与世无争的品行,也深深地影响着年少的黄会龙,并成为他人生道路上重要的导师。

黄会龙并没有像一些同龄人那样通过高考走出大山,而是与更多的年轻人一样离开学校之后就走上了打工之路,成为一名农民工。对于黄会龙来说,没有上大学虽然是一件遗憾的事情,但人生的出路并非只有高考一条,踏踏实实做人、认认真真做事,依靠勤劳和努力同样能够活得精彩!毕业之后,他曾经在建筑工地打工,从事繁重的体力劳动,忍受风吹日晒。在高强度工作的压力之下,这个年轻人经受了生活的磨砺和考验,完成了从学生向成年

黄会龙 | 丈夫不可轻年少

人的转变，同时也塑造了健壮的体魄。对于90后农民工，生存和温饱不再是主要的问题，让自己拥有一技之长从而改变自己的命运才是要考虑的主要问题。小时候家人经常告诫他说，不能再像老一辈这样卖力气谋生了，一定要有一技之长，要过上更有体面、有尊严的生活。

不同于老一代的农民工文化素质普遍不高，黄会龙和多数同龄人一样从小爱学习、爱读书、上学期间打下了坚实的文化基础，这让他在工作过程中能很快地掌握建筑施工的相关技能。即便是手头逐渐宽裕之后，黄会龙也很少在吃穿上花费更多，对于流行的电子产品，同事们热衷的网络游戏等，他都不感兴趣，日常主要开销都用在提升知识的学习上。工作几年之后，他就掌握了建筑服务相关的多项技能，并逐渐脱离了单纯的体力劳动。

在外打拼的日子，黄会龙经常会想起家乡的亲人，百岁老人讲述的故事依然在耳边萦绕，如何为家乡的发展贡献一份力量，努力改变后代再度成为农民工的命运循环，黄会龙一直在思考。随着人们生活水平的提升，追求健康和长寿成为社会潮流，巴马县长寿之乡的名声也越来越大，吸引着全世界都在关注这"人间遗落的一块净土"。发掘家乡的自然优势，依靠实业兴农、助农，让乡亲们脱贫致富，黄会龙找到了新方向。

大有所为大健康

2016年，为推进健康中国建设，提高人民健康水平，党的十八届五中全会上《"健康中国2030"规划纲要》出台，特别强调要"推进健康饮食文化建设""积极促进健康与养老、旅游、互联网、健身休闲、食品融合，催生健康新产业、新业态、新模式"。纲要一经推出便引起了全社会的高度关注，这也让黄会龙走实业兴农之路更多了一份信心。

在黄会龙看来，中国的国家实力和国际影响力正在进一步增强，健康和养生将会进一步引起人们的关注。同时，随着中国老龄化时代的来临，老人的健康管理也会成为一个热点。基于此，健康饮食、纯天然无公害的农产品将会越来越成为市场的宠儿，毋庸置疑，大健康产业将会成为拉动国民经济发展的强大动力。大健康是一个令全球瞩目的"兆亿产业"，这条产业链涵盖营养食品、保健食品、保健用品、保健服务、医药产业等多个方面，任何一个分支都有巨大的发展潜力。

致敬

　　黄会龙选择大健康产业的另一个原因则是出于对家乡的热爱，虽然在外打拼多年，但家乡的一草一木他都非常熟悉。众所周知，硒是人体必需的微量元素，与人类健康长寿密切相关，而富硒土壤种植出的富硒农产品，具有抗衰老、抑癌、解重金属毒等功效。黄会龙说，广西是目前我国地球化学调查圈定的连片大面积富硒土壤区域，其中包括巴马等在内的七大长寿之乡均为富硒地区。

　　利用家乡的优势，实现实业兴农，不能捧着金碗去要饭。黄会龙如是说。创业伊始，黄会龙将目标瞄准广西当地的富硒猕猴桃、富硒大米等深受市场喜爱的产品。同时，他还大力推广巴马的地理标志性产品巴马饮用水。这种来自长寿山的自涌泉水拥有10多种对人体有益的微量元素，被称为营养水、健康水、生命水、长寿水。除此之外，他还看中武鸣沃柑的商机，这是南宁市第七件地理标志商标，对气候环境要求非常苛刻，成为南宁特有的富硒柑橘。黄会龙利用经商天赋和积累下的人脉及资源，形成了强大的营销网络，将广西特色产品快速推到全国各地，实现了从田间地头直达家庭餐桌的一条龙服务体系。

　　黄会龙认为，要健康长寿除了有良好的饮食和生活习惯之外，还要注重精神方面的培养，尤其是艺术上的陶冶，能够在潜移默化中提升人的修养，从而使人养成良好的心态。在生活中，黄会龙对书画有着浓厚的兴趣，尤其是中国传统书画艺术所体现的意境更令他着迷。一个偶然的机会，他看到了一幅书法作品，不由得赞不绝口，沉浸其中。这幅作品字中有画、画中有字，字画结合，浑然一体。黄会龙说，当时只是觉得作品很有意境，却没有想到这是创立了"意笔字画"的书法家马骏先生的作品。马骏先生1947年出生于广西南宁，国家特级书法家，从小喜爱书画，几十年如一日地勤学苦练，博取百家之长，最终悟出书画同源的真谛，创立了"意笔字画"，堪称"书坛奇笔"。2005年，10米长的代表作《十二生肖金书》载入吉尼斯世界纪录，最得意的作品是其寓意为"海""陆""空"的《龙》《虎》《鹰》及《风调雨顺》《龙马精神》等。

　　一个是名声在外的书法大师，一个是初出茅庐的创业者，将近半个世纪的"代差"，并没有阻碍马骏和黄会龙成为忘年交。精神共鸣，志趣相投，让他们相互合作，致力于书画艺术与中国茶文化融合，并尝试着走出一条创新之路。

黄会龙 | 丈夫不可轻年少

实业兴农在路上

中国是茶的国度，书画艺术与茶文化早已经成为中国的文化符号，远播全球。在国家大力倡导提升文化软实力的大好机遇下，黄会龙与马骏合作，将中国书画艺术的水墨意境与茶文化的清幽雅致、悠然自得的精神内涵相结合，借助马骏红茶业有限公司，大力推广"马骏红"茶，再现了金秀野生茶特有的山韵野趣，让大众在欣赏传统书画艺术神韵和魅力的同时，感受中华茶文化的悠远意境。

在黄会龙看来，书画艺术与茶文化结合，还有助于带动家乡茶叶品牌的发展，为广西农村脱贫和乡村振兴贡献力量。马骏红茶采用的是广西金秀瑶族自治县的茶叶，"茶圣"陆羽在《茶经》中罗列了唐朝著名的42个茶叶产区，其中"青山""东温""瑶山"均在金秀瑶族自治县。这里有1200年历史的群生古茶树，有纯天然的优质茶叶原料生产基地1500多亩，有标准化生态茶园800亩。茶园不用农药，采用有机肥，保证茶叶的绿色无污染，让消费者喝上放心的生态茶。

在马骏与黄会龙的大力推动下，马骏红茶依靠金秀红茶清代皇室贡品的文化积淀，将现代生产工艺与传统手法相结合，完美再现了宫廷御茶内蕴持久、野山蜜香、汤清味醇、色泽亮艳的特殊品质。马骏红茶具有促消化，消除疲劳的作用，内含有28种茶多酚和18种到19种氨基酸，更有助于睡眠，对人体健康有益。2015年，作为"中国生态原产地保护产品"的"马骏红"金秀红茶成功在上海证券交易所挂牌上市，引起了各方更多的关注。

推动实业兴农，帮助农民脱贫致富，振兴乡村，一直是黄会龙的梦想。党中央也多次强调，要走中国特色社会主义乡村振兴道路，让农业成为有奔头的产业，让农民成为有吸引力的职业，让农村成为安居乐业的美丽家园。这个消息让黄会龙信心大增，为此他在南宁市成立了广西雅和健康科技有限责任公司，立足于大健康产业开发和服务，将广西优质的农产品通过公司这个平台输送到全国。

创业以来，黄会龙一直秉承"德不孤，必有邻"的文化宗旨，坚持"有信、有恒、有道"的运营理念。他认为，在互联网时代创业，个人品行和产品质量比以往更加重要，发达的网络技术有助于传播和塑造品牌，也会让弄虚作

致敬

假的行为没有藏身之地。同时，个人品牌也是市场的通行证，能够很快形成聚合效应，赢得上下游合作伙伴的信任。在公司运营的过程中，黄会龙非常注重绿色健康科技的运用，同时又将传统文化与产品特性相结合，以独特的定位面向全国，辐射中国—东盟自贸区，不断为客户提供优质产品和服务。

总经理黄会龙为来宾展示雅和健康产品

黄会龙说，只有消除贫困、改善民生，才能逐步实现共同富裕，雅和科技的责任担当就是利用公司平台，实现实业兴农、科技助农。在脱贫攻坚，推动乡村振兴的路上，他凭借多年打拼积累的经验、开阔的眼界以及对市场的敏锐，积极为当地农户提供市场信息，并利用公司平台把贫困地区优质的农产品推向福建、北京等地市场。

不负时代奔前方

小时候，黄会龙经常听到的就是"要想富，先修路"。在移动互联网深度影响着人们思维方式和行为模式的今天，"要想富，上网路"同样成为人们的共识。早在 2018 年，国务院常务会议就提出，深入实施乡村振兴战略，继续聚焦"互联网＋农业"对推动农业提质增效、拓宽农民新型就业和增收渠道的作用。其中，大型电商平台对推进农业、农产品与市场的专业化对接，可以发挥重要作用。

对于 90 后的黄会龙来说，网络早就融入他的生活。打工期间，他利用网络学习；创业之后，他借助电商平台和社群管理的模式，打造出了完整的产品供应链系统。生活在农村的黄会龙小时候经常看到因为农产品丰收而导致滞销，只能低价卖出，甚至烂在地里也没人收。丰收，有时候对农民来说并不都是好事。鉴于此，黄会龙大力布局移动互联网，与 5G 数字经济技术研发单位深度合作，构建了线上线下营销和跨境电商渠道，打造完整的产品供应链系统。

黄会龙 | 丈夫不可轻年少

当前，雅和健康科技拥有多项优质农产品，其中广西特色的马蜂酒、蜂蛹等天然野生蜂蜜等特色养生产品已投产。除了"马骏红"极品红茶成功推出之外，雅和健康科技还进一步深挖书画艺术与广西特色小吃的市场价值，及时推出"马骏红"螺蛳粉等系列产品，再度受到市场青睐。这让黄会龙感到非常开心，电商平台能有效地解决农产品滞销难题，嫁接全国资源，实现产销对接，对于精准扶贫和乡村振兴起到非常积极的推动作用。

创业的初步成功，并没有让黄会龙停下探索的脚步，他深知多元化立体发展，才能让平台的价值不断提升。为此，他还在南宁成立创业孵化中心，为企业做大做强提供源源不断的动力。同时，他还成立了书画教育交流培训中心，与马骏先生合作的领域不断加宽，让意笔书画艺术与更多农产品在融合中产生更多共鸣，从而进一步提升农产品的文化价值和市场价值。

随着雅和健康科技影响的提升，壮族青年黄会龙的创业故事也越来越为更多人熟知，他因此受邀参加了"筑梦中国——新时代行业风采人物新春团拜会暨微视频征集展播活动"。对此，黄会龙认为社会各界的信任和鼓励，是对他最大的支持，作为一个年轻的创业者，自己不过是万里长征刚刚迈出第一步。

在建设中国特色社会主义的伟大进程中，有太多像黄会龙这样的年轻人。他们虽然没有惊天动地的业绩，但是，他们无论是打工，还是创业，都认真勤恳，尽职尽责，做好自己的工作。今天，中国的国际地位不断提升，脱贫攻坚取得了重大的突破，这些成就的背后都离不开这些普普通通的劳动者。

李白有诗云："大鹏一日同风起，扶摇直上九万里……宣父犹能畏后生，丈夫未可轻年少。"已经在社会各个领域发挥作用的90后，已经成为推动社会进步的一股不可忽视的力量。黄会龙认为，正是这个美好的时代，为年轻人自由挥洒创造了空间，唯有不忘初心、不懈努力，才能不负这个美好的时代。

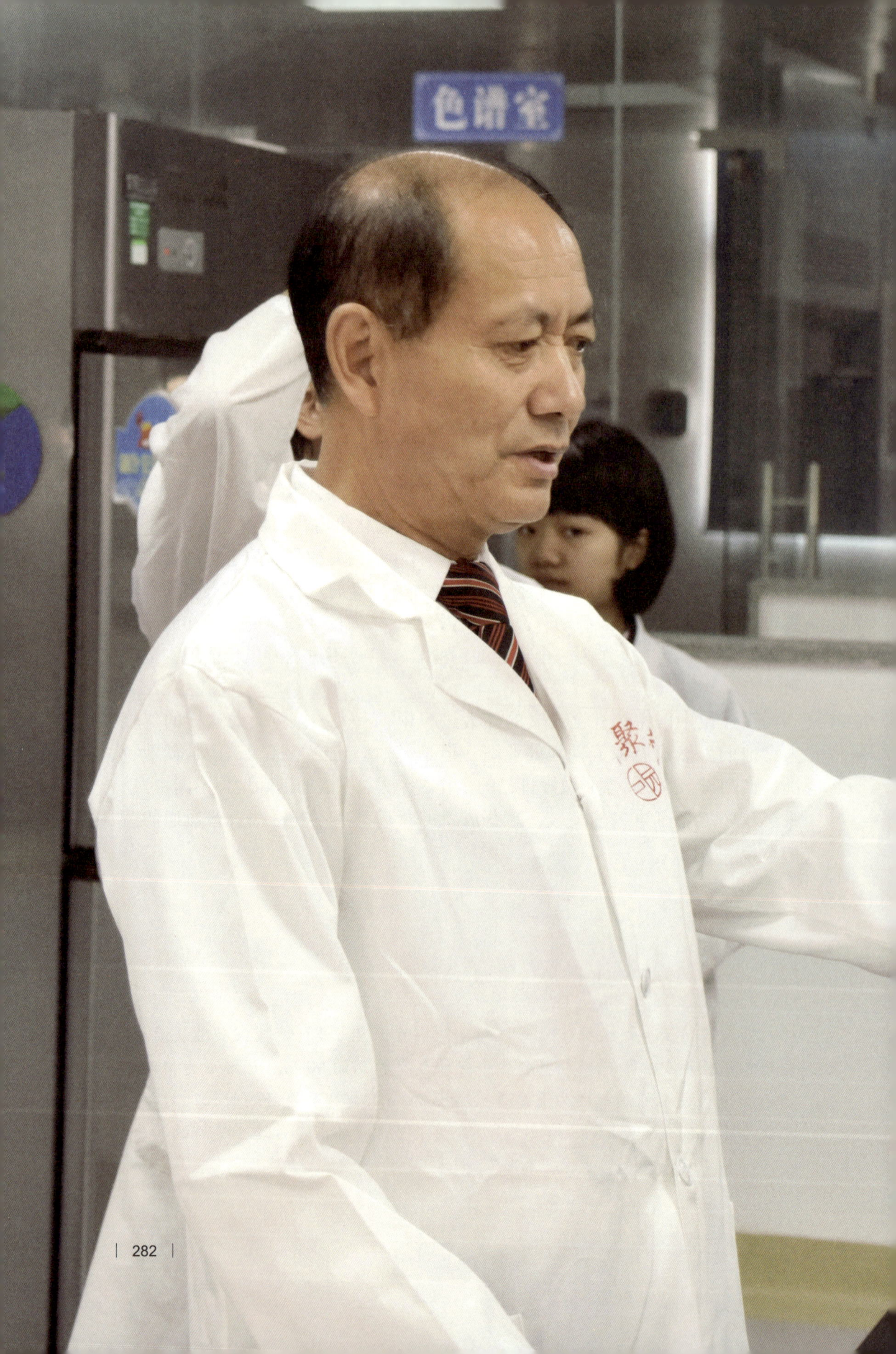
色谱室

廖中标
LIAO ZHONGBIAO

缔造中国中医药高质量发展标杆品牌
—— 记四川聚元药业集团有限公司董事长廖中标

川东骄子聚元情 →

科技创新谋发展 →

回馈社会尽责任 →

致敬

2019年10月,习近平总书记通过全国中医药大会做出指示,在推进建设健康中国的进程中,要遵循中医药发展规律,传承精华,守正创新,加快推进中医药现代化、产业化,坚持中西医并重,推动中医药和西医药相互补充、协调发展,推动中医药事业和产业高质量发展。

四川聚元药业集团有限公司在董事长廖中标的带领下,积极响应国家号召,以"振兴中药事业"为目标,奉行"以质量求生存,以管理求发展"的经营理念,以健康安全用药为己任,坚持产、学、研、医、商一体化发展之路,探索包含中药材种植、中药饮片生产、药品及医疗器械批发配送、药品零售连锁、医疗康养与中药饮片炮制科学研究产业发展新蓝海,形成规模化、科技化、自动化的全新生态格局,为将聚元药业缔造成为中国中医药领域高质量发展标杆品牌,走出了一条以中医药科技保驾护航健康美好生活的特色发展之路。

川东骄子聚元情

达州地处四川东部,有2300余年的建置史,是人口大市、农业大市、资源富市、工业重镇、交通枢纽和革命老区。这里的普光气田,是全国三大气田之一,也是国家"川气东送"的起点站、国家天然气综合开发利用示范区、国家重要能源资源战略基地。因此,这里素有"巴人故里、中国气都"之称。

滔滔渠江东逝水,深深聚元为民情。芍药花开如牡丹,宕渠大地满目春。中国中医药领域的明星标杆企业——四川聚元药业集团有限公司就坐落在这片神奇广袤的土地上。

聚元药业掌舵人是廖中标,经常有人问起他:为什么要从事中药行业?每一次,他都会因此想起小时候的那段经历。

廖中标沉重地说:"小时候,我的一个姐姐得了结核病,当时家里条件不好,全家人都为这件事操碎了心,姐姐也吃了很多苦。"当时的中国,经济尚不发达,全民医保制度也还不够完善,对于一个家庭来说,有一个人生了大病,意味着原本不太好过的生活雪上加霜。当时的廖中标尚年少,对姐姐的病以及家庭的困难无能为力,但有一个想法让他久久挥之不去:"如果

廖中标
缔造中国中医药高质量发展标杆品牌

我是一名医生就好了，如果我是医生就可以治好姐姐的病。"

也许就是从那个时候开始，廖中标在心里就埋下了一颗希望的种子。随着年龄的增长，这颗种子渐渐发芽，破土而出——他要学医，帮助更多的人。

"在部队的时候我想当卫生兵，但最终没能如愿，所以在退伍的时候，我毫不犹豫地选择去医药公司。"在廖中标看来，能够进入医药公司就意味着离他的理想近了一步。

参加工作后的廖中标，因为做事认真、为人真诚，很快被提升为工会副主席，享受副经理待遇。这在当时的很多人看来，已经算得是人生圆满。但廖中标却始终没有忘记当初在姐姐病床前立下的誓言，他扪心自问："你是想这样过一辈子，还是要为理想而奋斗？"答案其实早已在廖中标心中："当时的工作虽然也很充实安稳，也能帮助很多人，但离我的理想还是有一段距离。"

为了考取卫校，廖中标将工作之外的时间大部分用到学习上。这对廖中标来说其实相当于从零开始。白天，他认真工作；夜晚，他灯下苦读。最终，他以优异的成绩考入卫校，学习临床医学专业。

然而，学成归来的廖中标却遇到单位改制，公司解体。他说："那个时候是很茫然的，习惯了体制的人，有一天一旦体制不在的时候就会手足无措。"经过一番深思熟虑，廖中标决定自己创业。他将自己想法告诉了过去的同事，没想到志同道合者甚多，他们都认为随着改革开放的到来，人民的生活质量必定会逐渐提高，一些老祖宗传下来的好东西必定会被重新重视，中药材的市场前景无可限量。于是，英雄所见略同的几个人一拍即合，一起创办了新的医药公司——聚元中药饮片有限公司，也就是现在四川聚元药业集团的前身。

自此，廖中标的人生与事业便同中医药产业紧紧地联系在了一起。

科技创新谋发展

十九届五中全会指出，"十四五"时期以及更长一个时期加快科技创新是推动高质量发展的需要，是实现人民高品质生活的需要，是构建新发展格局的需要，更是加快科技创新，顺利开启全面建设社会主义现代化国家新征程的需要。

致敬

当前，我国经济社会转型、高质量发展进入关键时期，推动科技创新成为经济社会发展的迫切需要。廖中标以国家科学技术奖获得者为榜样，洞察变革于端倪、把握先机于初始、引领方向于中医药迸发，肩负起历史赋予的重任，勇做新时代科技创新的排头兵，努力为建设中医药科技强国作贡献。

自创业以来，集团坚持农业种植、工业生产、科学研究共同推进的发展策略，以生产普通中药饮片为基础，以科技创新引领发展。多年来，公司先后完成了省、市、县各级科研项目6个，省、市经信委（局）技术改造项目3个，申报获准知识产权专利43项，其中实用新型31项，授权申报受理发明专利12项，生产药品400余种，建有检测中心700平方米，配置检测仪器设备120台，公司能够全面按照中国药典法定标准和四川省地方标准进行检验。

集团始终坚持农、工、商、研、医立体发展方向，坚持扩大本地药材种植，建立一个种植资源圃，选育和纯化药材，扩建一个200亩由公司主导的种植园，引进高附加值品种，使农民增收、企业增效。药材原料质量可追溯到源头，坚持以种植基地为基础，以工厂化、规模化生产为主导，解决好药材种植基地的出路，坚持商业服务于工业，打开销售路径，疏通销路渠道，依托政策支持发展医药事业，坚持与大专院校合作，提高企业生产管理人员的业务技能，开发更多的产品，坚持科技创新，改良传统工艺，依托合作院校的研发团队，结合本企业的实际，搞好创新研发。

为提高科技创新能力，廖中标积极倡导建立一个以企业为主体，高等院校和科研机构技术为依托的产学研联盟，实行在市场机制下的合作模式和运行机制，促进科研成果转化，综合开发中药特色资源与优势产品，培育拓展国内外市场，促进中药产品结构调整，推进中药现代化、产业化进程。进一步加强中药基础研究和创新能力建设，让企业融入国家创新研究圈子，加强知识产权的保护力度，推进科技成果转化能力建设，并建立中药质量标准体系，对指标成分含量测定、浸出物测定、杂质检查、水分测定、重金属测定、农药残留量检测、微生物限量检测等药材质量标准和饮片生产质量标准认真把关，保证中药饮片产品质量的稳定。公司还健全了GAP认证的配套标准，增强了认证客观性和可操作性。

如今，集团拥有员工118名，其中执业药师、主管药师、药士共25人，具有初级药学技术职称的15人；合作药农900多人，种植基地近4000亩。集团和四川大学、成都中医药大学、西南交通大学、四川文理学院进行了校

廖中标 缔造中国中医药高质量发展标杆品牌

企合作，在中药材种植、中药材深加工、中药饮片生产方面进行综合性研究，实现了中药材产、学、研一体化。2017年，集团已建成国家级高新技术企业；2018年，建成达州市技术中心。预计在2021年，集团再申报发明专利10项，实用新型专利10项，企业产值过亿元，利税达到1000万元，员工将增加至200人，智能化水平达到70%。

回馈社会尽责任

在当今社会，企业履行社会责任的程度，表明了一个企业的担当，也在一定程度上决定了企业的成就。做有爱心的企业，已逐渐形成企业共识，更多的企业将承担社会责任视为影响企业核心竞争力、品牌建设的重要因素。

在践行企业公益的路上，聚元药业始终保持着民企的赤诚之心，在助力残疾人福利事业、抗击疫情及抗洪救灾等公益事业中，倾情奉献，默默付出。

风雨过后，终见彩虹。创业成功的廖中标从未忘记那些帮助过自己的人，他将恩情铭记心底，决心用最实际的行动来回馈社会。他认为，一个人对于社会的回报应该大于索取。

为积极响应国家精准扶贫的号召，廖中标在贫困地区建立种植基地，为减轻当地农户的经济负担，免费发放种子、提供技术与工具，派出技术人员到田间地头亲自指导种植。集团每年在这方面的投入达20万元之多。同时，为免去种植户的后顾之忧，聚元集团还与他们签订合同，约定每年都以高于市场的价格收购药材。经历过贫困的廖中标，特别愿意帮助贫困户。他认为老百姓都是勤劳勇敢的，只要为他们指明方向，他们就能走出自己的幸福之路。

除了帮助贫困户脱贫之外，每到节假日，廖中标还会组织员工去敬老院义务劳动，捐款捐物，举办义务诊疗活动，给老人们带去节日的问候、生活的帮助。在公司里，廖中标对员工同样十分关心，不只为困难员工提供生活上的帮助，对于那些有志提升自己的成员，也会以捐资助学的方式给予最大的鼓励。同时，军人出身的他还特别在意员工的精神健康问题，通过党支部和工会的活动让正能量氛围无处不在，这些都对员工的思想产生了潜移默化的影响。

2020年疫情期间，廖中标带领企业第一时间捐款捐物，还亲自投身到抗疫工作中。他联系成都、重庆等相关业务单位，并连夜派出专人、专车

致敬

兵分三路前往重庆、成都去采购84消毒液、75%酒精、含氯泡腾消毒片、电子额体温枪、口罩、防护服等抗疫物资。抗击疫情最关键时刻，公司号召全体职工立即复工复产，保证市场的药品和防护产品供应，启动四川聚元药业集团有限公司中药饮片生产，保证预防和治疗疫情期间的中药饮片供应。公司融入国家工信部抗击新冠肺炎疫情物资保障平台，每天在网上向工信部直报，按照国家中医药管理局要求，用新冠1号处方熬制中药，让工业园区复工复产的企业和本企业员工用上了预防药。

由于全国口罩、防护服紧缺，集团响应县委和政府的号召，与恒辉制衣厂一起生产防护服5000件，与新艳制衣厂一起生产民用口罩17万多只，并担负起消毒、杀菌及微生物检测工作。集团还紧急动员，自筹300万元、在银行贷款700万元，扩建口罩生产线一条、医用防护服生产线一条，增加中药饮片生产线一条、煎药生产线一条，保证疫情期间本县150万人相关防疫物资和药品的使用。集团还组织党员捐款、企业捐物，价值达1万元，组织渠县中润医养公司腾出医养大楼3000平方米，供政府应急使用，支援抗击疫情，为人民健康生活尽力尽责。

随着国家"十四五"规划的实施，廖中标对聚元集团的未来也有一番具体规划。他计划用3~5年打造出中药饮片的重点品种，并不断开发新产品，将集团产值的增长幅度保持在50%以上，争取在国家"十四五"

廖中标 缔造中国中医药高质量发展标杆品牌

开局之年达到 3 亿元；他还计划不断扩大种植面积，从现在的 4000 亩增加到 1 万亩，为更多的贫困户创造就业机会，为国家的精准扶贫事业与乡村振兴赋能。

一分耕耘，一分收获。由于各项成绩突出，集团先后获得中国守法诚信评价中心 AAA 级守法诚信单位、达州市食品药品监督管理局年度药品不良反应检测工作先进集体、四川省质量协会用户委员会四川省优秀医药公司、四川省质量协会用户委员会 AAA 级质量·信誉企业、渠县食品药品监督管理局年度药品不良反应检查工作先进单位、四川省质量协会用户委员会颁发的 AAAA 级诚信企业、四川省中药行业协会守法经营优秀企业、中国质量监督协会全国消费者满意企业、中国质量监督协会四川省金牌医药企业、中国质量监督协会全国诚信品牌经营企业、四川省质量监督协会连续三年质量稳定合格达标企业、四川省保护消费者权益委员会消费责任倡导企业、达州市保护消费者权益委员会市级诚信单位、四川省质量监督协会质量无投诉·用户满意企业、商务部国际贸易经济合作研究院信用认证企业、消费者满意的重质量守信誉示范单位、四川品质消费年度文明诚信经营示范单位、国家高新技术企业、获准进出口权企业、四川省中药材规范化规模化种植养殖重点培育基地、达州市市级技术中心等荣誉。廖中标先后获得渠县优秀基层党组织书记、中国优秀创新企业家、中国管理创新人物、渠县最美退役军人（最美渠县人）等荣誉称号。此外，廖中标还光荣当选渠县第十七届、第十八届人大代表，渠县第十三届党代表等政治荣誉，受到社会各界人士的广泛关注与称颂。

开启新征程，领航新时代。展望未来发展，廖中标语重心长地表示，在我国开启全面建设社会主义现代化新征程之际，他将带领聚元集团全体同人与国家政策同频共振，继续发扬开拓创新的时代精神、大爱无疆的奉献精神、孜孜以求的探索精神，不忘初心，奋勇开拓，将中药事业发扬光大，并在国际舞台上大放异彩，力争把聚元药业打造成驰名中外的中华民族品牌，为人类美好健康生活保驾护航，为助推经济社会高质量发展做出新的更大的贡献。